Prof. Dr. Kurt Haberkorn

Betriebsverfassungsrecht

Ein Grundriß

5., überarbeitete und erweiterte Auflage

Prof. Dr. Kurt Haberkorn

Betriebsverfassungsrecht

Ein Grundriß

5., überarbeitete und erweiterte Auflage

Die Deutsche Bibliothek – CIP-Einheitsaufnahme

Haberkorn, Kurt:
Betriebsverfassungsrecht : ein Grundriß / Kurt Haberkorn. – 5., überarb. und erw. Aufl. – Renningen-Malmsheim : expert-Verl., 2000
ISBN 3-8169-1801-8

ISBN 3-8169-1801-8

5., überarbeitete und erweiterte Auflage 2000
4., überarbeitete und erweiterte Auflage 1998
3., überarbeitete und erweiterte Auflage 1993
2., überarbeitete und erweiterte Auflage 1992
1. Auflage 1986

Bei der Erstellung des Buches wurde mit großer Sorgfalt vorgegangen; trotzdem können Fehler nicht vollständig ausgeschlossen werden. Verlag und Autoren können für fehlerhafte Angaben und deren Folgen weder eine juristische Verantwortung noch irgendeine Haftung übernehmen.
Für Verbesserungsvorschläge und Hinweise auf Fehler sind Verlag und Autoren dankbar.

© 1986 by expert verlag, 71272 Renningen, http://www.expertverlag.de
Alle Rechte vorbehalten
Printed in Germany

Das Werk einschließlich aller seiner Teile ist urheberrechtlich geschützt. Jede Verwertung außerhalb der engen Grenzen des Urheberrechtsgesetzes ist ohne Zustimmung des Verlags unzulässig und strafbar. Dies gilt insbesondere für Vervielfältigungen, Übersetzungen, Mikroverfilmungen und die Einspeicherung und Verarbeitung in elektronischen Systemen.

Vorwort zur 5. Auflage

In die 5. Auflage wurden wiederum zahlreiche Urteile der höchstrichterlichen Rechtsprechung eingearbeitet, ohne dadurch die Praxisnähe der Gesamtdarstellung zu verlassen.

Dem Charakter nach soll das vorliegende Buch auch weiterhin ein Grundriss bleiben; bei juristischen Streitfragen wurde deshalb auch nur die herrschende Meinung wiedergegeben.

Das Literaturverzeichnis wurde wiederum erweitert und auf den neuesten Stand gebracht.

Verlag und Autor sind auch weiterhin für Anregungen und kritische Stellungnahmen stets dankbar.

Möge auch diese Neuauflage wieder eine so schnelle Aufnahme bei den Interessenten finden.

Ergänzend wird auf die im gleichen Verlag vom gleichen Autor erschienenen Bücher „Arbeitsrecht", 9. Auflage 1998 und „600 Fragen und Antworten aus dem Arbeitsrecht" 3. Auflage 1995, verwiesen.

K. Haberkorn

Inhaltsverzeichnis

I	**Bildung, Wahl, Arten von Betriebsräten**	1
1	Bildung von Betriebsräten	1
1.1	Begriffe Betrieb, Unternehmen, Nebenbetrieb	2
1.2	Begriff Arbeitgeber	4
1.3	Begriff Arbeitnehmer	6
1.3.1	Angestellte	8
1.3.2	Arbeiter	8
1.3.3	Arbeitnehmerähnliche Personen	9
1.3.4	Auszubildende	9
1.4	Leitende Angestellte	10
1.5	Freie Mitarbeiter	12
2	Aktives Wahlrecht	12
3	Passives Wahlrecht	13
4	Anfechtung der Wahl	14
5	Nichtigkeit der Wahl	15
6	Zahl der Betriebsratsmitglieder	16
7	Minderheitsvertretung	17
8	Gesamtbetriebsrat	18
9	Konzernbetriebsrat	20
10	Vertretung von bestimmten Arbeitnehmergruppen	21
10.1	Jugendliche und Auszubildende	21
10.2	Schwerbehinderte	26
10.3	Leitende Angestellte	26
11	Amtszeit	27
12	Auflösung des Betriebsrats	29
13	Erlöschen der Mitgliedschaft im Betriebsrat	30

II	**Allgemeine Aufgaben, Rechte und Pflichten des Betriebsrats**	32
1	Allgemeine Aufgaben des Betriebsrats	32
1.1	Überwachungsaufgaben	32
1.2	Beantragung von Maßnahmen, die dem Betrieb und der Belegschaft dienen	33

1.3	Mitwirkung beim Beschwerderecht der Arbeitnehmer	34
1.4	Zusammenarbeit mit der Jugendvertretung	37
2	Grundsätze für eine vertrauensvolle Zusammenarbeit und Friedenspflicht zwischen Arbeitgeber und Betriebsrat	38
3	Durchführung des Gleichbehandlungsgrundsatzes	44
4	Freistellung von der Arbeit	47
5	Teilnahme an Schulungs- und Bildungsveranstaltungen	51
6	Kosten und Sachaufwand	53
7	Schutzbestimmungen für den Betriebsrat	56
8	Geheimhaltungspflicht des Betriebsrats	59
9	Pflichtverletzungen durch den Betriebsrat	60
10	Pflichtverletzungen durch den Arbeitgeber	60
11	Straf- und Bußgeldvorschriften	61
III	**Mitwirkung des Betriebsrats (Übersicht)**	**64**
1	Arten der Mitwirkung	64
1.1	Informationsrechte	65
1.2	Beratungsrechte und Ansprüche auf Hinzuziehung	65
1.3	Anhörungsrechte	65
1.4	Vetorechte	65
1.5	Initiativrechte	66
1.6	Überwachungsrechte	66
1.7	Mitbestimmungsrechte	66
2	Verschiedene Rechtsfolgen bei Nichtbeachtung der „Mitwirkung" des Betriebsrats	68
2.1	Informationsrechte	68
2.2	Beratungsrechte und Ansprüche auf Hinzuziehung	68
2.3	Anhörungsrechte	68
2.4	Vetorechte	69
2.5	Initiativrechte	69
2.6	Überwachungsrechte	69
2.7	Mitbestimmungsrechte	70
2.8	Zusammenfassung	70
3	Gebiete der Mitwirkung	71
3.1	Personelle Angelegenheiten	71
3.2	Fragen der Berufsbildung	71
3.3	Soziale Angelegenheiten	71
3.4	Wirtschaftliche Angelegenheiten	72
4	Chronologische tabellarische Übersicht der Mitwirkung des Betriebsrats von der Planung bis zur Kündigung	72

IV	Mitwirkung des Betriebsrats in personellen Angelegenheiten und Fragen der Berufsbildung	76
1	Personalplanung	76
2	Ausschreibung von Arbeitsplätzen	78
3	Personalfragebogen	79
4	Beurteilungsgrundsätze	81
5	Auswahlrichtlinien	82
6	Eingliederung Schwerbehinderter und anderer schutzbedürftiger Personen	83
7	Förderung der Belange jugendlicher Arbeitnehmer	84
8	Förderung der Beschäftigung älterer Arbeitnehmer im Betrieb	85
9	Eingliederung ausländischer Arbeitnehmer	86
10	Einstellung	86
11	Eingruppierung	92
12	Umgruppierung	96
13	Einblicksrecht in Bruttolohn- und Gehaltslisten	98
14	Versetzungen	99
15	Mitwirkung bei Fragen der Berufsbildung	105
15.1	Förderung der Berufsbildung	106
15.2	Beratung über Einrichtungen und Maßnahmen der Berufsbildung	106
15.3	Durchführung betrieblicher Bildungsmaßnahmen	107
16	Entfernung betriebsstörender Arbeitnehmer	109
17	Kündigungen	111
18	Vorläufige Weiterbeschäftigung	118
19	Einsicht in die Personalakten	121
V	Mitwirkung des Betriebsrats in sozialen Angelegenheiten	122
1	Ordnung im Betrieb und Verhalten der Arbeitnehmer	124
2	Beginn und Ende von Arbeitszeit und Pausen	126
3	Änderung der betriebsüblichen Arbeitszeit	127
4	Auszahlung des Arbeitsentgelts	129
5	Urlaubsfragen	130
5.1	Aufstellung allgemeiner Urlaubsgrundsätze	130
5.2	Aufstellung des Urlaubsplans	131
5.3	Festsetzung der zeitlichen Lage des Urlaub	132

6	Technische Einrichtungen zur Leistungsüberwachung	133
7	Verhütung von Arbeitsunfällen und Berufskrankheiten	134
8	Sozialeinrichtungen	136
9	Zuweisung und Kündigung von Wohnräumen	137
10	Lohn- und Gehaltsfragen	138
10.1	Aufstellung von Entlohnungsgrundsätzen	141
10.2	Einführung, Anwendung und Änderung von neuen Entlohnungsmethoden	144
10.3	Festsetzung von Akkord- und Prämiensätzen, einschließlich der Geldfaktoren	145
11	Betriebliches Vorschlagswesen	147
12	Arbeitsschutz	151
13	Bildschirmarbeitsplätze	152
13.1	Informationsrechte	153
13.2	Unterrichtungsrechte	153
13.3	Überwachungsrechte	153
13.4	Korrigierende Mitbestimmungsrechte	153
13.5	Mitbestimmungsrechte	154
VI	**Mitwirkung des Betriebsrats in wirtschaftlichen Angelegenheiten**	**156**
1	Wirtschaftliche Angelegenheiten	156
2	Betriebsänderungen	158
VII	**Die betriebliche Einigungsstelle**	**162**
VIII	**Wiederholungsfragen und Antworten**	**166**
1	Fragen	166
2	Antworten	168
IX	**Literaturverzeichnis (Auswahl)**	**174**
X	**Sachregister**	**182**

Abkürzungsverzeichnis

Abs.	Absatz
AktG	Aktiengesetz
ArbGG	Arbeitsgerichtsgesetz
ArbZG	Arbeitszeitgesetz
Art.	Artikel
ASiG	Arbeitssicherheitsgesetz
AÜG	Arbeitnehmerüberlassungsgesetz
BBiG	Berufsbildungsgesetz
betr.	betrifft
BAG	Bundesarbeitsgericht
BGB	Bürgerliches Gesetzbuch
BVerfGG	Bundesverfassungsgerichtsgesetz
BVG	Betriebsverfassungsgesetz
bzw.	beziehungsweise
d.h.	das heißt
EDV	Elektronische Datenverarbeitung
ev.	eventuell
f	der(die) folgende
ff	die folgenden
GenG	Genossenschaftsgesetz
GG	Grundgesetz für die Bundesrepublik Deutschland
ggf.	gegebenenfalls
GmbH	Gesellschaft mit beschränkter Haftung
GmbHG	Gesetz betr. die Gesellschaften mit beschränkter Haftung
HAG	Heimarbeitstagsgesetz
HandwO	Handwerksordnung
HGB	Handelsgesetzbuch
i.d.R.	in der Regel
i.S.	im Sinne
i.S.v.	im Sinne von
i.V.m.	in Verbindung mit
JugArbSchG	Jugendarbeitsschutzgesetz
KG	Kommanditgesellschaft
KSchG	Kündigungsschutzgesetz
MuSchG	Mutterschutzgesetz

Nr.	Nummer
o.g.	oben genannte
OHG	Offene Handelsgesellschaft
OWiG	Gesetz über Ordnungswidrigkeiten
PR	Public Relations
PrAllgBergG	Preussisches Allgemeines Berggesetz
RVO	Reichsversicherungsordnung
S.	Satz oder Seite
SBG	Schwerbehindertengesetz
SGB	Sozialgesetzbuch
sog.	sogenannte
SprAuG	Sprecherausschussgesetz
StGB	Strafgesetzbuch
TVG	Tarifvertragsgesetz
u.U.	unter Umständen
vgl.	vergleiche
WO	Wahlordnung
z.B.	zum Beispiel
Ziff.	Ziffer

Alle Paragraphen ohne weitere Bezeichnung sind solche des Betriebsverfassungsgesetzes.

I Bildung, Wahl, Arten von Betriebsräten

1 Bildung von Betriebsräten

Betriebsräte werden nach § 1 in Betrieben gewählt, die in der Regel mindestens fünf ständig wahlberechtigte Arbeitnehmer beschäftigen, von denen drei wählbar sind.
Nach § 37 Abs. 1 führen die Mitglieder des Betriebsrats ihr Amt unentgeltlich als Ehrenamt. Hierdurch soll dem Betriebsrat eine gewisse „innere Unabhängigkeit" gegeben werden. An diese sind nach herrschender Rechtsprechung strenge Maßstäbe anzulegen. Der Betriebsrat darf deshalb im Interesse einer unparteilichen, unabhängigen und unbeeinflußbaren Wahrnehmung seines Amtes aus dessen Führung weder Vorteile haben noch irgendwelche finanziellen oder sonstigen Nachteile erleiden (vgl. auch den erhöhten Kündigungsschutz nach § 15 KSchG und § 103).
Grundsatz ist, daß ihm weder von der Gewerkschaft noch vom Arbeitgeber oder Arbeitgeberverband und von anderer Seite irgendeine Vergütung zufließen darf, sei es direkt oder indirekt. Beispiele für derartige unzulässige Vergütungen im weitesten Sinne sind z.B. die Fortgewährung einer pauschalierten Überstundenabgeltung, wenn in der Abteilung, zu der der Betriebsrat gehört, regelmäßig keine Überstunden mehr abgeleistet werden, die Zahlung von Arbeitslohn für die Teilnahme an Betriebsratssitzungen außerhalb der regelmäßigen Arbeitszeit, wenn hierfür keine Notwendigkeit besteht, die Gewährung von Arbeitslohn für nicht notwendige Arbeitsversäumnis, wie z.B. die Teilnahme an nicht erforderlichen Schulungsmaßnahmen im Sinne von § 37 Abs. 6, die Gewährung besonders günstiger Konditionen beim Erhalt von Firmendarlehen, die Zuweisung einer besonders preisgünstigen Werkswohnung (vgl. auch das Mitbestimmungsrecht des Betriebsrats nach § 87 Abs. 1 Ziff. 9) sowie die Gewährung unberechtigter Freizeitvorteile im Sinne von § 37 Abs. 3.
Vereinbarungen jeder Art über unzulässige Entgeltgewährungen sind nach § 134 BGB nichtig. Eine Rückforderung dieser Leistungen durch den Arbeitgeber oder andere Dritte ist jedoch gem. § 817 S.2 BGB ausgeschlossen, weil auch der Leistende gegen § 37 Abs. 1 verstößt.
Andererseits darf dem Betriebsrat durch sein unentgeltlich auszuübendes Amt auch sein Arbeitseinkommen nicht verringert werden. Er ist vielmehr entgeltmäßig so zu stellen, wie wenn er gearbeitet hätte. Er hat nach dem sog. Lohnausfallprinzip Anspruch auf Fortzahlung seines individuellen Arbeitsentgelts. Dazu gehören auch die bei Arbeitsleistung anfallenden Nebenbezüge sowie all-

gemeine Zuwendungen des Arbeitgebers, wie z.B. Weihnachtsgratifikationen, Urlaubsgeld und vermögenswirksame Leistungen. Lediglich vom Arbeitgeber erbrachte Leistungen, die reinen Aufwandscharakter haben, wie z.B. Wegegelder oder Auslösungen, sind, wenn derartige Kosten dem Betriebsrat nicht entstanden sind, vom Arbeitgeber auch nicht zu zahlen.

1.1 Begriffe Betrieb, Unternehmen, Nebenbetrieb

Nach der Rechtsprechung des Bundesarbeitsgerichts ist ein Betrieb die organisatorische Einheit von Arbeitsmitteln, mit deren Hilfe jemand allein oder in Gemeinschaft mit seinen Mitarbeitern einen bestimmten arbeitstechnischen Zweck fortgesetzt verfolgt.

Der Betrieb wird im einzelnen bestimmt durch den mit ihm verfolgten arbeitstechnischen Zweck, und zwar gleichgültig, worin dieser besteht, warum und von wem er verfolgt wird. Werden verschiedene Zwecke verfolgt, so ist es nach richtiger Ansicht nicht nötig, daß diese sich berühren müssen; Voraussetzung ist lediglich, daß sie innerhalb der einheitlichen, auf die arbeitstechnischen Erfolge ausgerichteten Organisation verfolgt werden. Daß eine Erwerbsabsicht mit dem Betrieb verbunden ist, ist nicht notwendig; es muß also kein Gewerbebetrieb im Sinne der Gewerbeordnung vorliegen.

Maßgebend für den Betrieb ist die organisatorische Einheit zur Erreichung eines arbeitstechnischen Zwecks. Dazu ist im einzelnen erforderlich:

a) Rechtliche Einheit des Inhabers (physische oder juristische Person oder Personengesamtheit). Wirtschaftliche Einheit genügt nicht. Ein Wechsel des Unternehmers berührt die Einheit des Betriebes nicht, solange die Einheit der Organisation und des Zweckes und vor allem die Betriebsgemeinschaft in ihrer Identität erhalten bleiben.

b) Vorhandensein einer Betriebsgemeinschaft.

c) Einheitliche Organisation und ein einheitlicher Leitungsapparat, der sich auf die Gesamtheit aller der für die Erreichung des arbeitstechnischen Zwecks eingesetzten Mittel beziehen muß.

Im Betrieb steht der Arbeitgeber dem Arbeitnehmer gegenüber. Im Gegensatz zum Betrieb wird das Unternehmen durch die Einheit des hinter dem technischen Zweck des Betriebes liegenden Zwecks und die Einheit der dieser Zweckerreichung dienenden Organisation bestimmt. In aller Regel ist es ein wirtschaftlicher Zweck. Das Unternehmen ist in erster Linie ein wirtschaftlicher und wirtschaftsverfassungsrechtlicher Begriff. Soweit er für das Arbeitsrecht in Frage kommt, stehen sich hier der (wirtschaftliche) Inhaber des Unternehmens, der Unternehmer und die Arbeitnehmer gegenüber.

Unternehmen ist diejenige organisatorische Einheit, die bestimmt wird durch den wirtschaftlichen oder ideellen Zweck, dem ein Betrieb oder mehrere organisatorisch verbundene Betriebe dienen. Das Unternehmen erscheint im Gegensatz zum Betrieb als die organisatorische Einheit, innerhalb derer der Unternehmer allein oder in Gemeinschaft mit seinen Mitarbeitern mit Hilfe von sachlichen und immateriellen Mitteln bestimmte, hinter dem arbeitstechnischen Zweck des Betriebes liegende Zwecke fortgesetzt verfolgt. Daraus ergibt sich zunächst, daß der Begriff des Unternehmens zu dem des Betriebes grundsätzlich nicht übergeordnet ist, wie dies z.B. beim Lesen des § 47 gefolgert werden könnte. Der Unternehmensbegriff ist vielmehr ein anderer als der des Betriebes. Umfaßt das Unternehmen nur einen Betrieb, so sind beide Begriffe aufgrund der tatsächlichen Gegebenheiten gleich. Das Unternehmen wird aber in vielen Fällen aus mehreren Betrieben bestehen. Um den Unternehmensbegriff im Sinne dieser Vorschrift zu erfüllen, müssen zwei Voraussetzungen gegeben sein, und zwar muß das Unternehmen eine einheitliche Rechtspersönlichkeit besitzen und eine einheitliche und selbständige Organisation aufweisen. Dazu ist zunächst erforderlich, daß die Betriebe des Unternehmens alle von demselben Unternehmer betrieben werden und daß sie eine einheitliche Verwaltung unter einer einheitlichen Leitung haben, wozu eine bloße wirtschaftliche Einheit oder wirtschaftliche Verflechtung noch nicht genügt. So bilden auch mehrere Betriebe, die ohne Beziehung nur „nebeneinander" stehen, kein Unternehmen, und zwar auch dann nicht, wenn sie sich sämtlich in einer Hand befinden. Nicht erforderlich ist es jedoch, daß die einzelnen Betriebe eines Unternehmens denselben oder einen ähnlichen Betriebszweck haben. Regelmäßig ist aber der Unternehmensbegriff gegenüber dem Betriebsbegriff der weitere.
Grundsätzlich ist davon auszugehen, daß wegen der Verschiedenheit des Zweckes zwar ein Unternehmen mehrere Betriebe haben, nicht aber ein Betrieb mehrere Unternehmen umfassen kann. Nur ausnahmsweise können mehrere Unternehmen einen Betrieb bilden.
Gem. § 4 gelten Betriebsteile, wenn sie die Voraussetzungen des § 1 erfüllen, nur dann als selbständige Betriebe, wenn sie räumlich vom Hauptbetrieb entfernt oder durch Aufgabenbereich und Organisation eigenständig sind. Ist der Nebenbetrieb als selbständig anzusehen, so ist für ihn auch ein Betriebsrat zu wählen. Dies gilt auch dann, wenn er in ein Gesamtunternehmen - wirtschaftlich gesehen - eingegliedert ist. Entscheidende Einheit, auf der die ganze Regelung des BVG aufbaut, bleibt der einzelne Betrieb, weil nur er unmittelbar dem Arbeitsleben und dem Arbeitsrecht angehört. Das Gesamtunternehmen ist dagegen eine organisatorische und wirtschaftliche Zusammenfassung mehrerer einzelner selbständiger Teile (Betriebe) des Ganzen.
Die Abgrenzung, wann es sich im Einzelfall um einen selbständigen Nebenbetrieb handelt, für den ein Betriebsrat zu wählen ist, bereitet häufig gerade wegen

der organisatorischen und wirtschaftlichen Einheit des Gesamtunternehmens große Schwierigkeiten. Unter Berücksichtigung dieser Tatsache werden Nebenbetriebe und Betriebsteile bereits dann zum Hauptbetrieb gerechnet, wenn sie nicht räumlich weit vom Hauptbetrieb entfernt sind. Das wird für manche ausgelagerten Betriebsteile zutreffen. Generell sind damit jedoch die bestehenden Abgrenzungsschwierigkeiten noch nicht beseitigt. Weitere Schwierigkeiten ergeben sich allein aus dem Gesetz bereits dadurch, daß „Nebenbereiche" und „Betriebsteile" gleich behandelt werden, obwohl in der Praxis Organisation, Aufgabengebiete und rechtliche oder auch wirtschaftliche Selbständigkeit oder auch Abhängigkeit vom Gesamtunternehmen eine ganz andere sein werden. Ein Nebenbetrieb im Sinne des § 4 liegt dann vor mit der Folge, daß für ihn ein eigener Betriebsrat zu bilden ist, wenn sämtliche Begriffsmerkmale des „Betriebes" für ihn zutreffen, d.h. insbesondere eine selbständige Organisation zur Erreichung eines arbeitstechnischen Zwecks, die nicht in die Organisation des Hauptbetriebes, sondern nur dem Zweck des Hauptbetriebes eingegliedert ist. Dieser Einheit steht nicht entgegen, daß mehrere technische Einzelzwecke verfolgt werden, die sich aber regelmäßig berühren. Der Zweck des Nebenbetriebes stellt sich als Hilfszweck für den eines anderen Betriebes (Hauptbetrieb) dar. Daß der Nebenbetrieb vielfach unter der Oberleitung des Hauptbetriebes arbeitet, steht seiner Selbständigkeit im hier behandelten Sinne nicht entgegen. Darüber hinaus gelten Nebenbetriebe und Betriebsteil ohne Rücksicht auf die örtliche Lage und räumliche Trennung dann als selbständige Betriebe, wenn sie durch Aufgabenbereich und Organisation eigenständig sind.

1.2 Begriff Arbeitgeber

Der Begriff „Arbeitgeber" ist im Betriebsverfassungsgesetz nicht definiert, obwohl er an verschiedenen Stellen und in verschiedenem Zusammenhang im Gesetz gebraucht wird, und zwar einmal als Inhaber des Betriebes, zum anderen als Partner der Belegschaft innerhalb der Betriebsgemeinschaft. Arbeitgeber ist nach allgemeinem Sprachgebrauch jeder, der einen anderen als Arbeitnehmer beschäftigt. Wieviel Arbeitnehmer beschäftigt werden, ob die Beschäftigung regelmäßig oder nur gelegentlich erfolgt, ob in Voll- oder Teilzeit gearbeitet wird, ist unerheblich, ebenso die Frage, ob die Beschäftigung legal oder illegal erfolgt, wie z.B. bei bestimmten Ausländern ohne oder nach Überschreiten einer nur befristet gegebenen Arbeitserlaubnis. Entscheidend ist auch nicht das Vorliegen eines rechtlich einwandfreien Arbeitsvertrages: Formmängel, Verstöße gegen Abschlußverbote, z.B. bei Beschäftigunsverboten für Jugendliche, Schwerbehinderte, werdende, stillende oder junge Mütter oder Kinder und Aus-

zubildende führen i.d.R. nicht zur Nichtigkeit eines Vertrages, sondern begründen ein sog. faktisches Arbeitsverhältnis mit der Folge, daß ein Arbeitsverhältnis zwischen einem Arbeitgeber und einem Arbeitnehmer vorliegt.
Vorstandsmitglieder einer Aktiengesellschaft, einer Genossenschaft, einer bergrechtlichen Gewerkschaft und einer Aktienreederei sowie die Geschäftsführer einer GmbH werden in der Regel ebenfalls als Arbeitgeber angesehen. Man bezeichnet diese Personen auch als funktionale Arbeitgeber. Auf die konkrete Rechtsform des Arbeitgebers kommt es nicht an. Es kann sich handeln um eine natürliche Person (z.B. Einzelhandelskaufmann) oder um eine juristische Person (wie z.B. GmbH, Aktiengesellschaft), um Einzelpersonen oder Personengesellschaften. Bei einer Gesellschaft nach bürgerlichem Recht oder einer offenen Handelsgesellschaft sind die einzelnen Mitglieder bzw. Gesellschafter Arbeitgeber. Bei einer Kommanditgesellschaft sind nur die Komplementäre, also diejenigen Gesellschafter, die persönlich voll und unbeschränkbar haften, Arbeitgeber. Bei der GmbH & Co KG, die strukturell eine Kommanditgesellschaft ist mit der Besonderheit, daß eine GmbH Komplementär ist, ist nur der Geschäftsführer der GmbH Arbeitgeber der GmbH & Co KG. Bei wirtschaftlichen Vereinen, z.B. dem Versicherungsverein auf Gegenseitigkeit, ist der Vorstand des Vereins Arbeitgeber.
Endlich ist es für den Begriff des Arbeitgebers unerheblich, ob es sich um eine juristische Person des privaten oder öffentlichen Rechts handelt, wie z.B. bei Gebietskörperschaften von Staat, Land oder Städten.
Der Arbeitgeber ist als Dienstherr im juristischen Sinne Vertragspartner des Arbeitnehmers im Arbeitsvertrag. Im Rahmen der Betriebsverfassung steht zwischen Arbeitgeber und Arbeitnehmer die Betriebsvertretung, welche die wirtschaftlichen, personellen und sozialen Interessen der Arbeitnehmer im Betrieb dem Arbeitgeber gegenüber vertritt.
Nach überwiegender Auffassung sind Arbeitgeber und Unternehmer notwendig personengleich. Zwischen beiden Begriffen ist jedoch von der Funktion her zu unterscheiden: der Unternehmer hat eine wirtschaftliche Funktion, nämlich die wirtschaftliche Unterhaltung und Leitung des Betriebs oder des Unternehmens, nach innen und außen. Der Arbeitgeber hat eine betrieblich-organisatorische Funktion, er ist der Dienstherr der Arbeitnehmer und hat als solcher Anspruch auf deren Arbeitsleistung. Das im Betriebsverfassungsgesetz verankerte soziale und personelle Mitbestimmungs- und Mitwirkungsrecht der Betriebsvertretung berührt den Unternehmer/Arbeitgeber in erster Linie in seiner Funktion als Arbeitgeber, das wirtschaftliche Mitbestimmungsrecht dagegen in seiner Funktion als Unternehmer.
Im Bereich der personellen und sozialen Mitbestimmungs- und Mitwirkungsrechts kann sich der tatsächliche und der funktionale Arbeitgeber von allen Personen vertreten lassen, die Aufgaben der Betriebsleitung in eigener Verantwor-

tung wahrnehmen und nicht Arbeitnehmer im Sinne des Betriebsverfassungsgesetzes sind. Im Bereich des wirtschaftlichen Mitbestimmungs- und Mitwirkungsrechts ist eine Vertretung des Unternehmers nur durch solche Personen möglich, die ständig und allgemein zu seiner rechtlichen Vertretung bevollmächtigt sind (insbesondere Prokuristen und Generalbevollmächtigte).

Der Unternehmer/Arbeitgeber braucht ferner keineswegs mit dem Betriebsinhaber, dem Eigentumsrechte am Betrieb (Unternehmen) zustehen, identisch zu sein. In einer großen Zahl von Fällen besteht eine derartige Identität tatsächlich nicht. Bei Aktiengesellschaften und Gesellschaften mit beschränkter Haftung z.B. sind Betriebsinhaber, also Eigentümer, die Aktionäre oder Gesellschafter, sie üben ihre Unternehmer-/Arbeitgeberfunktion aber in aller Regel nicht selbst aus, sondern lassen sie vielmehr von Dritten, die rechtlich selbst Arbeitnehmer - wenn auch nicht im Sinne des Betriebsverfassungsgesetzes - sind, ausüben. Obwohl in einem derartigen Falle die Aktionäre oder Gesellschafter als Betriebsinhaber Arbeitgeber sind, die gegenüber den Arbeitnehmern Anspruch auf deren Arbeitsleistung haben, gelten als Arbeitgeber im Sinne des Betriebsverfassungsgesetzes auch diejenigen, welche an Stelle der Betriebsinhaber die Arbeitgeberfunktion tatsächlich ausüben, also beispielsweise bei einer Aktiengesellschaft deren Vorstand, bei einer GmbH deren Geschäftsführer.

1.3 Begriff Arbeitnehmer

Arbeitnehmer ist derjenige, der aufgrund eines privatrechtlichen Vertrages im Dienste eines anderen gegen Zusage einer Gegenleistung zur Leistung fremdbestimmter Arbeit verpflichtet ist und zu dem Arbeitgeber in einem bestimmten persönlichen Abhängigkeitsverhältnis steht. Gelegentlich unselbständige Arbeit für einen Betrieb begründet noch keine Arbeitnehmereigenschaft. Ebenso ist nicht Arbeitnehmer, wer nicht aufgrund eines Dienstvertrages, sondern aufgrund eines Werkvertrages selbständig für einen Betrieb arbeitet, auch wenn das regelmäßig geschieht und die ausschließliche oder überwiegende Tätigkeit des Betreffenden darstellt. Beamte und Soldaten sind ebenfalls keine Arbeitnehmer; für sie gelten Sonderregelungen.

Weiter gelten nach § 5 Abs. 2 als Arbeitnehmer im Sinne dieses Gesetzes nicht:
1. In Betrieben einer juristischen Person die Mitglieder des Organs, das zur gesetzlichen Vertretung der juristischen Person berufen ist. Das sind bei Aktiengesellschaften die Vorstandsmitglieder (§ 76 AktG) und der Abwickler (§ 265 AktG), bei der GmbH die Geschäftsführer (§ 35 Abs. 1 GmbHG) und die Liquidatoren (§ 66 GmbHG), bei Genossenschaften die Vorstandsmitglieder (§ 24 GenG) und die Liquidatoren (§ 83 GenG), bei der Kom-

manditgesellschaft auf Aktien die Komplementäre nach Maßgabe des Gesellschaftsvertrages (§ 278 Abs. 2 AktG und §§ 125, 161 HGB), bei bergrechtlichen Gewerkschaften der Grubenvorstand (§ 117 Abs. 1 und 2 PrAllgBergG), bei Vereinen die Vorstandsmitglieder (§ 26 BGB), Sondervertreter (§ 30 BGB) sowie bei Stiftungen die Mitglieder des nach dem Stiftungsstatut bestellten gesetzlichen Vertretungsorgans (§§ 85, 86 BGB).
2. Die Gesellschafter einer OHG oder die Mitglieder einer anderen Personengesamtheit, soweit sie durch Gesetz, Satzung oder Gesellschaftsvertrag zur Vertretung der Personengesamtheit oder zur Geschäftsführung berufen sind, in deren Betrieben. Das sind die Gesellschafter der OHG (§ 105 HGB) und der Gesellschaft nach bürgerlichem Recht (§ 705 BGB) sowie die Mitreeder in Reedereien (§ 498 HGB).
3. Personen, deren Beschäftigung nicht in erster Linie ihrem Erwerb dient, sondern vorwiegend durch Beweggründe karitativer oder religiöser Art bestimmt ist.
Dies sind z.B. Mönche, Ordensschwestern und Diakonissen, bei denen Erwerbsgründe keine Rolle spielen, da ihre Versorgung durch ihre Orden sichergestellt ist. Nicht in diese Gruppe gehören aber gewöhnliche Krankenschwestern, die ihrer Berufsarbeit zum Lebensunterhalt nachgehen.
4. Personen, deren Beschäftigung nicht in erster Linie ihrem Erwerb dient und die vorwiegend zu ihrer Heilung, Wiedereingewöhnung oder Erziehung beschäftigt werden.
Dies sind insbesondere Kranke, die in Anstalten oder aus arbeitstherapeutischen Gründen beschäftigt werden, außerdem Strafgefangene und Fürsorgezöglinge.
5. Der Ehegatte, Verwandte und Verschwägerte ersten Grades, der in häuslicher Gemeinschaft mit dem Arbeitgeber lebt.
Bei Bestehen eines echten Arbeitsverhältnisses gelten Ehegatten, Verwandte und Verschwägerte ersten Grades des Arbeitgebers, die in häuslicher Gemeinschaft mit ihm leben, nicht als Arbeitnehmer im Sinne des Betriebsverfassungsgesetzes. Das sind Eltern im Verhältnis zu ihren Kindern und Kinder im Verhältnis zu ihren Eltern und nichteheliche Kinder und ihre Väter sowie Schwiegerkinder und Schwiegereltern. Enkel sind dagegen Arbeitnehmer im Sinne des Betriebsverfassungsgesetzes.

Unter den Oberbegriff Arbeitnehmer fallen nach § 5 Abs. 1 Arbeiter und Angestellte einschließlich der zu ihrer Berufsausbildung Beschäftigten. Arbeiter sind nach § 6 Abs. 1 Arbeitnehmer einschließlich der zu ihrer Berufsausbildung Beschäftigten, die eine arbeiterrentenversicherungspflichtige Beschäftigung ausüben, auch wenn sie nicht versicherungspflichtig sind. Als Arbeiter gelten auch die in Heimarbeit Beschäftigten, die in der Hauptsache für den Betrieb arbeiten, Volontäre und Praktikanten.

Angestellte sind nach § 6 Abs. 2 Arbeitnehmer, die eine durch das Sechste Buch Sozialversicherung als Angestelltentätigkeit bezeichnete Beschäftigung ausüben, auch wenn sie nicht versicherungspflichtig sind. Als Angestellte gelten auch Beschäftigte, die sich in Ausbildung zu einem Angestelltenberuf befinden, sowie die in Heimarbeit Beschäftigten, die in der Hauptsache für den Betrieb Angestelltentätigkeit verrichten.
Ist jemand mit zwei verschiedenen Tätigkeiten beschäftigt, so ist die überwiegende Tätigkeit maßgebend.

1.3.1 Angestellte

Nach § 133 Abs. 2 SGB VI gehören zu den Angestellten insbesondere:
1. Angestellte in leitender Stellung;
2. technische Angestellte in Betrieb, Büro und Verwaltung, Werkmeister und andere Angestellte in einer ähnlichen gehobenen oder höheren Stellung;
3. Büroangestellte, soweit sie nicht ausschließlich mit Botengängen, Reinigung, Aufräumung und ähnlichen Arbeiten beschäftigt werden, einschließlich Werkstattschreiber;
4. Handlungsgehilfen und andere Angestellte für kaufmännische Dienste, auch wenn der Gegenstand des Unternehmens kein Handelsgewerbe ist, Gehilfen und Lehrlinge in Apotheken;
5. Bühnenmitglieder und Musiker ohne Rücksicht auf den künstlerischen Wert ihrer Leistungen;
6. Angestellte in Berufen der Erziehung, des Unterrichts, der Fürsorge, der Kranken- und Wohlfahrtspflege;
7. Schiffsführer, Offiziere des Decks- und Maschinendienstes, Schiffsärzte, Funkoffiziere, Zahlmeister, Verwalter und Verwaltungsassistenten sowie die in einer ähnlich gehobenen und höheren Stellung befindlichen Mitglieder der Schiffsbesatzung von Binnenschiffen oder deutschen Seeschiffen.
8. Bordpersonal der Zivilluftfahrt.

1.3.2 Arbeiter

Gem. § 6 Abs. 1 sind Arbeiter im Sinne des Betriebsverfassungsgesetzes Arbeitnehmer einschließlich der zu ihrer Berufsausbildung Beschäftigten, die eine arbeiterrentenversicherungspflichtige Beschäftigung ausüben, auch wenn sie nicht versicherungspflichtig sind. Als Arbeiter gelten auch die in Heimarbeit Beschäftigten, die in der Hauptsache für den Betrieb arbeiten. Arbeiter sind danach hauptsächlich diejenige Arbeitnehmer, die überwiegend Handarbeit verrichten oder die nicht angestelltenversicherungspflichtig sind. Dazu gehören auch Auszubildende, Volontäre und Praktikanten; zu den Arbeitern im Sinne dieses Gesetzes gehören auch die Arbeiterlehrlinge und alle, die sonst in der Ausbildung zum Beruf stehen, insbesondere die Anlernlinge. Ist jemand mit verschiedenen Arbeiten beschäftigt, so ist die überwiegende Tätigkeit maßgebend.

Besteht eine Tätigkeit sowohl aus geistiger als auch aus körperlicher Arbeit, so ist im Einzelfall zu prüfen, welche Arbeit überwiegt und ob diese der Tätigkeit das eigentliche Gepräge gibt (vgl. Tätigkeitskatalog für Lohn- und Gehaltsgruppen).

1.3.3 Arbeitnehmerähnliche Personen

Arbeitnehmerähnliche Personen sind Personen, die – ohne in einem festen Arbeitsverhältnis zu stehen – wegen ihrer wirtschaftlichen Unselbständigkeit sich in wirtschaftlicher Abhängigkeit zum Auftraggeber oder Unternehmer befinden und damit in ähnlicher sozialer Lage wie die Arbeitnehmer sind.
Arbeitnehmerähnliche Personen sind z.B.
1. die in Heimarbeit Beschäftigten und die ihnen Gleichgestellten (§ 1 HAG),
2. Handelsvertreter, die vertraglich nicht für weitere Unternehmen tätig werden dürfen (sogenannte Einfirmenvertreter) oder bei denen dies nach Art und Umfang der von ihnen verlangten Tätigkeit nicht möglich ist (§ 92a, Abs. 1 HGB
3. freie Mitarbeiter unter der Voraussetzung, daß sie von ihrem Auftraggeber wirtschaftlich abhängig sind.

Arbeitnehmerähnliche Personen sind keine Arbeitnehmer. Sie unterliegen mithin grundsätzlich auch nicht dem materiellen Arbeitsrecht.

1.3.4 Auszubildende

Arbeitnehmer im Sinne des Betriebsverfassungsgesetzes sind zu ihrer Berufsausbildung Beschäftigte nur dann, wenn sich ihre Berufsausbildung im Rahmen des arbeitstechnischen Zwecks eines Produktions- oder Dienstleistungsbetriebes vollzieht und sie deshalb in vergleichbarer Weise wie die sonstigen Arbeitnehmer in den Betrieb eingegliedert sind (betriebliche Berufsbildung i.S. von § 1 Abs. 5 BBiG). Findet die praktische Berufsausbildung dagegen in einem reinen Ausbildungsbetrieb statt (sonstige Berufsbildungseinrichtung i.S. v. § 1 Abs. 5 BBiG), so gehören diese Auszubildenden nicht zur Belegschaft des Ausbildungsbetriebes.

Ob man Arbeiter oder Angestellter ist, bestimmt sich allein nach der Art der ausgeübten Tätigkeit sowie nach der Auffassung der im konkreten Fall beteiligten Berufskreise; die Arbeitsvertragsparteien können dagegen nicht entscheiden, ob der Betreffende betriebsverfassungsrechtlich zur Gruppe der Arbeiter oder Angestellten gehört. Auf die Bezeichnung im Arbeitsvertrag kommt es nicht an.

Die Unterscheidung von Angestellten und Arbeitern ist von großer praktischer Bedeutung, so z.B.
a) im Hinblick auf das Wahlverfahren (§ 14 Abs. 2)
b) auf die Zusammensetzung des Betriebsrats und Gesamtbetriebsrats (§§ 10, 12 und 47 Abs. 2)
c) auf die Zusammensetzung des Wahlvorstandes (§ 16 Abs. 1) und des Betriebsausschusses (§ 27 Abs. 2)
d) auf die Wahl des Betriebsratsvorsitzenden und seines Stellvertreters (§ 26 Abs. 1) und
e) auf das Vetorecht der überstimmten Minderheitsgruppen (§ 35 Abs. 1).

1.4 Leitende Angestellte

Nach § 5 Abs. 3 Satz 2 ist leitender Angestellter, wer nach Arbeitsvertrag und Stellung im Unternehmen oder im Betrieb
1. zur selbständigen Einstellung und Entlassung von im Betrieb oder in der Betriebsabteilung beschäftigten Arbeitnehmern berechtigt ist oder
2. Generalvollmacht oder Prokura hat und die Prokura auch im Verhältnis zum Arbeitgeber nicht unbedeutend ist oder
3. regelmäßig sonstige Aufgaben wahrnimmt, die für den Bestand und die Entwicklung des Unternehmens oder eines Betriebs von Bedeutung sind und deren Erfüllung besondere Erfahrungen und Kenntnisse voraussetzt, wenn er dabei entweder die Entscheidungen im wesentlichen frei von Weisungen trifft oder sie maßgeblich beeinflußt; dies kann auch bei Vorgaben insbesondere aufgrund von Rechtsvorschriften, Plänen oder Richtlinien sowie bei Zusammenarbeit mit anderen leitenden Angestellten gegeben sein.

Der 7. Senat des BAG stellt im Rahmen der Auslegung des unbestimmten Rechtsbegriffs des § 5 Abs. 3 Nr. 2 fest, daß die im Außenverhältnis verliehene Vertretungsmacht nicht mehr deckungsgleich mit der im Innenverhältnis eingeräumten Vertretungsbefugnis sein muß. Ausschlaggebend sei neben der formellen Vertretungsbefugnis auch die damit verbundenen unternehmerischen Aufgaben, um derentwillen dem Arbeitnehmer die Prokura verliehen worden ist. Diese unternehmerischen Führungsaufgaben dürften sich nicht in der Wahrnehmung sogenannter Stabsfunktionen erschöpfen, da sich in diesem Fall der unter-

nehmerische Einfluß des Angestellten auf das Innenverhältnis zum Unternehmer beschränke.
Für Angestellte in Linienfunktionen bestimmt sich nach den Feststellungen des 7. Senats die Beurteilung der wahrgenommenen Aufgaben nach den zu § 5 Abs. 3 Nr. 3 entwickelten Grundsätzen. Die von Teilen der Literatur und der Instanzrechtsprechung vertretene Auffassung, wonach die von einem Prokuristen als leitendem Angestellten wahrzunehmenden Aufgaben von geringerem Gewicht als die von § 5 Abs. 3 Nr. 3 erfaßten unternehmerischen Aufgaben sein können, wird zurückgewiesen.
Nach Ansicht des 7. Senats erschöpft sich die Bedeutung des § 5 Abs. 3 Nr. 2 lediglich darin, daß sie eine Erleichterung der Darlegungslast zugunsten leitender Angestellter darstellt.
Das Bundesarbeitsgericht hat dazu folgende Leitsätze aufgestellt:
1. Nach der Neuregelung des § 5 Abs. 3 Nr. 2 kann ein Prokurist leitender Angestellter auch dann sein, wenn seine Vertretungsbefugnis im Verhältnis zum Arbeitgeber Beschränkungen unterliegt.
2. Prokuristen, die ausschließlich Stabsfunktionen wahrnehmen, sind keine leitenden Angestellten i.S.d. § 5 Abs. 3 Nr. 2.
3. Für die Erfüllung des in § 5 Abs. 3 Nr. 2 enthaltenen funktionalen Merkmals ist maßgebend, ob der Prokurist bedeutende unternehmerische Leitungsaufgaben i.S.d. Abs. 3 Nr. 3 der Vorschrift wahrnimmt. Sind die formalen Voraussetzungen der Tatbestände des Abs. 3 Nr. 2 erfüllt, ist nur zu prüfen, ob die durch eine Prokuraerteilung nach außen dokumentierten unternehmerischen Befugnisse nicht so weit aufgehoben sind, daß eine erhebliche unternehmerische Entscheidungsbefugnis in Wirklichkeit nicht besteht.

Nach § 5 Abs. 4 ist leitender Angestellter nach § 5 Abs. 3 Nr. 3 im Zweifel, wer
1. aus Anlaß der letzten Wahl des Betriebsrats, des Sprecherausschusses oder von Aufsichtsratsmitgliedern der Arbeitnehmer oder durch rechtskräftige gerichtliche Entscheidung den leitenden Angestellten zugeordnet worden ist oder
2. einer Leitungsebene angehört, auf der in dem Unternehmen überwiegend leitende Angestellte vertreten sind, oder
3. ein regelmäßiges Jahresarbeitsentgelt erhält, das für leitende Angestellte in dem Unternehmen üblich ist, oder
4. falls auch bei der Anwendung der Nummer 3 noch Zweifel bleiben, ein regelmäßiges Jahresarbeitsentgelt erhält, das das Dreifache der Bezugsgröße nach § 18 des Vierten Buches Sozialgesetzbuch überschreitet.
Durch Anfügung des Abs. 4 ist der Begriff des leitenden Angestellten nicht erweitert worden. Abs. 4 soll lediglich zur Präzisierung dieses Begriffs führen.

1.5 Freie Mitarbeiter

Nach ständiger Rechtssprechung des Bundesgerichts unterscheidet sich ein Arbeitsverhältnis von dem Rechstverhältnis eines freien Mitarbeiters (Dienstvertrag) durch den Grad der persönlichen Abhängigkeit, in der der zur Dienstleistung Verpflichtete steht. Danach ist Arbeitnehmer derjenige, der seine Dienstleistung im Rahmen einer von Dritten bestimmten Arbeitsroganisation zu erbringen hat. Insoweit enthält § 84 Abs. 1 Satz 2 HGB ein typisches Abgrenzungsmerkmal. Nach dieser Bestimmung ist selbständig, wer im wesentlichen frei seine Tätigkeit gestalten und seine Arbeitszeit bestimmen kann. Unselbständig und daher persönlich abhängig ist der Mitarbeiter, dem dies nicht möglich ist. Allerdings gilt die genannte Regelung unmittelbar nur für die Abgrenzung des selbständigen Handelsvertreters vom abhängig beschäftigten kaufmännischen Angestellten. Über diesen unmittelbaren Anwendungsbereich hinaus enthält die Bestimmung jedoch eine allgemeine gesetzgeberische Wertung, die bei der Abgrenzung des Dienstvertrags vom Arbeitsvertrag zu beachten ist. Die Eingliederung in die fremde Arbeitsorganisation wird insbesondere dadurch deutlich, daß ein Arbeitnehmer hinsichtlich Zeit, Dauer und Ort der Ausführung der versprochenen Dienste einem umfassenden Weisungsrecht des Arbeitgebers unterliegt.

Über die danach vorzunehmende Einordnung des Rechtsverhältnisses (Dienstvertrag oder Arbeitsvertrag) entscheidet der Geschäftsinhalt und nicht die von den Parteien gewünschte Rechtsfolge oder eine von ihnen gewählte Bezeichnung des Vertrags, die dem Geschäftsinhalt in Wahrheit nicht entspricht. Der jeweilige Vertragstyp kann nur aus dem wirklichen Geschäftsinhalt erkannt werden. Dieser Geschäftsinhalt kann sich aus den getroffenen Vereinbarungen wie auch aus der praktischen Durchführung des Vertrags ergeben. Widersprechen die Vereinbarung und tatsächliche Durchführung des Vertrags einander, ist die letztere maßgebend, denn aus der praktischen Handhabung lassen sich Rückschlüsse darauf ziehen, von welchen Rechten und Pflichten die Parteien ausgegangen sind.

2 Aktives Wahlrecht

Aktives Wahlrecht haben nach § 7 alle Arbeitnehmer, die das 18. Lebensjahr vollendet haben. Wahlberechtigt sind alle Arbeitnehmer des Betriebes im Sinne des Betriebsverfassungsgesetzes, also Arbeiter, Angestellte, ferner die zu ihrer Berufsausbildung und die in Heimarbeit beschäftigten Personen. Weiter ist unerheblich, ob die Arbeitnehmer in vollem Umfang oder nur teilweise beschäftigt werden oder ob sie ständig oder nur vorübergehend arbeiten. Auch Aushilfsbeschäftigte, die am Wahltag in einem Arbeitsverhältnis zum Betrieb stehen, sind wahlberechtigt. Grundsätzlich bleibt auch ein ins Ausland entsandter Arbeitnehmer wahlberechtigt. Die Staatsangehörigkeit ist unbedeutend; auch Ausländer haben das aktive Wahlrecht.

3 Passives Wahlrecht

Nach § 8 Abs. 1 sind alle wahlberechtigten Arbeitnehmer (§ 7), die sechs Monate dem Betrieb angehören oder als in Heimarbeit Beschäftigte in der Hauptsache für den Betrieb gearbeitet haben, für den Betriebsrat wählbar (passives Wahlrecht). Entscheidend für die Berechnung der 6-Monatsfrist ist nicht die effektive Erbringung der Arbeitsleistung, sondern die Betriebszugehörigkeit.
Auf diese sechsmonatige Betriebszugehörigkeit werden auch Zeiten angerechnet, in denen der Arbeitnehmer unmittelbar vorher einem anderen Betrieb desselben Unternehmens oder Konzerns (§ 18 Abs. 1 AktG) angehört hat.
Nach § 8 Abs. 2 können abweichend von der Vorschrift des § 8 Abs. 1, wonach Voraussetzung für die Wählbarkeit eine mindestens sechsmonatige Betrieszugehörigkeit vorgesehen ist, bei Betrieben, die weniger als 6 Monate bestehen, alle diejenigen Arbeitnehmer gewählt werden, die bei der Einleitung der Betriebsratswahl im Betrieb beschäftigt sind und die die übrigen Voraussetzungen für das passive Wahlrecht erfüllen.
Die Aufnahme dieser von § 8 Abs. 1 abweichenden Vorschrift war deshalb notwendig, weil sonst in neuen Betrieben während des ersten Halbjahres seines Bestehens überhaupt kein Betriebsrat gewählt werden könnte. Die 6-Monatsfrist bezieht sich auf den Tag der Einleitung der Wahl als Gründung des Betriebes. Eingeleitet ist die Wahl nach § 3 der Wahlordnung mit dem Erlaß des Wahlausschreibens durch den Wahlvorstand. Zu diesem Zeitpunkt also muß der Arbeitnehmer im Betrieb beschäftigt sein, um das passive Wahlrecht zu erlangen. Wie lange er vorher beschäftigt war, ist unerheblich.
Ein Betrieb ist im Sinne dieser Vorschrift nicht neu, wenn er infolge Verkauf, Übernahme oder Fusion auf einen anderen übergeht oder in diesen eingeht, da der Wechsel des Arbeitgebers, wenn der Betrieb als solcher ganz oder zum Teil fortgeführt wird, die Zugehörigkeit des einzelnen Arbeitnehmers zum Betrieb unberührt läßt. Etwas anderes gilt dann, wenn die Übernahme oder der Zusammenschluß mit einer grundlegenden Veränderung der Betriebsorganisation beider Betriebe verbunden ist.
§ 8 Abs. 1 Satz 3 schließt von der Wählbarkeit zum Betriebsrat jedoch diejenigen Arbeitnehmer aus, die infolge Richterspruchs die Wählbarkeit oder die Fähigkeit, öffentliche Ämter zu bekleiden, nicht besitzen. Von Bedeutung ist hier nur der Spruch des Deutschen Gerichtes. Ein solcher Richterspruch der Versagung des passiven Wahlrechts könnte z.B. ausgesprochen werden in einem Ver-

fahren über die Verwirkung von Grundrechten oder anläßlich einer strafgerichtlichen Verurteilung (§§ 45, 45a, 45b StGB). Wird jemand in einem Strafverfahren wegen eines Verbrechens zu einer Mindeststrafe von einem Jahr verurteilt, so ist der Anspruch der Versagung des passiven Wahlrechtes auf Zeit nach § 45 Abs. 1 StGB die automatische Rechtsfolge. Darüberhinaus kann das Strafgericht jedoch auch in anderen Fällen (z.B. §§ 92a, 101, 109) gem. § 45 StGB die o.g. Fähigkeiten für die Dauer von 2 bis 5 Jahren aberkennen, und zwar auch dann, wenn eine Verurteilung zu mindestens 1 Jahr Freiheitsentzug nicht erfolgt. Hinzuweisen ist darauf, daß das Strafgericht die aberkannten Fähigkeiten gem. § 45b StGB unter bestimmten Voraussetzungen auch vorzeitig wieder verleihen kann.

Aberkennt das Strafgericht das Recht, in öffentlichen Angelegenheiten zu wählen oder zu stimmen (§ 45 Abs. 5 StGB), so hat dieser Spruch keinen Einfluß auf das passive Wahlrecht zum Betriebsrat.

Für die Beurteilung, ob der betreffende Arbeitnehmer wählbar ist, ist der Wahltag enscheidend, d.h. er muß an diesem Tag das passive Wahlrecht besitzen.

Sämtliche Streitigkeiten über das passive Wahlrecht werden nach § 2 Abs. 1 Nr. 4 ArbGG im Beschlußverfahren entschieden. Ergibt sich im Einzelfall, daß die Voraussetzungen der Wählbarkeit eines Arbeitnehmers im Zeitpunkt der Wahl nicht vorgelegen haben und wird dies nach Ablauf der Anfechtungsfrist des § 19 im arbeitsgerichtlichen Beschlußverfahren festgestellt, so erlischt die Mitgliedschaft im Betriebsrat kraft Gesetzes (§ 24 Abs. 1 Nr. 6). Nach § 24 Abs. 1 Nr. 4 gilt das gleiche dann, wenn ein gewähltes Betriebsratsmitglied nachträglich das passive Wahlrecht verliert.

4 Anfechtung der Wahl

Gem. § 19 kann die Wahl beim Arbeitsgericht angefochten werden, wenn gegen wesentliche Vorschriften über das Wahlrecht, die Wählbarkeit oder das Wahlverfahren verstoßen worden ist und eine Berichtigung nicht erfolgt ist, es sei denn, daß durch den Verstoß das Wahlergebnis nicht geändert oder beeinflußt werden könnte.

Zur Anfechtung berechtigt sind mindestens drei Wahlberechtigte, eine im Betrieb vertretene Gewerkschaft oder der Arbeitgeber. Die Anfechtung der Wahl kann sich sowohl auf die Wahl einer Gruppe, als auch eines einzelnen Mitgliedes beziehen. Ziel der Anfechtung ist die Aufhebung der Wahl. Der Antrag geht auf Feststellung der Unwirksamkeit der Wahl, wenn die Wahl des Betriebsrates oder einer Gruppe als solche angegriffen wird. Er geht auf Korrektur des Wahlergebnisses, wenn es sich nur um die Wahl eines oder mehrerer Betriebsratsmitglieder handelt. Die Geltendmachung der Anfechtung ist nur innerhalb einer Frist von 2 Wochen vom Tage der Bekanntgabe des Wahlergebnisses an gerechnet zulässig. Danach ist eine Anfechtung nicht mehr möglich; zulässig ist jedoch nach Ablauf der Anfechtungsfrist die Feststellung, daß ein Betriebsratsmitglied nicht wählbar gewesen ist. Diese Feststellung hat zur Folge, daß damit das Betriebsratsamt für die Zukunft endet. Weiter ist es möglich, nach Ablauf der Anfechtungsfrist innerhalb eines anhängigen Verfahrens weitere Anfechtungsgründe nachzuschieben. Das Arbeitsgericht hat darüber hinaus die Verpflichtung, von Amts wegen allgemein zu prüfen, ob die angefochtene Wahl eventuell aus anderen als vom Antragsteller vorgetragenen Gründen unwirksam ist.

Voraussetzung für die Anfechtung ist zunächst, daß wesentliche Vorschriften verletzt sind. Die Anfechtung muß daher auf den Verstoß gegen eine Mußvorschrift geschützt werden; die Verletzung von Soll- oder Ordnungsvorschriften genügt deshalb in der Regel nicht. Sind jedoch mehrere Sollvorschriften zugleich verletzt, so ist in diesen Fällen eine Wahlanfechtung zulässig, wenn die weiteren Voraussetzungen hierfür gegeben sind.

5 Nichtigkeit der Wahl

Im Gegensatz zur Anfechtbarkeit der Wahl liegt Nichtigkeit nur dann vor, wenn gegen allgemeine Grundsätze jeder ordungsgemäßen Wahl in so hohem Maß verstoßen ist, daß auch der Anschein einer Wahl nicht mehr vorliegt. Ein grober und offensichtlicher Verstoß gegen die gesetzlichen Wahlregeln bedeutet Nichtigkeit der Wahl. Der Annahme einer absoluten Wahlnichtigkeit sind sehr enge Grenzen gesetzt; Nichtigkeit kann daher nur in ganz besonderen Ausnahmefällen angenommen werden.
Als solche kommen z.B. in Betracht:
Spontane Bildung eines Betriebsrats auf einer Betriebsversammlung durch Zuruf,
Durchführung der Wahl ohne Wahlvorstand,
Wahl eines „Aktionsausschusses" statt eines Betriebsrats,
Errichtung eines einheitlichen Betriebsrats für mehrere weit voneinander liegende Betriebe anstelle der Wahl eines für jeden Betrieb eigenen Betriebsrats,
Wahl durch Akklamation,
Verstoß gegen zahlreiche wesentliche Verfahrensvorschriften,
Fehlende Voraussetzungen für eine Betriebswahl überhaupt, z.B. wenn der Betrieb nicht betriebsratspflichtig und damit auch nicht betriebsratsfähig ist,
Wahl eines Kandidaten, der nicht Angehöriger des Betriebes ist.
Die Geltendmachung der Nichtigkeit ist weder an eine Frist noch an eine bestimmte Form gebunden. Im Gegensatz zur Anfechtung kann die Nichtigkeit von jedermann geltend gemacht werden, der an der Feststellung der Nichtigkeit ein Interesse hat. Es brauchen also nicht, wie bei der Anfechtung, drei wahlbe-

rechtigte Arbeitnehmer sich beteiligen. Insbesondere kann deshalb auch der Arbeitgeber die Nichtigkeit der Wahl feststellen lassen. Das gleiche gilt für jede im Betrieb vertretene Gewerkschaft.
Die Frage der Nichtigkeit einer Wahl entscheiden die Arbeitsgerichte im Beschlußverfahren.

6 Zahl der Betriebsratsmitglieder

Die Zahl der Betriebsratsmitglieder ist in den §§ 9 – 12 unter Berücksichtigung der Vertretung der Minderheitsgruppen (§ 10) und der abweichenden Verteilung der Betriebsratssitze (§ 12) festgelegt.
Die Zahl der Betriebsratsmitglieder bestimmt in erster Linie der Wahlvorstand. Ist diese Zahl falsch, so ist der Betriebsrat nicht ordnungsgemäß besetzt; ist die Zahl zu gering, so rücken entsprechend § 25 die ersten Ersatzmänner ein. Sie gelten in diesem Fall von Anfang an als Mitglieder des Betriebsrats. Ist die Zahl dagegen zu hoch, so sind die Mitglieder mit den geringsten Stimmzahlen nicht Betriebsratsangehörige, sondern nur Ersatzmitglieder.
Im Streitfall hat das Arbeitsgericht im Beschlußverfahren die Zahl festzusetzen.
§ 11 legt fest, daß für den Fall, daß ein Betrieb nicht die ausreichende Zahl der wählbaren Arbeitnehmer hat, die Zahl der Betriebsratsmitglieder der nächstniedrigen Betriebsgröße zugrunde zu legen ist.
Diese Vorschrift ergänzt § 9 und gestattet, von der nach § 9 vorgeschriebenen Zahl von Betriebsratsmitgliedern dann abzuweichen, wenn nicht genügend wählbare Arbeitnehmer für die Besetzung der Betriebsratssitze vorhanden sind. Sie hat insofern besondere Bedeutung für Klein- und Mittelbetriebe. Entsprechende Anwendung dieser Vorschrift ist gegeben für die Bordvertretung und den Seebetriebsrat, nicht jedoch für die Gruppenvertreter gem. § 10, den Gesamtbetriebsrat, Konzernbetriebsrat, die Jugendvertretung und die Gesamtjugendvertretung.
Gem. § 11 hat der Wahlvorstand die nächst niedrige Zahl zugrundezulegen, die den tatsächlichen Verhältnissen bei Erlaß des Wahlausschreibens entspricht. Diese Feststellung ist verbindlich, so daß die sich aus ihr ergebende Zahl der Betriebsratsmitglieder maßgebend ist. Sie gilt deshalb auch bis zur nächsten Wahl des Betriebsrates als gesetzliche Zahl der Betriebsratsmitglieder. Eine Nachwahl, die dem Zweck dienen soll, die ursprünglich maßgebliche Zahl der Betriebsratsmitglieder zu erreichen, ist deshalb unzulässig.
§ 11 ist auch in den Fällen entsprechend anwendbar, wenn zwar die ausreichende Zahl wählbarer Arbeitnehmer für die Wahl eines der jeweiligen Größenklasse des Betriebes entsprechenden Betriebsrats vorhanden ist, jedoch die Amtsübernahme von so vielen Arbeitnehmern abgelehnt wird, daß der Betriebsrat nicht mehr entsprechend den gesetzlichen Vorschriften gebildet werden kann.

Ob die Ablehnung des Amtes vor oder nach der Wahl erfolgt, ist unerheblich.

7 Minderheitsvertretung

Nach § 10 Abs. 1 müssen in einem Betriebsrat, der mindestens aus 3 Mitgliedern besteht, Arbeiter und Angestellte entsprechend ihrem zahlenmäßigen Verhältnis vertreten sein.

Das Verhältnis der Gruppenvertreter im Betriebsrat muß dem Verhältnis der Arbeiter und Angestellten im Betrieb entsprechen, und zwar ohne Rücksicht auf die Wahlberechtigung. Entscheidend ist die Anzahl der Gruppenangehörigen bei Erlaß des Wahlausschreibens; es ist nicht auf die regelmäßige Zahl der Arbeiter und Angestellten abzustellen. Ergänzend hierzu sichert § 10 Abs. 2 unter bestimmten Voraussetzungen einer Minderheitsgruppe eine bestimmte Mindestzahl von Betriebsratssitzen. § 10 Abs. 2 findet zugunsten der Minderheitsgruppe dann Anwendung, wenn sich für diese nach der Regelung des § 10 Abs. 1 eine geringere Zahl von Betriebsratssitzen ergeben würde.

Eine Vertretung einer Minderheitsgruppe ist jedoch nach § 10 Abs. 3 nicht vorgesehen, wenn ihr nicht mehr als fünf Arbeitnehmer angehören und diese nicht mehr als ein Zwanzigstel der Arbeitnehmer des Betriebes darstellen.

Nach § 15 Abs. 2 sollen die Geschlechter entsprechend ihrem zahlenmäßigen Verhältnis im Betriebsrat vertreten sein.

Diese Sollvorschrift ist insbesondere bei den Wahlvorschlägen zu berücksichtigen. Die Nichtbeachtung dieser Vorschrift macht jedoch weder die Vorschläge noch die Betriebsratswahl ungültig. Sie stellt mithin keine zwingenden Wahlvorschriften auf. Die Außerachtlassung dieser Sollvorschrift ist daher auch nicht als ein Verstoß gegen wesentliche Wahlvorschriften gem. § 19 Abs. 1 anzusehen, die zur Anfechtung der Wahl berechtigen würden.

Nach § 12 Abs. 1 kann die Verteilung der Mitglieder des Betriebsrats auf die Gruppen abweichend von § 10 geregelt werden, wenn beide Gruppen dies vor der Wahl in getrennten und geheimen Abstimmungen beschließen.

Wesentlich ist, daß nach § 12 Abs. 2 jede Gruppe auch Angehörige der anderen Gruppe wählen kann. In diesem Fall gelten die Gewählten insoweit als Angehörige derjenigen Gruppe, die sie gewählt hat. § 12 Abs. 2 Satz 2 hat als neue Vorschrift aufgenommen, daß dies auch für Ersatzmitglieder gilt.

§ 10 läßt nur eine abweichende Verteilung der Sitze zwischen Arbeiter- und Angestelltenvertreter zu; unzulässig ist es dagegen, die vom Gesetz festgelegte Zahl der Betriebsratsmitglieder zu ändern. Es muß daher konkret bestimmt werden, wie die Verteilung stattfinden soll. Unzulässig wäre nach h.M. ein Beschluß, wonach Vertreter einer Gruppe im Betriebsrat überhaupt nicht sitzen sollen.

Stimmberechtigt ist nach § 12 Abs. 1 jeder Arbeitnehmer, der der betreffenden Gruppe angehört, auf seine Wahlberechtigung zum Betriebsrat kommt es dagegen nicht an. Wesentlich ist, daß jede Gruppe sich mit Mehrheit für die vorgeschlagene Verteilung aussprechen muß und daß sich die beiden Beschlüsse decken müssen. Die Berechnung der Mehrheit erfolgt nach der Zahl der Arbeitnehmer der betreffenden Gruppe, nicht etwa nach der Zahl der abgegebenen Stimmen.

Die Abstimmung, die für jede Gruppe für sich zu erfolgen hat, muß schriftlich durch Stimmzettel in geschlossenem Umschlag erfolgen. Sie ist geheim.

Für die Abstimmung brauchen nicht die für die Betriebsratswahl vorgeschriebenen Formalitäten beachtet zu werden; die Abstimmung kann daher auch von jedem Belegschaftsangehörigen durchgeführt werden. Sie gehört nicht unbedingt zu den Aufgaben des Wahlvorstandes, was nicht ausschließt, daß Mitglieder des Wahlvorstandes als Belegschaftsangehörige die Wahl durchführen dürfen.

Darüber, ob eine vom Gesetz abweichende Regelung durch ordnungsgemäße Abstimmung erzielt worden ist, entscheidet der Wahlvorstand.

Streitigkeiten hierüber entscheidet das Arbeitsgericht im Beschlußverfahren.

8 Gesamtbetriebsrat

Bestehen in einem Unternehmen mehrere Betriebsräte, so ist nach § 47 Abs. 1 ein Gesamtbetriebsrat zu errichten. Muß ein Gesamtbetriebsrat gebildet werden, so müssen zwei aus dem Gesetz nicht unmittelbar erkennbare Voraussetzungen vorliegen, nämlich, das aus mehreren Einzelbetrieben bestehende Unternehmen muß, um den Unternehmensbegriff nach § 47 Abs. 1 zu erfüllen, einheitliche Rechtspersönlichkeit besitzen und eine einheitliche und selbständige Organisation aufweisen. Die einheitliche Rechtspersönlichkeit liegt dann vor, wenn für alle einzelnen Betriebe ein einheitliches Unternehmen und der gleiche Arbeitgeber vorhanden ist. Eine einheitliche und selbständige Organisation ist noch nicht vorhanden, wenn eine bloße wirtschaftliche Verflechtung oder eine nur gemeinsame finanzielle Leitung vorhanden ist. Zur Bejahung der einheitlichen und selbständigen Organisation ist andererseits aber nicht erforderlich, daß die einzelnen Betriebe des Unternehmens denselben oder einen ähnlichen Betriebszweck verfolgen.

Das Vorhandensein mehrerer einzelner Betriebe heißt, daß es sich um solche nach § 1 handeln muß, d.h. es müssen betriebsratsfähige Betriebe sein. Kleinere Betriebe oder Betriebsteile kommen daher für eine derartige Betrachtung nicht in Frage.

Im Gegensatz zum Betriebsrat der einzelnen Betriebe hat der Gesamtbetriebsrat als solcher keine Amtszeit; er ist vielmehr eine Dauereinrichtung. Die Initiative zur Bildung des Gesamtbetriebsrates ergibt sich, wenn die o.g. Voraussetzungen erfüllt sind, aus § 51 Abs. 3. Bezüglich der Auflösung ist darauf hinzuweisen, daß Auflösungsbeschlüsse des Betriebsrates auf den rechtlichen Bestand des

Gesamtbetriebsrates ohne Einfluß sind. Der Gesamtbetriebsrat ist nach § 50 Abs. 1 zuständig für die Behandlung von Angelegenheiten, die das Gesamtunternehmen oder mehrere Betriebe betreffen und die nicht durch die einzelnen Betriebsräte innerhalb ihrer Betriebe geregelt werden können. Grundsätzlich ist davon auszugehen, daß die Zuständigkeit des Betriebsrats der einzelnen Betriebe von der des Gesamtbetriebsrats vorrangig ist. Der Gesamtbetriebsrat hat für das gesamte Unternehmen grundsätzlich die gleichen Aufgaben wie der Betriebsrat für den einzelnen Betrieb. Die Aufgaben des Gesamtbetriebsrats liegen hauptsächlich im Bereich der wirtschaftlichen Angelegenheiten. Weiter kommen hauptsächlich in Betracht: Mitwirkung bei der Verwaltung von Wohlfahrtseinrichtungen des Gesamtunternehmens, bei der Festlegung allgemeiner Einstellungsrichtlinien, bei der Einführung neuer Arbeits- und Entlohnungsmethoden oder Rationalisierungsmaßnahmen oder bei der Zusammenlegung von Einzelbetrieben. Nach § 50 Abs. 1 kann der Gesamtbetriebsrat jedoch nur dann tätig werden, wenn eine gleichmäßige Regelung für das ganze Unternehmen oder mehrere Betriebe durch das Tätigwerden der einzelnen Betriebsräte nicht gewährleistet ist. Allein die Tatsache, daß es zweckmäßig wäre, eine bestimmte Angelegenheit durch den Gesamtbetriebsrat für das Unternehmen oder mehrere Betriebe einheitlich zu regeln, genügt zur Begründung der Zuständigkeit des Gesamtbetriebsrats noch nicht; es muß vielmehr eine Notwendigkeit hierfür vorliegen. Allerdings kann bei reinen Zweckmäßigkeitserwägungen der Gesamtbetriebsrat durch Mehrheitsbeschluß des einzelnen Betriebsrates gem. § 50 Abs. 2 beauftragt werden, eine Angelegenheit anstelle des Betriebsrats für ihn zu behandeln. Diese gegenüber § 50 Abs. 1 erweiterte Zuständigkeit des Gesamtbetriebsrats kann auch durch mehrere Betriebsräte oder alle Betriebsräte des Unternehmens erfolgen. In diesen Fällen kann sich der Betriebsrat gem. § 50 Abs. 2 Satz 2 jedoch die Entscheidungsbefugnis vorbehalten. Der Gesamtbetriebsrat ist dann nur befugt, die Angelegenheit zu klären. Bevor mit dem Arbeitgeber eine Vereinbarung in dieser Angelegenheit abgeschlossen wird, muß der Gesamtbetriebsrat die Zustimmung des Betriebsrats einholen.
Da § 27 Abs. 3 Satz 3 und 4 auf § 50 Abs. 2 entsprechend Anwendung findet, folgt daraus, daß die Beauftragung des Gesamtbetriebsrats sowie der Widerruf einer schriftlichen Mitteilung seitens des Betriebsrats bedürfen. Der Widerruf bedarf der Zustimmung der Mehrheit der dem Betriebsrat angehörenden Mitglieder.
Darüber hinaus sind dem Gesamtbetriebsrat Kraft Gesetzes weitere Aufgaben zugewiesen worden: gem. § 107 Abs. 2 Satz 2 bestellt er die Mitglieder des Wirtschaftsausschusses und nach § 108 Abs. 5 ist er zuständig für die Entgegennahme der Erläuterungen des Jahresabschlusses.
Gem. § 50 Abs. 1 Satz 2 ist der Gesamtbetriebsrat dem Betriebsrat nicht übergeordnet. Er kann den einzelnen Betriebsräten daher keine Weisungen erteilen, ihnen aber Empfehlungen geben.

Über Streitigkeiten, über Errichtung, Mitgliederzahl, Zusammensetzung, Auflösung und Zuständigkeit des Betriebsrats oder des Gesamtbetriebsrates entscheidet das Arbeitsgericht gem. § 2a Abs. 1 Ziff. 2 und Abs. 2 sowie § 80 ArbGG im Beschlußverfahren.

9 Konzernbetriebsrat

Nach § 54 Abs. 1 kann für einen Konzern im Sinne von § 18 Abs. 1 AktG durch Beschlüsse der einzelnen Gesamtbetriebsräte ein Konzernbetriebsrat errichtet werden. Der Konzernbetriebsrat ist nach § 58 Abs. 1 zuständig für die Behandlung von Angelegenheiten, die den Konzern oder mehrere Konzernunternehmen betreffen und die nicht durch die einzelnen Gesamtbetriebsräte innerhalb ihrer Unternehmen geregelt werden können. Weiter kann gem. § 58 Abs. 2 der Gesamtbetriebsrat mit der Mehrheit der Stimmen seiner Mitglieder den Konzernbetriebsrat beauftragen, eine Angelegenheit für ihn zu behandeln, wobei sich der Gesamtbetriebsrat die Entscheidungsbefugnis vorbehalten kann. Die Übertragung sowie deren Widerruf bedarf gem. § 58 Abs. 2 und § 27 Abs. 3 Sätze 3 und 4 der Schriftform. Wesentlich ist noch der Hinweis, daß der Konzernbetriebsrat gem. § 58 Abs. 1 den einzelnen Gesamtbetriebsräten nicht übergeordnet ist.

§ 58 ist zwingendes Recht und kann daher weder durch Tarifvertrag noch durch Betriebsvereinbarung abgedungen werden. Die an sich sehr enge Zuständigkeit des Konzernbetriebsrates gem. Abs. 1 wird durch die Möglichkeit der Aufgabenübertragung nach Abs. 2 u.U. nicht unerheblich erweitert. Die Regelung der Zuständigkeitsabgrenzung zwischen Konzernbetriebsrat und Gesamtbetriebsrat der Konzernunternehmen lehnt sich an diejenige zwischen dem Gesamtbetriebsrat und den Einzelbetriebsräten eines Unternehmens an. Zu beachten ist allerdings, daß im Konzernbereich die Notwendigkeit einer einheitlichen Regelung für alle oder mehrere Konzernunternehmen in den meisten Fällen in erheblich geringerem Umfang als im Unternehmensbereich zu bejahen sein dürfte.

Eine eindeutige Zuständigkeit des Konzernbetriebsrates besteht z.B. hinsichtlich der Errichtung und Verwaltung von Sozialeinrichtungen, deren Wirkungsbereich sich auf den Konzern erstreckt (§§ 87 Abs. 1 Nr. 8 und 88 Nr. 2).

Für die Übertragung von Zuständigkeiten des Gesamtbetriebsrates auf den Konzernbetriebsrat gem. § 58 Abs. 2 sind die Besonderheiten der Stimmengewichtung (§ 47 Abs. 7 und 8) und der Beschlußfassung im Gesamtbetriebsrat (§ 51 Abs. 4) zu beachten.

Der Konzernbetriebsrat ist den einzelnen Gesamtbetriebsräten nicht übergeordnet.

Streitigkeiten über die Zuständigkeit des Konzernbetriebsrates entscheiden die Arbeitsgerichte gem. §§ 2 Abs. 1 Nr. 4 und 80 ff ArbGG im Beschlußverfahren. Zuständig ist das Arbeitsgericht, in dessen Amtsbereich das herrschende Unternehmen des Konzerns seinen Sitz hat.
Betrifft die Streitigkeiten einen Beschluß des Gesamtbetriebsrats gem. § 58 Abs. 2, so ist zuständig das für den Sitz des Unternehmens örtlich zuständige Arbeitsgericht.

10 Vertretung von bestimmten Arbeitnehmergruppen

10.1 Jugendliche und Auszubildende

Nach § 60 Abs. 1 werden in Betrieben mit in der Regel mindestens fünf Arbeitnehmern, die das 18. Lebensjahr noch nicht vollendet haben (jugendliche Arbeitnehmer) oder die zu ihrer Berufsausbildung beschäftigt sind und das 25, Lebensjahr noch nicht vollendet haben, Jugend- und Auszubildendenvertretungen gewählt. Diese Vertretungen haben nach § 60 Abs. 2 die Aufgabe, die besonderen Belange der Jugendlichen und Auszubildenden wahrzunehmen. Voraussetzung für die Einrichtung einer Jugendvertretung ist das Bestehen eines Betriebsrats. Ist – aus welchen Gründen auch immer – kein Betriebsrat vorhanden, so kann keine Jugendvertretung gewählt werden, denn die Vorbereitung und Durchführung der Wahl der Jugendvertretung, insbesondere schon die Bestimmung des Wahlvorstandes, ist ausschließlich Aufgabe des Betriebsrats. Das Arbeitsgericht könnte nur dann einen Wahlvorstand bestellen, wenn der Betriebsrat säumig ist.
Die Jugendvertretung ist kein eigenständiges, neben dem Betriebsrat bestehendes Organ und sie hat deshalb gegenüber dem Arbeitgeber keine eigenständige Vertretungsbefugnis. Die Interessenvertretung der jugendlichen Arbeitnehmer kann deshalb auch nur über den Betriebsrat wahrgenommen werden.
Wesentlich ist weiter, daß die Jugendvertretung keine Mitwirkungs- oder Mitbestimmungsrechte gegenüber dem Arbeitgeber hat. Auch kann die Jugendvertretung mit dem Arbeitgeber keine Betriebsvereinbarungen abschließen.
Die Rechte obliegen allein dem Betriebsrat, der für alle Arbeitnehmer im Betrieb zuständig und allein Träger der betriebsverfassungsrechtlichen Mitwirkungs- und Mitbestimmungsrechte ist. Allerdings ist der Betriebsrat verpflichtet, die Jugendvertretung in Angelegenheiten, die insbesondere oder überwiegend die jugendlichen Arbeitnehmer betreffen, gem. § 67 bei der Beratung bzw. Beschlußfassung zu beteiligen.
Wahlberechtigt (aktives Wahlrecht) sind nach § 61 Abs. 1 alle jugendlichen Arbeitnehmer und die unter 25 Jahre alten zu ihrer Berufsausbildung Beschäftig-

ten; wählbar (passives Wahlrecht) sind nach § 61 Abs. 2 alle Arbeitnehmer des Betriebes, die das 25. Lebensjahr noch nicht vollendet haben. Eine untere Altersgrenze ist nicht vorgesehen. Insbesondere ist das passive Wahlrecht nicht auf die Jugendlichen beschränkt, die zur Jugendvertretung wahlberechtigt sind. Es sind mithin auch Jugendliche wählbar, die das 18. Lebensjahr bereits vollendet haben. Allerdings ist bei ihnen keine Doppelmitgliedschaft im Betriebsrat und in der Jugendvertretung möglich (§ 61 Abs. 2 Satz 2).

Im Gegensatz zur Wählbarkeit zum Betriebsrat ist die Wahl zur Jugendvertretung nicht von einer bestimmten Dauer der Betriebszugehörigkeit abhängig. Nicht wählbar ist nach § 61 Abs. 2 in Verbindung mit § 8 Abs. 1 Satz 3, wer infolge strafgerichtlicher Verurteilung die Fähigkeit, Rechte aus öffentlichen Wahlen zu erlangen, nicht besitzt. Weiter können nach § 61 Abs. 2 Satz 2 Mitglieder des Betriebsrats nicht zu Jugend- und Auszubildendenvertretern gewählt werden.

Die Zahl der Jugend- und Auszubildendenvertreter ergibt sich aus § 62 Abs. 1. Maßgebend für die Größe der Jugendvertretung ist die Zahl der im Zeitpunkt des Wahlausschreibens in der Regel im Betrieb beschäftigten jugendlichen Arbeitnehmer. Ändert sich die Zahl der jugendlichen Arbeitnehmer bis zum Zeitpunkt der Wahl nach oben oder unten, so nehmen die dazukommenden Jugendlichen an der Wahl teil; die ausgeschiedenen Jugendlichen wählen dagegen nicht mit.

Ändert sich die Zahl der Jugendlichen jedoch erst nach der Wahl, so hat dies auf die Größe der Jugendvertretung keinen Einfluß; insbesondere ist keine Neuwahl durchzuführen,

§ 62 Abs. 2 enthält dagegen nur eine Sollvorschrift: Danach sollen sich die Vertreter möglichst aus verschiedenen Beschäftigungsarten zusammensetzen. Abs. 3 bestimmt zusätzlich, daß die Geschlechter entsprechend ihrem zahlenmäßigen Verhältnis vertreten sein sollen. Wird gegen diese Vorschriften der Abs. 2 und 3 verstoßen, so hat dies keinen Einfluß auf die Gültigkeit der Wahl. Grundsätzlich gewährt die Verletzung dieser Vorschriften auch keinen Grund zur Wahlanfechtung. Das gilt auch dann, wenn diese Sollvorschriften bewußt mißachtet worden sind.

Über Streitigkeiten über Größe und Zusammensetzung der Jugendvertretung entscheidet das Arbeitsgericht gern. §§ 2 Abs. 1 Ziff. 4, 80 ArbGG im Beschlußverfahren.

Wird gegen § 62 Abs. 1 verstoßen, kann die Wahl angefochten werden. Ist die Zahl der Vertreter jedoch zu niedrig angesetzt und kann dieser Mangel dadurch geheilt werden, daß durch Nachrücken von Ersatzmitgliedern die richtige Zahl erreicht werden kann, so besteht kein Anfechtungsgrund. Werden andererseits mehr Jugendvertreter gewählt, als nach der Staffel in § 62 Abs. 1 vorgesehen ist und wird die Wahl nicht angefochten, so bleibt es für die Wahlperiode bei der Anzahl der gewählten Vertreter.

Nach § 68 hat der Betriebsrat die Jugendvertretung des Betriebes zu Besprechungen zwischen Arbeitgeber und Betriebsrat beizuziehen, wenn Angelegenheiten behandelt werden, die besonders jugendliche Arbeitnehmer betreffen.
Diese Vorschrift ist zwingendes Recht und kann weder durch Tarifvertrag noch durch Betriebsvereinbarung abgedungen werden. Sie findet auf die Gesamtjugendvertretung des Betriebes entsprechende Anwendung.
Führt der gesamte Betriebsrat die Besprechung mit dem Arbeitgeber, so ist auch die gesamte Jugendvertretung hinzuzuziehen; andernfalls genügt es, einen Teil der Jugendvertretung einzuladen.
Das Teilnahmerecht der Jugendvertretung besteht nur solange, als jugendspezifische Angelegenheiten besprochen werden; für die Besprechung anderer Themen besteht für die Jugendvertretung kein Teilnahmerecht.
Allerdings ist der entsandte Jugendvertreter gem. § 67 Abs. 1 Satz 1 dann teilnahmeberechtigt, wenn die Besprechung im Rahmen einer allgemeinen Betriebsratssitzung stattfindet.
Das Teilnahmerecht der Jugendvertretung ist nicht auf die monatlichen Besprechungen zwischen Arbeitgeber und Betriebsrat gem. § 74 Abs. 1 beschränkt. Es erstreckt sich vielmehr, sofern besonders Jugendfragen behandelt werden, auf alle Besprechungen zwischen Arbeitgeber und Betriebsrat. Es gilt jedoch nicht für Einzelgespräche, die der Betriebsratsvorsitzende oder ein anderes Betriebsratsmitglied mit dem Arbeitgeber von Fall zu Fall führen.
Die Hinzuziehung der Jugendvertretung obliegt dem Betriebsratsvorsitzenden. Verletzt der Vorsitzende seine Pflicht, so kann dies, insbesondere im Falle einer Wiederholung, ein grober Verstoß im Sinne des § 23 Abs. 1 sein, der zur Auflösung des Betriebsrats berechtigen kann.
Bei Streitigkeiten über das Teilnahmerecht der Jugendvertretung und die Verpflichtung des Betriebsrats zur Beiziehung der Jugendvertreter zu den Besprechungen zwischen Arbeitgeber und Betriebsrat entscheidet das Arbeitsgericht gem. §§ 2 Abs. 1 Ziff. 4 und 80 Abs. 1 ArbGG im Beschlußverfahren.
Nach § 67 Abs. 2 haben die Jugendvertreter bei den Sitzungen des Betriebsrates ein Stimmrecht, soweit die zu fassenden Beschlüsse des Betriebsrats überwiegend jugendliche Arbeitnehmer betreffen.
Zunächst ist davon auszugehen, daß das in § 67 Abs. 2 enthaltene volle Stimmrecht nur dann gegeben ist, wenn ein Teilnahmerecht nach § 67 Abs. 1 besteht. Danach hat nach § 67 Abs. 1 das volle Stimmrecht der entsandte Jugendvertreter und, wenn die Tagesordnung Punkte vorsieht, die besonders jugendliche Arbeitnehmer betreffen, die gesamte Jugendvertretung, sofern die zu fassenden Beschlüsse überwiegend jugendliche Arbeitnehmer betreffen. Da „überwiegend" rein quantitativ zu verstehen ist, bedeutet dies, daß von dem Beschluß zahlenmäßig mehr Jugendliche als erwachsene Arbeitnehmer betroffen werden müssen.
Umfaßt ein Beschluß des Betriebsrates sowohl Angelegenheiten, die jugendliche Arbeitnehmer überwiegend betreffen, als auch Angelegenheiten, bei denen

dies nicht der Fall ist, so muß, soweit möglich, ein getrennter Beschluß durchgeführt werden. Für die Angelegenheiten der Jugendlichen haben die Jugendvertreter ein volles Stimmrecht, für den anderen Teil des Beschlusses dagegen nicht, d.h. die Mitglieder des Betriebsrats stimmen allein ab. Ist im Einzelfall eine inhaltliche Aufteilung des Beschlusses nicht möglich, so ist darauf abzustellen, ob der Beschluß insgesamt mehr die jugendlichen Arbeitnehmer betrifft oder nicht. Im ersten Fall haben sie volles Stimmrecht.
Soweit nicht der Betriebsrat, sondern der Betriebsausschuß oder ein anderer Ausschuß des Betriebsrats über eine Angelegenheit zu beschließen hat, die die jugendlichen Arbeitnehmer des Betriebes überwiegend betrifft, gilt für das Stimmrecht der Jugendvertreter das gleiche.
Haben die Mitglieder der Jugendvertretung an der Beschlußfassung des Betriebsrats nicht mitgewirkt, obwohl sie hätten beteiligt werden müssen, so ist im allgemeinen ein rechtswirksamer Beschluß des Betriebsrats nicht zustandegekommen. Etwas anderes kann jedoch dann gelten, wenn eine Beteiligung der Jugendvertreter auf das Abstimmungsergebnis überhaupt keinen Einfluß haben konnte, was z.B. dann der Fall ist, wenn die Differenz zwischen den den Beschluß zustimmenden und ihn ablehnenden Stimmen größer ist als die Mitgliederzahl der Jugendvertreter.
Erachtet die Mehrheit der Jugendvertreter einen Beschluß des Betriebsrats als eine erhebliche Beeinträchtigung wichtiger Interessen der jugendlichen Arbeitnehmer im Betrieb, so ist gem. § 66 Abs. 1 auf ihren Antrag der Beschluß auf die Dauer von einer Woche auszusetzen, damit in dieser Zeit eine Verständigung, gegebenenfalls mit Hilfe der im Betrieb vertretenen Gewerkschaften, versucht werden kann.
Wird der erste Beschluß bestätigt, so kann der Antrag auf Aussetzung gem. § 66 Abs. 2 nicht wiederholt werden. Dies gilt auch dann, wenn der erste Beschluß nur unerheblich geändert wird.
Diese Vorschrift macht die starke Stellung der Jugendvertretung gegenüber dem Betriebsrat deutlich, Die Vorschrift gilt gem. § 73 Abs. 2 für die Gesamtjugendvertretung entsprechend.
Voraussetzung für den Aussetzungsantrag ist ein Mehrheitsbeschluß der Jugendvertreter. Wenn die Jugendvertretung beschlußfähig ist, genügt die einfache Stimmenmehrheit. Für die Antragstellung ist es nicht notwendig, daß objektiv eine erhebliche Beeinträchtigung wichtiger Interessen der jugendlichen Arbeitnehmer vorliegt; es ist vielmehr ausreichend, daß dies nach Ansicht der Jugendvertreter der Fall ist.
Ein Aussetzungsantrag kann endlich auch dann gestellt werden, wenn die Mitglieder der Jugendvertretung entgegen der Regelung des § 67 Abs. 1 Satz 2 und Abs. 2 vom Betriebsrat nicht zur Behandlung der die Jugendlichen besonders oder überwiegend betreffenden Angelegenheiten hinzugezogen worden sind.

Nach § 67 Abs. 3 kann die Jugendvertretung beim Betriebsrat beantragen, Angelegenheiten, die besonders jugendliche Arbeitnehmer betreffen und über die sie beraten hat, auf die nächste Tagesordnung zu setzen.
Dieses Initiativrecht der Jugendvertretung ist neu. Sie kann damit das sonst dem Vorsitzenden des Betriebsrats zustehende Recht, die Tagesordnung festzusetzen, beeinflussen. Ein diesbezüglicher Beschluß der Jugendvertretung ist dazu dem Betriebsratsvorsitzenden zuzuleiten.
Voraussetzung hierfür ist zunächst, daß es sich hier um Angelegenheiten handelt, die besonders jugendliche Arbeitnehmer betreffen. Es muß sich hier also um Angelegenheiten handeln, die für die Jugendlichen von spezieller Bedeutung sind. Das kann z.B. der Fall sein bei Vorschriften oder Maßnahmen betr. Jugendarbeitsschutzgesetz, bei Fragen der Berufsbildung, wie z.B. Berücksichtigung von Schulferien, Betriebsferien und allgemeiner Urlaubsplanung sowie bei Einrichtungen spezieller Sport- oder Freizeiteinrichtungen für Jugendliche. Nicht erforderlich ist dagegen, daß es sich um Angelegenheiten handelt, die ausschließlich oder doch überwiegend die jugendlichen Arbeitnehmer betrifft. Insofern ist der Begriff „besonders" von dem in § 67 Abs. 2 gebrauchten Begriff „überwiegend" abzugrenzen. Deshalb muß ein Antragsrecht der Jugendvertretung auch dann bejaht werden, wenn die Angelegenheit ebenfalls für die erwachsenen Arbeitnehmer von Bedeutung ist, wenn sie jedoch im Schwerpunkt die Jugendlichen betrifft.
Die in § 67 Abs. 3 für das Antragsrecht weiter vorgesehene Vorberatung soll lediglich sicherstellen, daß die Jugendvertretung sich mit der Angelegenheit hinreichend befaßt hat und aufgrund dessen in der Lage ist, im Betriebsrat hierüber eine sachkundige Diskussion zu führen. Die in § 67 Abs. 3 geforderte Beratung bedeutet nicht, daß die Jugendvertretung hierzu eine abschließende Meinungsbildung durchgeführt hat.
Liegen diese beiden Voraussetzungen vor, dann ist der Betriebsrat verpflichtet, die Angelegenheit auf die Tagesordnung zu setzen und zur Sitzung alle Mitglieder der Jugendvertretung einzuladen. Unterläßt der Betriebsrat dies, so verstößt er gegen seine sich aus dem Gesetz ergebenden Pflichten. In schweren Fällen oder bei Wiederholungen kann hierin ein Verstoß gegen § 23 Abs. 1 gesehen werden. Ein Antrag aus § 23 Abs. 1 kann gerechtfertigt sein. Die Wirksamkeit der Beschlüsse des Betriebsrats wird hierdurch jedoch nicht berührt.
Streitigkeiten über das Antragsrecht der Jugendvertretung entscheidet das Arbeitsgericht gem. §§ 2 Abs. 1 Ziff. 4, 80 Abs. 1 ArbGG im Beschlußverfahren.
Die allgemeinen Aufgaben der Jugend- und Auszubildendenvertretung ergeben sich aus § 70 Abs. 1. Bestehen in einem Unternehmen mehrere Jugend- und Auszubildendenvertretungen, so ist nach § 72 Abs. 1 eine Gesamtjugend- und Auszubildendenvertretung zu errichten.

Streitigkeiten über die Bildung und Zuständigkeit der Jugendvertretung entscheidet das Arbeitsgericht gem. §§ 2 Abs. 1, Ziff. 4, 80 Abs. 1 ArbGG ebenfalls im c.

10.2 Schwerbehinderte

Nach § 24 Abs. 1 SBG ist in Betrieben, in denen mindestens fünf Schwerbehinderte nicht nur vorübergehend beschäftigt sind, ein Vertrauensmann oder eine Vertrauensfrau und ein Stellvertreter zu wählen. Diese Schwerbehindertenvertretung hat nach § 25 Abs. 4 SBG das Recht, an allen Sitzungen des Betriebsrats beratend teilzunehmen.
Das Recht der Schwerbehindertenvertretung auf beratende Teilnahme an den Sitzungen des Betriebsrats zu dem Zweck, auf dessen Willensbildung und Entscheidungsfindung Einfluß zu nehmen, damit auch die besonderen Belange der schwerbehinderten Arbeitnehmer des Betriebs Berücksichtigung finden können, liefe aber in Betrieben mit neun und mehr Betriebsratsmitgliedern ins Leere, wenn sich die Entscheidungsfindung nicht mehr im Plenum des Betriebsrats, sondern in Ausschüssen vollzieht, und der Schwerbehindertenvertretung nicht das Recht zur beratenden Teilnahme auch an solchen Ausschußsitzungen zusteht. Deshalb hat der Gesetzgeber in § 25 Abs. 4 Satz 1 SBG das Recht der Schwerbehindertenvertretung zur beratenden Teilnahme auch an den Sitzungen der Ausschüsse des Betriebsrats vorgesehen. Hierdurch will der Gesetzgeber sicherstellen, daß die Schwerbehindertenvertretung an der Willensbildung des Betriebsrats auch dann beratend mitwirken kann, wenn sie sich nicht im Betriebsratsplenum, sondern in den Ausschüssen vollzieht. Dementsprechend ist § 25 Abs. 4 Satz 1 SBG dahin zu verstehen, daß zu den dort genannten Ausschüssen des Betriebsrats auch die nach § 28 Abs. 3 gebildeten gemeinsamen Ausschüsse gehören, denn auch in deren Sitzungen erfolgt eine Willensbildung und Entscheidungsfindung der Betriebsratsmitglieder, die vom Betriebsrat mit der selbständigen Erledigung der dem Ausschuß übertragenen Aufgaben betraut sind.
Dem steht auch die Tatsache, daß den nach § 28 Abs. 3 gebildeten gemeinsamen Ausschüssen nicht nur Betriebsratsmitglieder angehören, sondern auch der Arbeitgeber bzw. dessen Vertreter, nicht entgegen. Dies zeigt § 25 Abs. 5 SBG.

10.3 Leitende Angestellte

Eine besondere Vertretung besteht für leitende Angestellte nach dem Gesetz zur Änderung des Betriebsverfassungsgesetzes, über Sprecherausschüsse der leitenden Angestellten und zur Sicherung der Montan-Mitbestimmung.

Nach den Vorschriften des Sprecherausschussgesetzes werden in Betrieben mit in der Regel mindestens zehn leitenden Angestellten Sprecherausschüsse der leitenden Angestellten gewählt (§ 1 Abs. 1 SprAuG).
Aktives Wahlrecht haben nach § 3 Abs. 1 SprAuG alle leitenden Angestellten, passives Wahlrecht nach § 3 Abs. 2 SprAuG alle leitenden Angestellte, die sechs Monate dem Betrieb angehören.
Die regelmäßigen Wahlen finden nach § 5 Abs. 1 SprAuG in der Zeit vom 1. März bis 31. Mai statt; die Amtsperiode dauert 4 Jahre.
Die Zahl der Sprecherausschußmitglieder ergibt sich aus § 4 SprAuG.
Außer dem Sprecherausschuß muß bzw. kann ein Gesamtsprecherausschuß (§ 16 SprAuG), ein Unternehmenssprecherausschuß (§ 20 SprAuG) und/oder ein Konzernsprecherausschuß (§ 21 SprAuG) gewählt werden.
Nach § 25 Abs. 1 SprAuG vertritt der Sprecherausschuß die Belange der leitenden Angestellten des Betriebes. Der leitende Angestellte hat nach § 26 Abs. 2 SprAuG das Recht, in die über ihn geführten Personalakten Einsicht zu nehmen und hierzu ein Mitglied des Sprecherausschusses hinzuzuziehen.
Nach § 2 Abs. 1 SprAuG arbeitet der Sprecherausschuß mit dem Arbeitgeber unter Beachtung der geltenden Tarifverträge zum Wohl der leitenden Angestellten und des Betriebes zusammen.
Nach § 27 Abs. 1 SprAuG haben Arbeitgeber und Sprecherausschuß darüber zu wachen, daß alle leitenden Angestellten des Betriebes nach den Grundsätzen von Recht und Billigkeit behandelt werden und daß nach § 27 Abs. 2 SprAuG die freie Entfaltung der Persönlichkeit des leitenden Angestellten des Betriebes geschützt und gefördert wird.

11 Amtszeit

Gem. § 21 beträgt die regelmäßige Amtszeit des Betriebsrats vier Jahre. Sie beginnt mit der Bekanntgabe des Wahlergebnisses, oder, wenn zu diesem Zeitpunkt noch ein Betriebsrat besteht, mit Ablauf von dessen Amtszeit. Diese regelmäßige Amtszeit steht im Widerspruch zu der kürzeren oder längeren Amtszeit nach § 13 Abs. 3 in Verbindung mit § 13 Abs. 2. Nach § 13 Abs. 3 ist der Betriebsrat in dem auf die Wahl folgenden nächsten Zeitraum der regelmäßigen Betriebsratswahlen neu zu wählen, wenn außerhalb des für die regelmäßigen Betriebsratswahlen festgelegten Zeitraumes eine Betriebsratswahl stattgefunden hat. Hat die Amtszeit des Betriebsrats zum Beginn des für die regelmäßigen Betriebsratswahlen festgelegten Zeitraumes noch nicht ein Jahr betragen, so ist der Betriebsrat in dem übernächsten Zeitraum der regelmäßigen Betriebsratswahlen neu zu wählen.

Außerhalb der regelmäßig in der Zeit vom 1. März bis zum 31. Mai alle vier Jahre stattfindenden Betriebsratswahlen ist der Betriebsrat nach § 13 Abs. 2 außerhalb dieser Zeit zu wählen, wenn
a) mit Ablauf von 18 Monaten, vom Tage der Wahl gerechnet, die Zahl der regelmäßig beschäftigten Arbeitnehmer um die Hälfte, mindestens aber um 50, gestiegen oder gesunken ist,
b) die Gesamtzahl der Betriebsratsmitglieder nach Eintreten sämtlicher Ersatzmitglieder unter die vorgeschriebene Zahl der Betriebsratsmitglieder gesunken ist,
c) der Betriebsrat mit der Mehrheit seiner Mitglieder seinen Rücktritt beschlossen hat,
d) die Betriebsratswahl mit Erfolg angefochten worden ist,
e) der Betriebsrat durch eine gerichtliche Entscheidung aufgelöst ist, oder
f) im Betrieb ein Betriebsrat überhaupt nicht besteht.

Diese Vorschrift ist bindend; sie kann nicht durch Tarifvertrag oder Betriebsvereinbarung abgeändert werden. § 21 findet dagegen keine Anwendung für den Gesamtbetriebsrat und Konzernbetriebsrat. Praktische Bedeutung hat sie für diese Gremien jedoch insoweit, als die Mitgliedschaft in ihnen mit dem Erlöschen der Mitgliedschaft im Betriebsrat endet (vgl. §§ 49 und 57) und deshalb diese Gremien in aller Regel mit dem Beginn der regelmäßigen Amtszeit des neuen Betriebsrats auch neu zu besetzen sein werden.

Die Amtszeit der Jugendvertretung ist in § 64 geregelt. Sie beträgt nach § 64 Abs. 2 nur zwei Jahre.

Für die Bordvertretung gilt § 115 Abs. 3; nach Ziff. 1 beträgt danach die Amtszeit nur ein Jahr.

Für den Seebetriebsrat gilt § 116 Abs. 2.

Grundsatz ist, daß die regelmäßige Amtszeit, wenn nicht ausnahmsweise kürzere oder längere Fristen gelten, vier Jahre beträgt.

Nach § 21 Satz 2 beginnt die Amtszeit, wenn bisher noch kein Betriebsrat im Betrieb besteht, erst mit der Bekanntgabe des endgültigen Wahlergebnisses nach § 19 WO. Zeitpunkt der Bekanntgabe des Wahlergebnisses ist der Zeitpunkt, an dem das Wahlergebnis vom Wahlvorstand gem. § 19 in Verbindung mit § 3 Abs. 4 WO im Betrieb ausgehängt wird. Nicht maßgebend ist dagegen der Tag der öffentlichen Stimmenzählung nach § 18 Abs. 3 in Verbindung mit § 13 WO. Dieser Vorschrift kommt insbesondere dann praktische Bedeutung zu, wenn entweder im Betrieb erstmalig ein Betriebsrat gewählt wird, oder wenn die Amtsperiode des bisherigen Betriebsrates bereits beendet ist. Ist jedoch am Wahltag noch ein Betriebsrat im Amt, so beginnt die Amtszeit des neugewählten Betriebsrates erst unmittelbar nach dem Ende des bisherigen.

Daraus folgt, daß die Amtszeit des neuen Betriebsrats am Tage nach Ablauf des alten Betriebsrats endet.

In diesem Fall ist ein Nebeneinander von zwei Betriebsräten ausgeschlossen; dem neugewählten, aber noch nicht im Amt befindlichen Betriebsrat stehen noch keine Rechte und Pflichten zu.

Auch in den Fällen, in denen ein Betriebsrat nach § 13 Abs. 2 vorzeitig neu gewählt wird, beginnt die Amtszeit des neuen Betriebsrats erst mit dem Zeitpunkt der Bekanntgabe des endgültigen Wahlergebnisses nach § 19 WO. Selbstverständlich ist dies für die Fälle des § 13 Abs. 2 Nr. 4 – 6, da in diesen Fällen kein Betriebsrat besteht. Für die Fälle des § 13 Abs. 2 Nr. 1 – 3 ergibt sich das daraus, daß gem. Satz 5 die Amtszeit des noch bestehenden Betriebsrats bzw. gem. § 22 die Geschäftsführungsbefugnis des zurücktretenden Betriebsrats erst mit der Bekanntgabe des Wahlergebnisses des neuen gewählten Betriebsrats endet.

Ist dagegen im Zeitpunkt der Bekanntgabe des Wahlergebnisses die Amtszeit des bisherigen Betriebsrats noch nicht abgelaufen und läuft sie auch in diesem Zeitpunkt noch nicht ab, was bei normalem Ablauf der vollen vierjährigen Amtszeit der Fall ist, so beginnt die Amtszeit des neu gewählten Betriebsrats am Tag nach dem Ablauf der Amtszeit des bisherigen Betriebsrats. Für den neu gewählten Betriebsrat ergibt sich somit bis zum Amtsantritt ein Zwischenstadium; er ist zwar schon gewählt, aber noch nicht im Amt.

12 Auflösung des Betriebsrats

Nach § 23 Abs. 1 kann der Betriebsrat wegen grober Verletzung seiner gesetzlichen Pflichten aufgelöst werden, wenn mindestens ein Viertel der wahlberechtigten Arbeitnehmer, der Arbeitgeber oder eine im Betrieb vertretene Gewerkschaft dies beim Arbeitsgericht beantragt.

Anders als beim Ausschluß eines einzelnen Mitgliedes des Betriebsrats setzt hier die Verletzung der gesetzlichen Pflichten ein Verschulden nicht voraus; die Pflichtverletzungen müssen vom Betriebsrat als Ganzes begangen sein. Entscheidend ist, daß der Betriebsrat als körperschaftliches Gremium objektiv seine Pflichten in grober Weise verletzt hat. Wenn einzelne Betriebsratsmitglieder an der Pflichtverletzung des Betriebsrats nicht teilhaben, so ist dies ohne Einfluß.

Das Amt des Betriebsrats endet mit der Rechtskraft des Auflösungsbeschlusses, ohne daß der Betriebsrat berechtigt ist, die Geschäfte weiterzuführen (§ 22). Es erlischt hiermit auch die Mitgliedschaft aller Betriebsratsmitglieder. Ersatzmitglieder rücken nicht nach. Die Ersatzmitglieder können mithin nicht den Betriebsrat fortsetzen; vielmehr ist gem. § 13 Abs. 2 Nr. 5 eine Neuwahl erforderlich, wobei die Wiederwahl der bisherigen Betriebsratsmitglieder nicht ausgeschlossen werden kann.

Durch den rechtskräftigen Auflösungsbeschluß verlieren die in den Gesamtbetriebsrat und Konzernbetriebsrat entsandten Mitglieder des aufgelösten Betriebsrats zugleich ihr Amt in diesen Gremien. Ebenso verlieren die vom Betriebsrat zu Mitgliedern des Wirtschaftsausschusses nach § 107 bestellten Betriebsratsmitglieder ihr Amt als Mitglied des Wirtschaftsausschusses mit der Rechtskraft des Auflösungsbeschlusses.

Persönlich bewirkt die Auflösung des Betriebsrats für das einzelne Betriebsratsmitglied, daß es nicht nur den besonderen Kündigungsschutz nach § 103, sondern auch den nach § 15 Abs. 1 KSchG verliert, da der nachwirkende Kündigungsschutz gegen ordentliche Kündigungen nicht gilt, wenn die Beendigung der Mitgliedschaft im Betriebsrat auf einer gerichtlichen Entscheidung beruht.

13 Erlöschen der Mitgliedschaft im Betriebsrat

Nach § 24 Abs. 1 erlischt die Mitgliedschaft im Betriebsrat durch
1. Ablauf der Amtszeit
2. Niederlegung des Betriebsratsamts
3.. Beendigung des Arbeitsverhältnisses
4. Verlust der Wählbarkeit
5. Ausschluß aus dem Betriebsrat oder Auflösung des Betriebsrates aufgrund einer gerichtlichen Entscheidung und
6. gerichtliche Entscheidung über die Feststellung der Nichtwählbarkeit nach Ablauf der in § 19 Abs. 2 bezeichneten Frist, es sei denn, der Mangel liegt nicht mehr vor.

Die Aufzählung dieser Erlöschungsgründe ist nicht erschöpfend: Ziffer 1 erfaßt sowohl den regelmäßigen Amtsablauf als auch den vorzeitigen, das heißt die Fälle der vorzeitigen Betriebsratswahl nach § 13 Abs. 2 Nr. 1 – 3. Eine Niederlegung des Betriebsratsamts kann durch Erklärung eines Mitgliedes gegenüber dem Betriebsrat oder durch sämtliche Betriebsratsmitglieder zugleich erfolgen. Zur Beendigung des Arbeitsverhältnisses nach Ziff. 3 kann auch der Tod führen. Weiter führt die Stillegung des Betriebes ebenfalls zwingend zum Ende des Betriebsratsamtes. Etwas anderes ist dagegen das Ruhen des Arbeitsverhältnisses, z. B. während Ableistung des Wehrdienstes. In diesen Fällen ist ein Betriebsratsmitglied gem. § 25 Abs. 1 Satz 2 zeitweilig verhindert.

Durch Ziff. 6 wird praktisch die Anfechtungsfrist hinsichtlich der Voraussetzung des passiven Wahlrechts beseitigt, denn durch eine arbeitsgerichtliche Entscheidung im Wege des Beschlußverfahrens nach § 2 Abs. 1 Nr. 4 ArbGG kann auch noch nach Ablauf der Anfechtungsfrist des § 19 festgestellt werden, daß das Betriebsratsmitglied im Zeitpunkt seiner Wahl nicht wählbar war. Diese gerichtliche Feststellung ist jedoch dann nicht mehr möglich, wenn die Voraussetzungen für die Wählbarkeit – z.B. 6-monatige Betriebszugehörigkeit oder vollendetes 18. Lebensjahr – bis zum Ende der letzten mündlichen Verhandlung vor dem Arbeitsgericht oder Landesarbeitsgericht erfüllt sind.

§ 24 Abs. 2 legt fest, daß bei einem Wechsel der Gruppenzugehörigkeit das Betriebsratsmitglied Vertreter der Gruppe bleibt, für die es gewählt ist, d.h. das als Arbeiter gewählte Betriebsratsmitglied bleibt Arbeitervertreter im Betriebsrat, wenn es während seiner Amtszeit Angestellter wird.

Gem. § 24 Abs. 2 Satz 2 gilt dies auch für Ersatzmitglieder.

II Allgemeine Aufgaben, Rechte und Pflichten des Betriebsrats

1 Allgemeine Aufgaben des Betriebsrats

1.1 Überwachungsaufgaben

Nach § 80 Abs. 1 Ziff. 1 hat der Betriebsrat darüber zu wachen, daß die zugunsten der Arbeitnehmer geltenden Gesetze, Verordnungen, Unfallverhütungsvorschriften, Tarifverträge und Betriebsvereinbarungen durchgeführt werden. Diese allgemeinen Aufgaben des Betriebsrats beziehen sich auf personelle, soziale und wirtschaftliche Angelegenheiten sowie Fragen der Berufsbildung. Sie betreffen nicht nur den Betriebsrat, sondern gleichermaßen auch den Gesamt- und Konzernbetriebsrat, sofern diese Gremien dafür zuständig sind.

Diese Befugnisse stehen selbständig neben seinen in anderen Vorschriften des Gesetzes enthaltenen Mitwirkungsrechten. Der Betriebsrat wird hierdurch jedoch nicht zu einem dem Arbeitgeber gegenüber übergeordneten Kontrollorgan. Insbesondere behält der Arbeitgeber die alleinige Verantwortung für die Durchführung und Einhaltung der Unfallverhütungsvorschriften der Berufsgenossenschaft.

Schutzgesetze sind insbesondere solche, die bestimmte arbeitsrechtliche Schutzvorschriften allgemeiner Art enthalten, wie z.B. Urlaubs- und Feiertagsgesetze, Kündigungsschutzgesetz, Arbeitszeitgesetz und Lohnfortzahlungsgesetz sowie Schutzgesetze, die nur für einen bestimmten Personenkreis oder für bestimmte Personengruppen erlassen worden sind, wie z. B. Jugendarbeitsschutzgesetz, Mutterschutzgesetz, Schwerbehindertengesetz und Gewerbeordnung.

Es gehört jedoch nicht zu den Überwachungsaufgaben des Betriebsrats, die Arbeitnehmer vor dem Arbeitsgericht gegen den Arbeitgeber zu vertreten, sofern der einzelne Arbeitnehmer aufgrund der oben genannten Schutzgesetze einen unmittelbaren Anspruch gegen den Arbeitgeber hat.

Nach § 70 Abs. 1 Ziff. 2 hat die Jugendvertretung darüber zu wachen, daß die zugunsten der jugendlichen Arbeitnehmer geltenden Gesetze, Verordnungen, Unfallverhütungsvorschriften, Tarifverträge und Betriebsvereinbarungen durchgeführt werden.

Das Überwachungsrecht der Jugendvertretung, das zugleich eine Überwachungspflicht in sich birgt, bezieht sich auf alle kollektiv-rechtlichen und gesetzlichen Vorschriften sowie betrieblichen Rechtsnormen einschließlich der

der Unfallversicherung, nicht jedoch auf den einzelnen Arbeits- und Ausbildungsvertrag. Das Überwachungsrecht besteht nicht nur für Normen, die ausschließlich oder überwiegend Jugendliche betreffen, wie z.B. Anwendungen des Jugendarbeitsschutzgesetzes, sondern auch derjenigen Vorschriften, die auch für den Schutz jugendlicher Arbeitnehmer von Bedeutung sind.
Generell gibt das Überwachungsrecht des § 70 Abs. 1 Ziff. 2 der Jugendvertretung nicht das Recht, zu einem übergeordneten Kontrollorgan im Betrieb ohne konkreten Anlaß zu werden; sie hat also nicht die Aufgabe, den Arbeitgeber generell zu kontrollieren, sondern vielmehr den jugendlichen Arbeitnehmern im Einzelfall zu ihrem Recht zu verhelfen. Die Jugendvertretung ist aus diesem Grund vielmehr nur dann berechtigt und verpflichtet, ihre Rechte auszuüben, wenn in einem konkreten Einzelfall der Verdacht auf Verletzung oder Nichtbeachtung von Vorschriften besteht. Zuständig für die Ausübung des Rechts ist der Vorsitzende der Jugendvertretung oder im Falle seiner Verhinderung sein Stellvertreter. Er hat beim Betriebsrat auf die Abstellung der Mißstände hinzuwirken. Gegenüber dem Arbeitgeber fällt diese Aufgabe dem Betriebsrat zu, denn Gesprächspartner für die Jugendvertretung ist nicht der Arbeitgeber selbst, sondern der Betriebsrat.

1.2 Beantragung von Maßnahmen, die dem Betrieb und der Belegschaft dienen

Nach § 80 Abs. 1 Ziff. 2 gehört es zu den allgemeinen Aufgaben des Betriebsrats, Maßnahmen, die dem Betrieb und der Belegschaft dienen, beim Arbeitgeber zu beantragen.
Dieses Antragsrecht des Betriebsrats ist nicht mit seinen verschiedenen Initiativrechten in personellen, sozialen und wirtschaftlichen Angelegenheiten zu verwechseln; als Antragsrecht ist es vielmehr im Zusammenhang mit der allgemeinen Zielsetzung nach § 2 Abs. 1 zu sehen. Initiativen, die im Wege des verbindlichen Spruchs der Einigungsstelle durchzusetzen sind, stehen dem Betriebsrat hieraus nicht, sondern nur insoweit zu, als sie im Rahmen konkreter Mitbestimmungsrechte an anderer Stelle des Gesetzes normiert sind.
§ 80 Abs. 1 Ziff. 2 berechtigt und verpflichtet den Betriebsrat, in sämtlichen Bereichen seiner Tätigkeit Maßnahmen, die dem Betrieb und der Belegschaft dienen, zu beantragen. Das Schwergewicht dieser Tätigkeit wird vornehmlich auf personellem, sozialem und wirtschaftlichem Gebiet liegen. Zu beachten ist, daß das Antragsrecht nur dann besteht, wenn es sich um Maßnahmen handelt, die dem Betrieb und der Belegschaft dienen. Daraus folgt, daß der Betriebsrat nicht allein die Interessen der Belegschaft berücksichtigen darf. Letzteres würde auch der allgemeinen Aufgabenstellung des § 2 Abs. 1 widersprechen.

Obwohl das Antragsrecht kein Initiativrecht im Sinne der Mitwirkungsrechte in personellen, sozialen und wirtschaftlichen Angelegenheiten ist, braucht der Betriebsrat nicht die Initiativen des Arbeitgebers abzuwarten und dann zu diesen Stellung zu nehmen, sondern er kann im Rahmen und unter der Voraussetzung von § 80 Abs. 2 von sich aus tätig werden. Der Arbeitgeber muß dann mit ihm darüber beraten. Das ergibt sich aus § 2 Abs. 1 und § 74 Abs. 1.
Der Betriebsrat hat aber keine Möglichkeit, aus § 80 Abs. 1 Ziff. 2 seine beantragte Maßnahme durchzusetzen; das geht vielmehr nur in den im Gesetz ausdrücklich genannten Fällen (§§ 85 Abs. 2, 87 Abs. 2, 91, 95 Abs. 2, 98 Abs. 5, 89, 100, 103 Abs. 1, 104, 109 und 112). Bei Meinungsverschiedenheiten zwischen ihm und dem Arbeitgeber ist er vielmehr auf den Spruch der Einigungsstelle angewiesen (§ 76 Abs. 6).
Beispiele für das Antragsrecht aus § 80 Abs. 1 Ziff. 2 sind z.B. Lohnerhöhungen, jedenfalls soweit kein Tarifvertrag gilt, Zahlung von Weihnachtsgeld oder anderen Gratifikationen, Einstellung, Umgruppierung, Versetzung, Verbesserung der Arbeitsmethoden, Beseitigung vermeidbarer Arbeitserschwernisse (Rationalisierung und Humanisierung der Arbeit).

1.3 Mitwirkung beim Beschwerderecht der Arbeitnehmer

Nach § 84 Abs. 1 hat jeder Arbeitnehmer das Recht, sich bei den zuständigen Stellen des Betriebes zu beschweren, wenn er sich vom Arbeitgeber oder von Arbeitnehmern des Betriebes benachteiligt oder ungerecht behandelt oder in sonstiger Weise benachteiligt fühlt. Der betroffene Arbeitnehmer kann ein Mitglied des Betriebsrats zur Unterstützung oder Vermittlung hinzuziehen. Es steht dem Arbeitnehmer zu, gem. § 84 entweder unmittelbar selbst Beschwerde einzulegen oder nach § 85 den Weg über den Betriebsrat zu gehen. Wesentlich ist, daß das Beschwerderecht unabhängig von dem Klagerecht des Arbeitnehmers vor dem Arbeitsgericht besteht. Gesetzliche Fristen werden durch die Einlegung der Beschwerde, die keine aufschiebende Wirkung gegenüber Anordnungen des Arbeitgebers hat, nicht gehemmt. Das Beschwerderecht gilt endlich nur für Arbeitnehmer im Sinne des Betriebsverfassungsgesetzes, also mithin nicht für leitende Angestellte nach § 5 Abs. 3 und 4.
Voraussetzung für die Einreichung einer Beschwerde ist, daß sich der Arbeitnehmer selbst benachteiligt, ungerecht behandelt oder in sonstiger Weise benachteiligt fühlt. Eine sog. Popularbeschwerde gibt es nicht. Einzelfälle derartiger Beschwernisse können z.B. sein: Unterschiedliche Behandlung entgegen den Grundsätzen des § 75 Abs. 1, Verletzung des Gleichbehandlungsgrundsatzes, Zuweisung besonders gefährdeter oder unangenehmer Arbeiten, dauernde Anordnung von Vertretungen, Ausspruch ungerechtfertigter Rügen, Hänseleien, Verstecken von Werkzeug oder Kleidung, Weitergabe von in Wirklichkeit gar

nicht bestehenden Anordnungen, mangelnde Bereitschaft zur Zusammenarbeit, fehlende oder unzureichende Einweisung in Arbeit und Betriebsgepflogenheiten.
Nach § 85 Abs. 1 hat der Betriebsrat Beschwerden von Arbeitnehmern entgegenzunehmen und, falls er sie für berechtigt erachtet, beim Arbeitgeber auf Abhilfe hinzuwirken.
§ 85 ist als Ergänzungsvorschrift zu § 84 anzusehen. Der sich beschwert fühlende Arbeitnehmer kann danach entweder sofort und unmittelbar oder nach einem erfolglosen Beschwerdeverfahren beim Betriebsrat Beschwerde einlegen: daraus wird aus dem individuellen ein kollektiv-rechtliches Beschwerdeverfahren. Der Beschwerdegegenstand ist nach § 85 der gleiche wie nach § 84, das Verfahren ist jedoch anders geregelt.
Nach § 85 muß der Arbeitnehmer die Beschwerde entweder an den Betriebsrat selbst oder an einen von ihm besonders eingerichteten Ausschuß richten. Der Betriebsrat hat die eingegangene Beschwerde sorgfältig zu prüfen. Kommt er zu dem Ergebnis, daß die Beschwerde sachlich nicht gerechtfertigt ist, so hat er hierüber den Arbeitnehmer zu unterrichten. Das Verfahren nach § 85 ist damit abgeschlossen.
Sofern der Arbeitnehmer noch nicht in der gleichen Sache ein Beschwerdeverfahren nach § 84 eingeleitet hat und dies noch nicht mit ablehnendem Bescheid des Arbeitgebers beendet ist, behält er das Recht, ein unmittelbares Beschwerdeverfahren bei der zuständigen Stelle des Betriebes einzuleiten.
Hält der Betriebsrat dagegen die Beschwerde für gerechtfertigt, so muß er mit dem Arbeitgeber mit dem Ziel verhandeln, Abhilfe zu schaffen.
Zweckmäßig erscheint es dabei, den Beschwerdeführer anzuhören. Kommt es bezüglich der Berechtigung oder Nichtberechtigung der Beschwerde zu keiner Einigung zwischen Betriebsrat und Arbeitgeber, so kann der Betriebsrat die Einigunsstelle anrufen. Es bedarf dazu nicht der Zustimmung des beschwerdeführenden Arbeitnehmers, da dieser jederzeit eine Beschwerde zurücknehmen kann, wodurch das Verfahren ebenfalls endet.
Dem Arbeitgeber steht im Fall des § 85 jedoch nicht das Recht zu, die Einigungsstelle anzurufen, da er das Verfahren ja nicht betreibt.
Nach § 85 Abs. 2 S. 2 ersetzt der Spruch der Einigungsstelle die Einigung zwischen Arbeitgeber und Betriebsrat. Dies gilt nur insoweit nicht, soweit der Gegenstand der Beschwerde ein Rechtsanspruch ist, denn in diesen Fällen ist die Anrufung der Einigungsstelle unzulässig. Es besteht bei Rechtsansprüchen kein Einlassungszwang des Arbeitgebers vor der Einigungsstelle; ihre Zuständigkeit ist jedoch im Rahmen des jeweiligen Einigungsverfahrens nach § 76 Abs. 6 gegeben. Selbst in diesen Fällen hat die Entscheidung der Einigungsstelle nur vorläufigen Charakter. Ist streitig, ob die Beschwerde einen Rechtsanspruch des einzelnen Arbeitnehmers betrifft und deshalb eine die Einigung vom Arbeitgeber und Arbeitnehmer ersetzende Entscheidung der Einigungsstelle ausge-

schlossen ist oder nicht, so kann diese Vorfrage im Wege des Beschlußverfahrens, bei dem der beschwerte Arbeitnehmer beteiligt ist, als Vorfrage geklärt werden.
Erkennt die Einigungsstelle im Rahmen ihrer Zuständigkeit die Berechtigung der Beschwerde an, so hat der Arbeitgeber der Beschwerde abzuhelfen.
Der Arbeitgeber hat in jedem Fall den Betriebsrat und den beschwerdeführenden Arbeitnehmer über die Behandlung der Beschwerde zu unterrichten. Durch die Anerkennung der Beschwerde durch den Arbeitgeber entsteht für den Arbeitnehmer ein Rechtsanspruch auf Abhilfe, den er im Klagewege durchsetzen kann. Wird ein Rechtsanspruch abgelehnt, ist der Arbeitnehmer auf den Rechtsweg zu verweisen.
In § 86 ist festgelegt, daß durch Tarifvertrag oder Betriebsvereinbarung Einzelheiten des Beschwerdeverfahrens geregelt werden können.
Hierbei kann auch bestimmt werden, daß in den Fälle des § 85 Abs. 2, d.h. wenn zwischen Betriebsrat und Arbeitgeber Meinungsverschiedenheiten über die Berechtigung der Beschwerde bestehen, an die Stelle der Einigungsstelle eine betriebliche Beschwerdestelle tritt. Besteht hierüber ein Tarifvertrag, so kommt eine Regelung durch Betriebsvereinbarung nicht in Betracht.
Die sonst nach § 86 abzuschließende Betriebsvereinbarung ist eine freiwillige; sie kann also nicht durch verbindlichen Spruch der Einigungsstelle gem. § 76 erzwungen werden.
Diese durch § 86 geschaffene Möglichkeit gestattet es, eine den betrieblichen Verhältnissen angepaßte Regelung zu finden. Einzelheiten, die vereinbart werden können, beziehen sich sowohl auf das Verfahren nach § 84 als auch nach § 85. So kommen z.B. in Betracht: Schriftlichkeit des Verfahrens, Fristen zur Behandlung der Beschwerde, Anhörung des betreffenden Arbeitnehmers vor Abhilfemaßnahmen, Festlegung der zuständigen Stelle gem. § 84 Abs. 1 und der Zuständigkeit für die weiteren Unterrichtspflichten des Arbeitgebers nach den § 84 Abs. 1 und der Zuständigkeit für die weiteren Unterrichtspflichten des Arbeitgebers nach den §§ 84 und 85 sowie Festlegung des betrieblichen Instanzenzuges.
Unzulässig wäre dagegen eine Vereinbarung, die das Beschwerderecht des einzelnen Arbeitnehmers und seine Dispositionsfreiheit hinsichtlich der Wahl des Beschwerdeverfahrens beschränkt.
Eine betriebliche Beschwerdestelle kann ebenfalls durch Tarifvertrag oder Betriebsvereinbarung aus den o.g. Gründen errichtet werden. Insbesondere kann deren Besetzung abweichend vom Modell der Einigungsstelle geregelt sowie besondere Verfahrensregelungen festgesetzt werden. In einer besonderen Beschwerdeordnung werden regelmäßigerweise insbesondere festgelegt Bestimmungen über Form und Frist einer Beschwerde, Anhörung der Beteiligten, Vorentscheidung des zuständigen Vorgesetzten, Einspruch bei einem Beschwerdeausschuß und dessen Zusammensetzung, Geschäftsordnung und Form der endgültigen Entscheidung.

Durch die Vereinbarung einer betrieblichen Beschwerdestelle kann gegenüber der Einigungsstelle deren Zuständigkeit jedoch weder erweitert noch eingeengt werden.
Endlich ist die Einschränkung zu machen, daß auch der Tarifvertrag keine außerbetriebliche Beschwerdeinstanz schaffen kann und daß insbesondere nicht in entsprechender Anwendung von § 76 Abs. 8 anstelle einer betrieblichen Einigungsstelle eine tarifliche Schlichtungsstelle treten kann.

1.4 Zusammenarbeit mit der Jugendvertretung

Nach § 80 Abs. 1 Ziff. 5 gehört es zu den allgemeinen Aufgaben des Betriebsrats, die Wahl einer Jugendvertretung vorzubereiten und durchzuführen und mit dieser zur Förderung der Belange der jugendlichen Arbeitnehmer eng zusammenzuarbeiten; er kann von der Jugendvertretung Vorschläge und Stellungnahmen anfordern.
Diese Vorschrift macht es dem Betriebsrat zur Pflicht, die Wahl einer Jugendvertretung vorzubereiten und auch durchzuführen. Unter vorbereiten sind die allgemeinen Wahlvorbereitungen zu verstehen; die Durchführung der Wahl selbst ist Aufgabe des Wahlvorstandes, der vom Betriebsrat nach § 63 Abs. 2 bestellt wird.
Die zweite Bestimmung, nach der der Betriebsrat verpflichtet ist, mit der Jugendvertretung zur Förderung der Belange der jugendlichen Arbeitnehmer eng zusammenzuarbeiten, entspricht auf der Seite der Jugendvertretung den Pflichten dieser aus § 70. Die organisatorische und rechtliche Grundlage hierfür ist einerseits das Teilnahmerecht eines Vertreters der Jugendvertretung bzw. der Gesamtjugendvertretung an den Sitzungen des Betriebsrats gem. § 67 und andererseits die Pflicht des Betriebsrats, gem. § 68 die Jugendvertreter zu gemeinsamen Besprechungen mit dem Arbeitgeber hinzuzuziehen, sofern Angelegenheiten behandelt werden, die besonders jugendliche Arbeitnehmer des Betriebes betreffen.
Zum Zwecke einer guten Zusammenarbeit mit der Jugendvertretung kann der Betriebsrat von der Jugendvertretung Vorschläge und Stellungnahmen anfordern; dieser Anforderung hat die Jugendvertretung Folge zu leisten. Die verantwortliche Vertretung der Interessen der Jugendlichen gegenüber dem Arbeitnehmer nimmt der Betriebsrat als der Vertreter aller Arbeitnehmer im Betrieb wahr.
Nach § 80 Abs. 1 Ziff. 3 gehört es zu den allgemeinen Aufgaben des Betriebsrats, Anregungen von Arbeitnehmern, nicht der leitenden Angestellte nach § 5 Abs. 3 und 4, und der Jugendvertretung entgegenzunehmen und, falls sie berechtigt erscheinen, durch Verhandlungen mit dem Arbeitgeber auf eine Erledigung hinzuwirken. Der Betriebsrat hat die betreffenden Arbeitnehmer über den Stand und das Ergebnis der Verhandlungen zu unterrichten.

Nach § 80 Abs. 1 Ziff. 3 handelt es sich zunächst um Anregungen seitens der Arbeitnehmer und der Jugendvertretung und nach richtiger Ansicht nicht um Beschwerden, da diese in §§ 84 ff geregelt sind. Der Betriebsrat ist nach dieser Vorschrift verpflichtet, die ihm vorgetragene Anregung vorzuprüfen. Er darf sie also nicht von vornherein ablehnen. Nach Prüfung hat er sie dem Arbeitgeber ggf. in Form eines Antrags nach § 80 Abs. 1 Ziff. 2 weiterzuleiten und auf Erledigung hinzuwirken, sofern er die Anregung für berechtigt hält. Er ist dabei an die Ansicht und Begründung des Einreichers nicht gebunden, hat vielmehr ein selbständiges und eigenverantwortliches Prüfungsrecht und eine entsprechende Prüfungspflicht.

Von besonderer Bedeutung ist diese Vorschrift im Verhältnis zwischen Betriebsrat und Jugendvertretung.

So ist der Betriebsrat für die Jugendvertretung die entscheidende Kontaktstelle im Betrieb. Aus diesem Grund hat der Gesetzgeber der Jugendvertretung das Recht eingeräumt, Anregungen an den Betriebsrat heranzutragen, und der Betriebsrat muß sich Kraft Gesetzes mit diesen in der gleichen Weise auseinandersetzen, wie mit denen der anderen Arbeitnehmer des Betriebes. Der Jugendvertretung bleibt es nach dem Gesetz dagegen versagt, sich unmittelbar und unter Umgehung des Betriebsrats an den Arbeitgeber zu wenden, was andererseits den anderen Arbeitnehmern des Betriebes jederzeit möglich ist.

Kommt es bei den Verhandlungen zwischen Betriebsrat und Arbeitgeber zu Meinungsverschiedenheiten, kann unter den Voraussetzungen des § 76 Abs. 6 die Einigungsstelle angerufen werden. Der betroffene Arbeitnehmer wird dadurch jedoch nicht gehindert, beim Arbeitsgericht Klage zu erheben.

Nach dem Gesetz ist der Betriebsrat endlich verpflichtet, den anregenden Arbeitnehmer oder die Jugendvertretung über den Stand der Verhandlungen, ggf. durch Zwischenbescheid, und das Ergebnis seiner Bemühungen zu unterrichten. Kann die Streitfrage nicht beigelegt werden, so hat der Betriebsrat den Arbeitnehmer ggf. auf die Möglichkeit der Inanspruchnahme des Arbeitsgerichts oder der Erhebung einer förmlichen Beschwerde nach § 84 hinzuweisen.

2 Grundsätze für eine vertrauensvolle Zusammenarbeit und Friedenspflicht zwischen Arbeitgeber und Betriebsrat

Nach § 2 Abs. 1 arbeiten Arbeitgeber und Betriebsrat unter Beachtung der geltenden Tarifverträge vertrauensvoll und im Zusammenwirken mit den im Betrieb vertretenen Gewerkschaften und Arbeitgebervereinigungen zum Wohl der Arbeitnehmer und des Betriebes zusammen.

Diese Generalklausel des Gesetzes, die keineswegs nur eine rein programmatische Absichtserklärung des Gesetzgebers darstellt, hat nach ständiger Rechtsprechung des Bundesarbeitsgerichts unmittelbar Geltung als Recht zur Regelung der Beziehungen zwischen Arbeitgeber und Betriebsrat. Grundsatz ist also das Gebot der Zusammenarbeit mit dem gemeinsamen Ziel des Wohles der Arbeitnehmer und des Betriebes. Wenn schon der Gesetzgeber durch diese Bestimmung bestehende Interessengegensätze zwischen Arbeitgeber und Betriebsrat weder ausschließen kann noch will, legt er beiden im Sinne eines sozialverpflichtenden Handelns die Verpflichtung auf, durch vertrauensvolle Zusammenarbeit auch diese Gegensätze zum Wohl des Betriebes und der Arbeitnehmer einzubringen. Der Arbeitgeber darf danach nicht einseitig Interessen des Betriebes oder gar seine politischen Ziele verfolgen, wie der Betriebsrat bei seiner gesamten Geschäftsführung nicht einseitig nur die Interessen der Arbeitnehmer vertreten darf. Das Wohl der Arbeitnehmer und des Betriebes ist der übergeordnete Gesichtspunkt.

Obwohl im Betriebsverfassungsgesetz nicht mehr ausdrücklich die Berücksichtigung des Gemeinwohls enthalten ist, dürfen die Interessen der Allgemeinheit bei dem Prinzip der vertrauensvollen Zusammenarbeit nicht unberücksichtigt bleiben. Aus dem Gebot der Zusammenarbeit mit den im Betrieb vertretenen Gewerkschaften wie den Arbeitgeberverbänden ergibt sich bereits eine notwendige Berücksichtigung auch betriebsübergreifender Gesichtspunkte.

Weiter kann man generell sagen, daß das Gebot der vertrauensvollen Zusammenarbeit insbesondere bei der Auslegung sog. unbestimmter Rechtsbegriffe zu beachten ist. Das ergibt sich z.B. bei den Begriffen der „betrieblichen Notwendigkeiten" (vgl. §§ 30, 37 Abs. 6 und 96 Abs. 2) oder „aus sachlichen Gründen dringend erforderlich" (§ 100 Abs. 1). Für den Inhalt und die Abgrenzung aller im Gesetz geregelten Rechte und Pflichten vom Arbeitgeber und Betriebsrat ist somit der Grundsatz des § 2 Abs. 1 von entscheidender Bedeutung. Beispiele hierfür sind der Zeitpunkt und Umfang der Unterrichtung des Betriebsrats durch den Arbeitgeber nach § 80 Abs. 2 und § 92 Abs. 1, das Zurverfügungstellen der erforderlichen Unterlagen an den Betriebsrat durch den Arbeitgeber nach § 80 Abs. 2 sowie Fragen der dem Betriebsrat aufgrund seiner Tätigkeit entstandenen notwendigen Kosten durch den Arbeitgeber nach § 40 Abs. 1. Dies geht allerdings nicht soweit, daß durch die Generalklausel neue Tatbestände der Mitwirkung oder gar Mitbestimmung des Betriebsrats geschaffen werden.

Positive Beispiele für das Gebot der vertrauensvollen Zusammenarbeit sind zunächst generelle beiderseitige Informationsrechte bzw. -pflichten. Nach § 74 Abs. 1 sollen Arbeitgeber und Betriebsrat mindestens einmal im Monat zu einer Besprechung zusammenkommen, um über strittige Fragen mit dem Willen der Einigung zu verhandeln und Vorschläge für die Beilegung von Meinungsverschiedenheiten zu machen. Spezielle Informationsverpflichtungen seitens des Arbeitgebers und damit Informationsrechte des Betriebsrats ergeben sich insbesondere aus folgenden Vorschriften:

- Personalplanung (quantitativ, qualitativ, kurz-, mittel- und langfristig) nach § 92
- Planung von Neu-, Um- und Erweiterungsbauten nach § 90 Ziff. 1
- Planung von technischen Anlagen nach § 90 Ziff. 2
- Planung von Arbeitsverfahren und Arbeitsabläufen nach § 90 Ziff. 3
- Planung von Arbeitsplätzen nach § 90 Ziff. 4
- Bekämpfungsmaßnahmen gegen Gesundheits- und Unfallgefahren nach § 89 Abs. 1
- Unterrichtung über die Behandlung von Beschwerden nach § 85 Abs. 3
- Förderung der Berufsbildung nach § 96 Abs. 1 und
- Einstellung oder personelle Veränderung bei leitenden Angestellten nach § 105.

Das Gebot der vertrauensvollen Zusammenarbeit ist weiter enthalten in § 29. Nach § 29 Abs. 4 hat der Arbeitgeber das Recht, an den Sitzungen des Betriebsrats, die auf sein Verlangen anberaumt worden sind (§ 29 Abs. 3) bzw. zu denen er ausdrücklich eingeladen worden ist, teilzunehmen.

Dem Gebot der vertrauensvollen Zusammenarbeit würde es widersprechen, wenn der Arbeitgeber den Betriebsrat über die o.g. Tatbestände nicht rechtzeitig und umfassend (vgl. diese Formulierung in § 106 Abs. 2) informiert, wenn der Arbeitgeber das nach § 102 notwendige Anhörungsverfahren bei Kündigungen außerhalb der Arbeitszeit des Vorsitzenden des Betriebsrats oder seines Stellvertreters einleitet, wenn ein Betriebsratsmitglied (nach § 80 Abs. 2 der Betriebsausschuß oder ein nach § 28 gebildeter Ausschuß) ihm vertraulich überlassene Listen über Bruttolöhne und -gehälter an die Gewerkschaft weitergibt oder wenn sich der Betriebsrat bei einem Rundgang im Betrieb nicht beim Leiter der entsprechenden Abteilung anmeldet.

Dem Verbot der vertrauensvollen Zusammenarbeit würde weiter widersprechen die Aufzeichnung von Rede oder Äußerungen der Teilnehmer ohne ihr Wissen auf Tonbandgeräte. Ebenso unzulässig wäre die Anfertigung eines Wortprotokolls, nicht dagegen schon die bloße Anfertigung von Notizen sowie die sinngemäße Aufzeichnung von Reden, Gegenreden und Äußerungen der Teilnehmer. Konkretisiert wird der Grundsatz der vertrauensvollen Zusammenarbeit durch § 74 Abs. 2.

Ergänzt und konkretisiert wird das Gebot der vertrauensvollen Zusammenarbeit zwischen Arbeitgeber und Betriebsrat zum Wohl der Arbeitnehmer und des Betriebes nach § 2 Abs. 1 durch § 74 Abs. 2. Nach § 74 Abs. 2 S. 2 haben Arbeitgeber und Betriebsrat Betätigungen zu unterlassen, durch die der Arbeitsablauf oder der Frieden des Betriebs beeinträchtigt werden. Nach § 74 Abs. 2 S. 3 haben sie jede parteipolitische Betätigung im Betrieb zu unterlassen; die Behandlung von Angelegenheiten tarifpolitischer, sozialpolitischer und wirtschaftlicher Art, die den Betrieb oder seine Arbeitnehmer unmittelbar betreffen (§ 45), wird hierdurch nicht berührt. Darüber hinaus sind nach § 74 Abs. 2 S. 1 Maßnahmen des Arbeitskampfes zwischen Arbeitgeber und Betriebsrat unzulässig. Ziel der in § 74 Abs. 2 enthaltenen Verbote ist die Sicherung eines geordneten Betriebsablaufs und die Beibehaltung des Betriebsfriedens. Eine Gefährdung des Arbeitsablaufs oder des betrieblichen Friedens reicht nicht aus, ebensowenig eine abstrakte Möglichkeit einer Gefährdung. Es muß vielmehr im Einzelfall eine konkrete Gefährdung unmittelbar bevorstehen oder bereits eingetreten sein. Andererseits ist zur Verletzung der in § 74 Abs. 2 enthaltenen Verbote nicht erforderlich, daß bereits ein konkreter Schaden eingetreten ist. Es wäre auch sinnlos, erst dann rechtliche Maßnahmen einleiten zu können, wenn eine bereits vorhersehbare vorhandene Gefährdung konkret zu einem Schaden geführt hat. Verstößt ein Mitglied des Betriebsrats gegen die betriebliche Friedenspflicht, handelt es sich um eine grobe Pflichtverletzung in seiner Geschäftsführung. Nach § 23 Abs. 1 S. 1 können mindestens ein Viertel der wahlberechtigten Arbeitnehmer, der Arbeitgeber, eine im Betrieb vertretene Gewerkschaft und nach § 23 Abs. 1 S. 2 auch der Betriebsrat beim Arbeitsgericht den Ausschluß eines Mitgliedes aus dem Betriebsrat oder die Auflösung des Betriebsrats beantragen. Weiter kann ein Grund zur fristlosen Kündigung gegeben sein, die nach § 103 Abs. 1 der Zustimmung des Betriebsrats bedarf. Verstoßen der Betriebsrat als Gremium oder einzeln seiner Mitglieder gegen die Friedenspflicht, so machen sie sich zivilrechtlich nach § 823 Abs. 1 oder 2 BGB schadensersatzpflichtig.

Verstößt der Arbeitgeber gegen die Friedenspflicht, können der Betriebsrat oder eine im Betrieb vertretene Gewerkschaft nach § 23 Abs. 3 S. 1 beim Arbeitsgericht beantragen, dem Arbeitgeber aufzugeben, diese Handlung zu unterlassen, die Vornahme einer Handlung zu dulden oder eine Handlung vorzunehmen. Die Korrektur einer Unterlassung seitens des Arbeitgebers wird insbesondere dann notwendig sein, wenn für ihn eine Rechtspflicht zum Handeln besteht. Handelt der Arbeitgeber der ihm durch rechtskräftige gerichtliche Entscheidung auferlegten Verpflichtung zuwider, so ist er nach § 23 Abs. 3 S. 2 auf Antrag vom Arbeitsgericht wegen jeder Zuwiderhandlung nach vorheriger Androhung zu einem Ordnungsgeld zu verurteilen. Führt der Arbeitgeber die ihm durch eine rechtskräftige gerichtliche Entscheidung auferlegte Handlung nicht durch, so ist nach § 23 Abs. 3 S. 3 auf Antrag des Betriebsrats oder einer im Betrieb vertretenen Gewerkschaft (§ 23 Abs. 3 S. 4) vom Arbeitsgericht zu erkennen, daß er zur Vornahme der Handlung durch Zwangsgeld anzuhalten ist. Das Höchstmaß des Ordnungsgeldes und Zwangsgeldes beträgt nach § 23 Abs. 3 S. 5 DM 20.000,–.

Von der Arbeitgeberseite veranlaßt wäre es ein Verstoß gegen den Betriebsfrieden, wenn gezielte Massenänderungskündigungen vorgenommen werden, wenn Angriffsaussperrungen, die an sich zulässig sein können, nur deshalb ausgesprochen werden, um bestimmten Forderungen der Arbeitnehmer zuvorzukommen oder wenn Meinungsverschiedenheiten zwischen Arbeitgeber einerseits und Betriebsrat sowie Arbeitnehmern andererseits mit rechtlichen

Zwangsmitteln beseitigt werden sollen, statt sie z.B. der betrieblichen Einigungsstelle nach § 76 vorzulegen, sowie einseitige Akkordneufestsetzung durch den Arbeitgeber (vgl. das Mitbestimmungsrecht des Betriebsrats nach § 87 Abs. 1 Ziff. 10 und 11). Seitens des Betriebsrats läge eine Verletzung der betrieblichen Friedenspflicht z.B. vor, wenn der Betriebsrat Anschläge des Arbeitgebers am Schwarzen Brett unbefugt entfernt, wenn er im Betrieb Flugblätter, die gegen den Arbeitnehmer gerichtet sind, verteilt, oder wenn er die Arbeitnehmer auffordert, aufgrund des Direktionsrechts des Arbeitgebers angeordnete Maßnahmen, wie z.B. Nichtableistung kurzfristig notwendig gewordener geringfügiger Überstunden oder Verlegung des Urlaubs, nicht durchzuführen.

Größte praktische Bedeutung hat insbesondere vor politischen Wahlen, Tarifabschlüssen sowie auch Neuwahlen des Betriebsrats das Verbot jeglicher parteipolitischer Betätigung, und zwar abhängig davon, ob diese politische Partei im Bundestag oder Landtag vertreten ist oder nicht. Es darf also weder Werbematerial verteilt noch in Druckschriften oder mündlich für politische Parteien geworben werden. Beispiele für parteipolitische Tätigkeiten sind z.B. das Abfassen politischer Resolutionen, politische Abstimmungen, auch auf der Grundlage von nur kommunalen Vereinigungen, die Verteilung von Flugblättern, Wahlaufrufen oder Zeitungen und Zeitschriften politischer Parteien, das Sammeln von Unterschriften oder der Aufruf und das Durchführen von Geldspenden für parteipolitische Zwecke oder Anschläge über parteipolitische Literatur am Schwarzen Brett, Reden von Spitzenpolitikern oder Kandidaten der örtlichen Parteien auf Betriebsversammlungen.

Das Verbot parteipolitischer Betätigung gilt nicht nur für Sitzungen des Betriebsrats und Betriebsversammlungen, sondern generell im Betrieb, das heißt z.B. auch am Arbeitsplatz und in den Pausen.

Dadurch soll insbesondere eine Politisierung des Arbeitslebens vermieden werden, deren Ansätze durch die sehr weite Formulierung der auf Betriebsversammlungen zulässigen Themen im Sinne von § 45 bereits vorgegeben ist. Verboten ist nicht nur die aktive Tätigkeit, sondern bereits das Dulden von parteipolitischer Tätigkeit im Betrieb seitens des Arbeitgebers oder Betriebsrats.

Die Rechtsfolgen eines Verstoßes wären auch hier, wie oben dargestellt, für den Betriebsrat ein möglicher Ausschluß (§ 23 Abs. 1) und für den Arbeitgeber die Festsetzung eines Ordnungs- oder Zwangsgeldes nach § 23 Abs. 3.

Die sich aus § 74 Abs. 2 ergebende Friedenspflicht für Arbeitgeber und Betriebsrat verbietet nicht jedes parteipolitische Gespräch oder eine sich daraus ergebende Diskussion. Derartige Gespräche und Diskussionen sind dann durchaus zulässig und im Übrigen im Zusammenhang mit tarifpolitischen, sozialpolitischen und wirtschaftlichen Themen fast zwingend vorgegeben, wenn Arbeitsablauf und Betriebsfrieden davon unberührt bleiben.

Verfassungsrechtlich ist darauf hinzuweisen, daß diese Vorschrift weder dem Benachteiligungsverbot des Art. 3 Abs. 3 GG noch dem Recht auf freie Mei-

nungsäußerung des Art. 5 GG widerspricht, zumal letzteres schon durch Art. 5 Abs. 2 GG eingeschränkt ist.
Die Erörterung gewerkschaftlicher Fragen auf Betriebsversammlungen ist nur insoweit zulässig, als sie sich unmittelbar und konkret auf den Betrieb und seine Arbeitnehmer beziehen.
Nach § 74 Abs. 3 werden Arbeitnehmer, die im Rahmen des Betriebsverfassungsgesetzes Aufgaben übernehmen, hierdurch in der Betätigung für ihre Gewerkschaft auch im Betrieb nicht beschränkt. Daraus ergibt sich, daß es den einzelnen Mitgliedern des Betriebsrats, des Gesamt- und Konzernbetriebsrats sowie der Jugend- und Gesamtjugendvertretung, nicht dem Betriebsrat als solchem, durchaus gestattet ist, Werbung für ihre Gewerkschaft auch im Betrieb zu betreiben. Dieses Recht steht dem Betriebsratsmitglied in seiner Eigenschaft als Arbeitnehmer des Betriebes und zugleich Mitglied der Gewerkschaft zu. Bei dieser zulässigen Rechtsauslegung nach § 74 Abs. 3 ist jedoch jegliche Koppelung mit dem Betriebsratsamt verboten. Ein betriebsverfassungsrechtlicher Amtsträger kann jedoch nur insoweit für eine Gewerkschaft tätig werden, als er damit nicht gegen seine vorrangigen Verpflichtungen aus dem Betriebsverfassungsgesetz verstößt, und zwar insbesondere gegen die Friedenspflicht oder gegen die Pflicht zur gewerkschaftlichen Neutralität nach § 75.
Endlich beinhaltet die Friedenspflicht das absolute Verbot von Maßnahmen des Arbeitskampfes zwischen Arbeitgeber und Betriebsrat. Hierunter fallen die verschiedenen Arten des Streikes (Generalstreik, Sympathiestreik, Sitzstreik, Bummelstreik, Schwerpunktstreik, Warnstreik und Erzwingungsstreik) und der Aussperrung (suspendierende und auflösende Aussperrung). Streiks und Aussperrungen sind nur zulässig, wenn und soweit sie zur Erreichung rechtmäßiger Kampfziele und des nachfolgenden Arbeitsfriedens geeignet und sachlich erforderlich sind. Es muß das Bestreben beider Beteiligten sein, möglichst bald eine Einigung über die strittigen Arbeitsbedingungen zu erzielen und den Arbeitsfrieden wieder herzustellen. Ein Arbeitskampf darf weiter erst nach Ausschöpfung aller Verständigungsmöglichkeiten geführt werden und die Durchführung steht unter dem Gebot der Verhältnismäßigkeit der Mittel. Voraussetzung für einen Streik ist eine Urabstimmung. Danach erst kann von der zentralen Streikleitung der Gewerkschaft der Streik ausgerufen werden. Die Zulässigkeit der Aussperrung folgt nach der Rechtsprechung des Bundesarbeitsgerichts unter dem Gesichtspunkt der „Kampfparität der Waffen".
Weitere Voraussetzung für die Zulässigkeit von Streiks ist, daß sie von tariffähigen Parteien durchgeführt werden. Das sind nach § 2 TVG Gewerkschaften, einzelne Arbeitgeber und Vereinigungen von Arbeitgebern.
Diese oben genannten Voraussetzungen liegen im Verhältnis von Arbeitgeber und Betriebsrat nicht vor. Weder Arbeitgeber noch Betriebsrat dürfen deshalb zu Arbeitskampfmaßnahmen aufrufen, sie einleiten oder gar durchführen oder in sonstiger Weise unterstützen. Derartiges Handeln wäre in jedem Fall rechtswidrig.

Im Verhältnis zwischen Arbeitgeber und Betriebsrat haben sich beide auch bei einem zulässigen Streik oder einer Aussperrung streng neutral zu verhalten. Die o.g. Friedenspflicht besteht auch während eines Arbeitskampfes fort. Das neutrale Verhalten betrifft aber nur den Betriebsrat als Organ der Betriebsverfassung. Die einzelnen Mitglieder des Betriebsrats dürfen sich als Arbeitnehmer des Betriebes am Arbeitskampf beteiligen. Sie dürfen hierbei jedoch nicht auf ihr Amt und ihre Funktion als Betriebsrat Bezug nehmen und dürfen nicht von den Einrichtungen, die ihnen der Arbeitgeber zur Durchführung ihrer Amtsgeschäfte zur Verfügung gestellt hat, wie z.B. Räume oder sachliche Mittel, Gebrauch machen.

Arbeitskämpfe tariffähiger Parteien werden durch dieses Verbot nicht berührt. Verstößt der Betriebsrat gegen das Verbot von Maßnahmen des Arbeitskampfes, begeht er eine Verletzung seiner gesetzlichen Pflichten (§ 23 Abs. 1) mit den o.g. Rechtsfolgen aus § 23 Abs. 3. Da § 74 Abs. 2 S. 1 auch ein Schutzgesetz darstellt, ergibt eine derartige Pflichtverletzung auch einen privatrechtlichen Schadensersatzanspruch des Geschädigten gegen den Betriebsrat aus § 823 Abs. 2 BGB. Das gleiche gilt für eine Aussperrung seitens des Arbeitgebers, es sei denn, es handelt sich um die Abwehr eines illegalen Streiks. Ein rechtswidriger, durch den Betriebsrat herbeigeführter oder begünstigter Streik ist aber auch eine Verletzung eines sonstigen Rechts im Sinne von § 823 Abs. 1 BGB (Recht am eingerichteten Gewerbetrieb) und begründet ebenfalls einen Schadensersatzanspruch. Arbeitsrechtlich könnte durch die Beteiligung eines Betriebsratsmitglieds an einem illegalen Streik ein Grund zur fristlosen Kündigung des Arbeitsverhältnisses nach § 626 BGB vorliegen. Zu beachten ist hierbei, daß der Betriebsrat als Gremium einer solchen Kündigung nach § 103 Abs. 1 zustimmen oder daß bei der Verweigerung seiner Zustimmung diese durch das Arbeitsgericht nach § 103 Abs. 2 ersetzt werden muß.

3 Durchführung des Gleichbehandlungsgrundsatzes

Nach § 75 Abs. 1 haben Arbeitgeber und Betriebsrat darüber zu wachen, daß alle im Betrieb tätigen Personen nach den Grundsätzen von Recht und Billigkeit behandelt werden, insbesondere, daß jede unterschiedliche Behandlung von Personen wegen ihrer Abstammung, Religion, Nationalität, Herkunft, politischer oder gewerkschaftlicher Betätigung oder Einstellung oder wegen ihres Geschlechts unterbleibt. Sie haben weiter darauf zu achten, daß Arbeitnehmer nicht wegen Überschreitung bestimmter Altersstufen benachteiligt werden.
Nach § 75 Abs. 2 haben Arbeitgeber und Betriebsrat die freie Entfaltung der Persönlichkeit der im Betrieb beschäftigten Arbeitnehmer zu schützen und zu fördern. Die Förderung hat im Rahmen der betrieblichen Möglichkeiten zu er-

folgen. Diese gegenüber dem früheren Recht neu eingeführte Vorschrift überträgt den Grundsatz des Art. 2 Abs. 1 GG auf den Betrieb. Der Durchführung dieses allgemeinen Grundsatzes in der betrieblichen Praxis dienen noch folgende Vorschriften: §§ 80, 83, 84, 85, 86, 90, 91, 96, 97 und 98. Der in § 75 enthaltene Gleichbehandlungsgrundsatz konkretisiert für das Gebiet des Arbeitsrechts den Gleichbehandlungsgrundsatz des Art. 3 GG.

Nicht zu verwechseln ist dieser Gleichbehandlungsgrundsatz mit dem Begriff „Gleichmacherei", der zu einer Ignorierung aller tatsächlichen oder rechtlichen Unterschiede bei den Arbeitnehmern des Betriebes führen kann. Es ergibt sich vielmehr im Umkehrschluß aus der Anwendung des Gleichheitsgrundsatzes, daß ungleiche Tatbestände oder Verhaltensweisen ungleich, d.h. anders behandelt werden müssen, denn sonst läge eine Verletzung des Gleichbehandlungsgrundsatzes vor. Wenn also aufgrund dessen die Möglichkeit, u.U. sogar die Notwendigkeit zur Differenzierung besteht, so jedoch nur unter der Voraussetzung, daß diese nach objektiven, allgemein erkennbaren Gesichtspunkten erfolgt, denn Sinn des Gleichbehandlungsgrundsatzes ist vielmehr das Verbot der Willkür.

Der Arbeitgeber kann bzw. muß deshalb nach objektiven Maßstäben differenzieren. Allerdings trifft den Arbeitgeber, wenn er differenzieren will, die Beweislast dafür, daß ungleiche Tatbestände vorliegen.

In bezug auf die Gleichbehandlung von Mann und Frau sind in das BGB eingefügt worden die §§ 611 a, 611 b, 612 Abs. 3 und 612a. Nach § 611a BGB darf der Arbeitgeber einen Arbeitnehmer bei einer Vereinbarung oder einer Maßnahme, insbesondere bei der Begründung des Arbeitsverhältnisses, beim beruflichen Aufstieg, bei einer Weisung oder einer Kündigung, nicht wegen seines Geschlechts benachteiligen. Eine unterschiedliche Behandlung wegen des Geschlechts ist jedoch zulässig, soweit eine Vereinbarung oder eine Maßnahme die Art der vom Arbeitnehmer auszuübenden Tätigkeit zum Gegenstand hat und ein bestimmtes Geschlecht unverzichtbare Voraussetzung für diese Tätigkeit ist. Wenn im Streitfall der Arbeitnehmer Tatsachen glaubhaft macht, die eine Benachteiligung wegen des Geschlechts vermuten lassen, trägt der Arbeitgeber die Beweislast dafür, daß nicht auf das Geschlecht bezogene, sachliche Gründe eine unterschiedliche Behandlung rechtfertigen oder daß das Geschlecht unverzichtbare Voraussetzung für die auszuübende Tätigkeit ist.

Ist ein Arbeitsverhältnis wegen eines von dem Arbeitgeber zu vertretenden Verstoßes gegen das Benachteiligungsverbot nicht begründet worden, so ist er zum Ersatz des Schadens verpflichtet, den der Arbeitnehmer dadurch erleidet, daß er darauf vertraut, die Begründung des Arbeitsverhältnisses werde nicht wegen eines solchen Verstoßes unterbleiben.

Diese Bestimmung gilt beim beruflichen Aufstieg entsprechend, wenn auf den Aufstieg kein Rechtsanspruch besteht.

Nach § 611b BGB soll der Arbeitgeber einen Arbeitsplatz weder öffentlich noch innerhalb des Betriebes nur für Männer oder nur für Frauen ausschreiben, es sei denn, daß für die vom Arbeitnehmer auszuübende Tätigkeit ein bestimmtes Geschlecht unverzichtbare Voraussetzung dafür ist.

Der Grundsatz der Lohngleichheit ist in § 612 Abs. 3 BGB verankert. Danach darf bei einem Arbeitsverhältnis für gleiche oder für gleichwertige Arbeit nicht wegen des Geschlechts eines Arbeitnehmers eine geringere Vergütung vereinbart werden als bei einem Arbeitnehmer des anderen Geschlechts. Die Vereinbarung einer geringeren Vergütung wird nicht dadurch gerechtfertigt, daß wegen des Geschlechts des Arbeitnehmers besondere Schutzvorschriften gelten, wie z.B. für werdende oder junge Mütter.

Im Bereich der Vergütung ist der Gleichbehandlungsgrundsatz jedoch nur beschränkt anwendbar, weil der Grundsatz der Vertragsfreiheit Vorrang hat. Das gilt aber nur für individuell vereinbarte Löhne und Gehälter. Wenn der Arbeitgeber, was ihm die Vertragsfreiheit gewährleistet, einzelne Arbeitnehmer besserstellt, können daraus andere Arbeitnehmer keinen Anspruch auf Gleichbehandlung herleiten. Der Gleichbehandlungsgrundsatz ist jedoch anwendbar, wenn der Arbeitgeber die Leistungen nach einem bestimmten erkennbaren und generalisierenden Prinzip gewährt, wenn er bestimmte Voraussetzungen oder einen bestimmten Zweck festlegt. Gleiches muß gelten, wenn der Arbeitgeber, ohne nach einem erkennbaren und generalisierenden Prinzip vorzugehen, im Betrieb mehrere Vergütungssysteme anwendet und dabei nicht nur einzelne Arbeitnehmer besserstellt. Andernfalls wäre der Arbeitgeber im Vorteil, der von vornherein keine allgemeinen Grundsätze aufstellt, sondern nach Gutdünken verfährt. Das ist ihm im Anwendungsbereich des Gleichbehandlungsgrundsatzes, also wenn es sich nicht um individuelle Vereinbarungen handelt, verwehrt.

Nach § 612a BGB darf der Arbeitgeber einen Arbeitnehmer bei einer Vereinbarung oder einer Maßnahme nicht benachteiligen, weil der Arbeitnehmer in zulässiger Weise seine Rechte ausübt.

Zusammengefaßt ergeben sich aus den Bestimmungen in bezug auf die Gleichbehandlung von Mann und Frau folgende Schwerpunkte:

– Benachteiligungsverbot von Frauen bei der Begründung des Arbeitsverhältnisses,
– Benachteiligungsverbot von Frauen bei bestimmten Weisungen des Arbeitgebers aufgrund seines Direktionsrechts,
– Chancengleichheit für den beruflichen Aufstieg der Frau,
– Benachteiligungsverbot von Frauen bei Kündigungen des Arbeitgebers,
– Gewährung von gleichem Lohn für Männer und Frauen bei gleicher oder gleichwertiger Arbeit,
– Maßregelungsverbot für den Arbeitgeber in bezug auf Kündigungen und sonstigen Benachteiligungen der Frau, wenn sie in zulässiger Weise ihre Rechte ausübt,

- Schadensersatzansprüche der Frau bei Diskriminierungen durch den Arbeitgeber,
- Schadensersatzansprüche der Frau bei sachlich unberechtigt unterbliebener Einstellung,
- Schadensersatzansprüche der Frau bei wegen ihres Geschlechts nicht erfolgtem beruflichen Aufstieg,
- Umkehr der Beweislast, wenn eine Frau Tatsachen glaubhaft macht, die eine Benachteiligung allein wegen ihres Geschlechts vermuten lassen. Der Arbeitgeber muß in diesen Fällen beweisen, daß nicht auf das Geschlecht bezogene, sondern sachliche Gründe eine unterschiedliche Behandlung rechtfertigen oder daß das Geschlecht unverzichtbare Voraussetzung für die auszuübende Tätigkeit ist.
- Stellen sollen weder öffentlich noch innerhalb des Betriebes nur für Männer oder nur für Frauen ausgeschrieben werden, wenn dies nicht aus zwingenden sachlichen Gründen geboten ist.
- Der Arbeitgeber soll einen Abdruck der §§ 611 a, 611 b, 612 Abs. 3 und 612a BGB an geeigneter Stelle im Betrieb zur Einsicht auslegen oder aushängen.

4 Freistellung von der Arbeit

Damit der Betriebsrat seine ihm durch Gesetz auferlegten Arbeiten und Aufgaben auch tatsächlich durchführen kann, hat der Gesetzgeber in den §§ 37 und 38 Vorschriften über seine Freistellung von der Arbeit erlassen. Nach § 37 Abs. 2 sind Mitglieder des Betriebsrates ohne Minderung des Arbeitsentgeltes von ihrer beruflichen Tätigkeit zu befreien, wenn und soweit es nach Umfang und Art des Betriebes zur ordnungsgemäßen Durchführung ihrer Aufgaben erforderlich ist. Eine Freistellung von der Arbeit kommt nur für die Erledigung von Aufgaben in Betracht, die dem Betriebsrat durch Gesetz zugewiesen sind. Arbeiten, die er aufgrund anderer rechtlicher oder tatsächlicher Verpflichtungsgründe durchführt, berechtigen ihn nicht, den Freistellungsanspruch gegenüber dem Arbeitgeber geltend zu machen. So gehören z.B. die Durchführung der Betriebsratswahlen nicht zu den ihm durch Gesetz übertragenen Aufgaben, da dafür der Wahlvorstand zuständig ist. Teilnahme an Schulungskursen der Gewerkschaft über wirtschafts-, rechts- und sozialpolitische Fragen fällt ebensowenig unter die Erfüllung der dem Betriebsrat durch Gesetz auferlegten Aufgaben wie die Beratung der Belegschaftsmitglieder in privaten Sorgen und Nöten, so z.B. in Wohnungs- und Kündigungsangelegenheiten, in der Vermittlung von Kaufgelegenheiten oder sozialversicherungsrechtlicher Beratung. Die dem Betriebsrat durch Gesetz zugewiesenen Aufgaben müssen sich weiter auf den eigenen Betrieb erstrecken, das heißt, sie müssen betriebsgebunden sein und es darf sich bei ihnen nicht um eine betriebsfremde Tätigkeit handeln. Die Betriebsgebundenheit besagt jedoch nicht, daß die Aufgaben nur innerhalb des Betriebes liegen dürfen; zahlreiche betriebsgebundene Aufgaben fallen auch außerhalb des Betriebes an. Sie müssen jedoch ihrem Inhalt nach auf den Betrieb beschränkt bleiben. Weiter muß es sich um sachlich notwendige Aufgaben handeln. Die Freistellung kommt endlich nur dann in Frage, wenn sie zur Durchführung der Aufgabe des Betriebsrats erforderlich ist; es genügt noch nicht, daß sie dieser Aufgabenstellung nur nützlich ist oder daß die Freistellung vertreten werden kann, Die Prüfung der Freistellung hat unter gerechter Abwägung der Interessen des Betriebes einerseits, des Betriebsrats und der Belegschaft andererseits zu erfolgen. Daß der Betriebsrat in allen Punkten seiner Tätigkeit auch die Belange des Arbeitgebers zu berücksichtigen hat, ergibt sich aus § 74 Abs. 2. Danach haben Arbeitgeber und Betriebsrat alle Betätigungen zu unterlassen, durch die der Arbeitsablauf oder der Frieden des Betriebes beeinträchtigt werden. Der Betriebsrat darf mithin nicht einseitig für die Belegschaft tätig werden.

Sind die Voraussetzungen für die Freistellung gegeben, so besteht auf diese ein Rechtsanspruch. Gem. § 37 Abs. 2 ist der Arbeitgeber in den Fällen, in denen aus den vorgenannten Gründen zu Recht ein Freistellungsanspruch besteht, nicht berechtigt, das Arbeitsentgelt für die Zeit der Versäumnis zu mindern. Freigestellt werden kann jedes Betriebsratsmitglied und nicht nur der Vorsitzende des Betriebsrats. Die Freistellung kann sowohl für unbestimmte als auch nur für bestimmte Arbeitsaufgaben des Betriebsrats begrenzt sein. Eine auf bestimmte Arbeit begrenzte Freistellung wird vornehmlich dann in Betracht kommen, wenn gerade die Durchführung dieser Arbeit das Betriebsratsmitglied an der Erfüllung seiner Aufgaben als Betriebsrat hindern würde. So ist z.B. möglich, den Betriebsrat von seiner Verpflichtung zur Leistung einer Wechselschicht zu befreien, falls diese Befreiung zur Erfüllung seiner Betriebsratsaufgabe objektiv erforderlich ist. Aus dem Arbeitsvertrag eines Betriebsratsmitgliedes mit dem Arbeitgeber ergibt sich, daß grundsätzlich auch der Betriebsrat seine Pflichten aus dem Arbeitsvertrag so wie jeder andere Arbeitnehmer zu erfüllen hat. Daraus folgt, daß der Betriebsrat bei der Gestaltung seiner Tätigkeit unter Berücksichtigung der Belange des Arbeitgebers die rationellste Form anstreben muß. Soll außer dem Betriebsratsvorsitzenden noch ein weiteres Betriebsratsmitglied von der Arbeit freigestellt werden, so muß eine Gesamtbetrachtung angestellt werden, ob die Gesamtaufgabenstellung eine Freistellung von zwei Personen erfordert oder ob dies durch eine Änderung der Aufgabenverteilung innerhalb des Betriebsrats im Interesse des Arbeitgebers vermieden werden kann.

Damit der Betriebsrat die ihm kraft Gesetzes auferlegten Aufgaben und Pflichten auch tatsächlich ordnungsgemäß erfüllen kann, bestimmt § 37 Abs. 2, daß die dazu erforderliche Arbeitsbefreiung ohne Minderung des Arbeitsentgelts zu erfolgen hat.

Grundsatz dieser Bestimmungen ist, daß der Betriebsrat sofern seine Tätigkeit im Betriebsrat notwendig war, Anspruch auf das Arbeitsentgelt hat, das er erzielt haben würde, wenn er gearbeitet hätte. Daraus folgt, daß auch die bei effektiver Arbeitsleistung anfallenden Nebenbezüge, wie z.B. Schwerarbeiterzulagen, Schmutz- und Gefahrenzulagen, Zuschläge für Nacht-, Sonn- und Feiertagsarbeit sowie für geleistete Überstunden gewährt werden müssen. Andererseits sind jedoch Aufwendungen, die er, weil er nicht gearbeitet hat, nicht aufzubringen brauchte, nicht fortzuzahlen. Dazu gehören z.b. Wegegelder, Auslösungen u.a. Hat das Betriebsratsmitglied im Akkord oder in einem kombinierten Prämienlohnsystem gearbeitet, so ist sein durchschnittlich erzielter Lohn zugrundezulegen. Wird dem Betriebsratsmitglied eine andere Beschäftigung zugewiesen, weil er wegen seines Amtes die bisherige Tätigkeit nicht mehr verrichten kann, so behält er mindestens seine bisherige Entlohnung. Weiter haben die Mitglieder des Betriebsrats Anspruch auf Lohn- bzw. Gehaltssteigerung, die vergleichbare Arbeitnehmer in dieser Zeit erhalten oder die in der betriebsüblichen Entwicklung liegen und nicht außergewöhnlich sind.
Nimmt ein Betriebsratsmitglied außerhalb seiner persönlichen Arbeitszeit an einer Schulungsveranstaltung gemäß § 37 Abs. 6 teil, so hat es keinen Anspruch auf Freizeitausgleich oder Mehrarbeitsvergütung nach § 37 Abs. 3. Dies gilt auch dann, wenn der an sich in die Arbeitszeit fallende Schulungstag lediglich aufgrund einer Betriebsvereinbarung arbeitsfrei war und die dadurch ausfallende Arbeitszeit vor- bzw. nachgearbeitet werden muß.
Das Bundesarbeitsgericht hatte über Ausgleichsansprüche von teilzeitbeschäftigten Betriebsratsmitgliedern, die außerhalb ihrer persönlichen Arbeitszeit an einer Vollzeitschulung im Sinne des § 37 Abs. 6 BVG teilnehmen, zu entscheiden und dazu folgendes ausgeführt:
Nach § 37 Abs. 6 Satz 1 i.V.m. § 37 Abs. 2 hat ein Betriebsratsmitglied für die Zeit der Teilnahme an einer erforderlichen Schulungsveranstaltung einen Anspruch auf bezahlte Freistellung von der nach dem Arbeitsvertrag geschuldeten Arbeitsleistung. Diese Vorschriften dienen dem Entgeltschutz der Mitglieder des Betriebsrats. Sie sollen verhindern, daß ein Betriebsratsmitglied infolge der Schulungsteilnahme eine Entgelteinbuße erleidet. Damit wollte der Gesetzgeber die Bereitschaft der Arbeitnehmer zur Übernahme eines betriebsverfassungsrechtlichen Amtes fördern. Ihnen sollte die Befürchtung vor finanziellen Nachteilen infolge der Wahrnehmung eines betriebsverfassungsrechtlichen Mandats genommen werden.
Diese Grundsätze gelten auch, wenn der Arbeitnehmer während der Zeit der Schulungsteilnahme keine Arbeitspflicht hatte, jedoch auf Anforderung des Arbeitgebers wie in der Vergangenheit regelmäßig zusätzliche Arbeitsleistungen erbracht hätte. Das gesetzliche Lohnausfallprinzip bewahrt den Arbeitnehmer auch vor solchen Einkommenseinbußen, die er dadurch erleidet, daß ihm eine

Verdienstmöglichkeit verwehrt wird, die ihm ohne die Teilnahme an der Schulungsveranstaltung eröffnet gewesen wäre. Maßgeblich für das Lohnprinzip ist eine hypothetische Betrachtungsweise dessen, was der Arbeitnehmer verdient hätte, wäre er nicht durch die Schulungsteilnahme an der Erbringung einer Arbeitsleistung gehindert gewesen. Dem steht nach dem Urteil des Bundesarbeitsgerichts auch nicht entgegen, daß die Beklagte die Klägerin bei ihrer Einsatzplanung an Wochentagen nicht berücksichtigt hat, weil sie für einen Arbeitseinsatz während der Zeit der Schulungsteilnahme ohnehin nicht zur Verfügung stand. Nach § 37 Abs. 2 i.V.m. § 37 Abs. 6 kommt es darauf an, welche einzel- oder kollektivvertraglichen Ansprüche dem Betriebsratsmitglied für den Fall seiner Anwesenheit im Betrieb zugestanden hätten. Dazu gehört auch die Vergütung für Arbeitsleistungen, die ohne die schulungsbedingte Abwesenheit verbracht worden wären. Auf das Fehlen des Angebots des Arbeitgebers, das allein wegen der Unmöglichkeit der Arbeitsleistung während der Schulungsteilnahme unterblieben ist, kommt es nicht an.
Nach Auffassung des 7. Senats des Bundesarbeitsgerichts verstößt der Ausschluß von Ausgleichsansprüchen für teilzeitbeschäftigte Arbeitnehmer, die als Betriebsratsmitglieder Zeiten außerhalb ihrer persönlichen Arbeitszeit für die Teilnahme an erforderlichen Betriebsratsschulungen aufwenden, auch nicht gegen das Lohngleichheitsgesetz.
Bei § 39 handelt es sich um eine Kann-Vorschrift. Es liegt im alleinigen pflichtgemäßen Ermessen des Betriebsrats, ob und in welcher Weise er Sprechstunden einführen will. Eine Zustimmung des Arbeitgebers ist dazu nicht erforderlich. Allerdings müssen Zeit und Ort mit dem Arbeitgeber vereinbart werden. Das Gesetz geht davon aus, daß die Sprechstunden grundsätzlich während der Arbeitszeit stattfinden. Zeit, Lage, Dauer und Häufigkeit hängen jeweils von den betrieblichen Erfordernissen ab. Der Arbeitgeber ist nicht berechtigt, von sich aus die Dauer oder sonstige Teilnahmebeschränkungen vorzuschreiben.
Zum Sachaufwand für die Sprechstunde sowie zur Verfügungstellung von Büropersonal vgl. § 40 Abs. 2. Kommt es über die Festlegung von Zeit und Ort der Sprechstunde nicht zu einer Verständigung zwischen Arbeitgeber und Betriebsrat, entscheidet hierüber die betriebliche Einigungsstelle nach § 76 Abs. 5. Der Spruch der Einigungsstelle ersetzt die Einigung zwischen Arbeitgeber und Betriebsrat.
Streitigkeiten über die Einrichtung und Abhaltung von Sprechstunden entscheidet dagegen nach §§ 2a, 80 ArbGG das Arbeitsgericht im Beschlußverfahren.
Im Gegensatz zu § 37 geht § 38 davon aus, daß ab einer bestimmten Betriebsgröße eine bestimmte Anzahl von Betriebsratsmitgliedern von der Arbeit generell freizustellen sind. Der Betriebsrat braucht dem Arbeitgeber im Gegensatz zur Regelung in § 37 keine besondere Notwendigkeit für eine Freistellung von der Arbeit nachzuweisen; ausreichend aber auch notwendig ist vielmehr nur eine bestimmte Beschäftigtenzahl. Bei der Zusammensetzung der freigestellten

Betriebsratsmitglieder sind die einzelnen Gruppen angemessen zu berücksichtigen. Gehört jeder Gruppe im Betriebsrat mehr als ein Drittel der Mitglieder an, so bestimmt jede Gruppe die auf sie entfallenden freizustellenden Betriebsratsmitglieder.
Ersatzmitglieder des Betriebsrats, die nur zeitweilig vertretungsweise für ein verhindertes Betriebsratsmitglied tätig werden, sind keine Mitglieder des Betriebsrats und erst recht nicht solche mit einer regelmäßigen Amtszeit; vielmehr kommt ihnen die Rechtsstellung eines Betriebsratsmitglieds nur während der Dauer der Verhinderung des jeweils zu verretenden ordentlichen Betriebsratsmitglieds zu. Die volle Mitgliedschaft im Betriebsrat, aus der ihnen ein eigener Individualanspruch auf Freistellung für Schulungen nach § 37 Abs. 7 erwächst, erwerben sie erst, wenn sie gemäß § 25 Abs. 1 Satz 1 endgültig in den Betriebsrat nachrücken.
Das gilt auch dann, wenn die Ersatzmitglieder nach § 25 Abs. 1 Satz 2 in großem Umfang zur Stellvertretung ordentlicher Betriebsratsmitglieder herangezogen werden. Soweit es in diesem Fall zur Gewährleistung der Arbeitsfähigkeit des Betriebsrats erforderlich sei, daß auch die Ersatzmitglieder über die notwendigen Grundkenntnisse verfügen, könnten diese vom Betriebsrat (ausnahmsweise) gem. § 37 Abs. 6 zur Teilnahme an erforderlichen Schulungs- und Bildungsveranstaltungen entsandt werden.
Für Betriebe mit weniger Arbeitnehmern kann in Ausnahmefällen nach dem Grundtatbestand des § 37 Abs. 2 die völlige oder teilweise Freistellung eines Betriebsratsmitgliedes geboten sein, wenn diese Freistellung zur ordnungsgemäßen Durchführung der Betriebsratsaufgaben erforderlich ist.
Der entscheidende Unterschied in der Anwendung der beiden genannten Vorschriften ist der, daß bei der Anwendung des § 38 lediglich die Zahl der beschäftigten Arbeitnehmer entscheidend ist, wogegen im Fall des § 37 ein konkreter Einzelnachweis über die Erforderlichkeit der Freistellung geführt werden muß.
Auch das völlig von der Arbeit freigestellte Mitglied des Beriebsrats hat Anspruch auf das Arbeitsentgelt, das er erhalten würde, wenn er weiter seine berufliche Tätigkeit ausgeübt hätte; er darf durch seine generelle Freistellung keinerlei finanzielle Nachteile erleiden. Das gilt auch in Bezug auf die Ableistung von Überstunden der Abteilung, zu der er gehört sowie für sonst nachweisbare Beförderungen.

5 Teilnahme an Schulungs- und Bildungsveranstaltungen

Damit der Betriebsrat seine ihm durch Gesetz übertragenen Aufgaben wahrnehmen kann, hat er die Möglichkeit, an Schulungs- und Bildungsveranstaltungen teilzunehmen, soweit diese Kenntnisse vermitteln, die für seine Arbeit erforderlich sind.

Nach ständiger Rechtsprechung des Bundesarbeitsgerichts ist die Schulung von Betriebsratsmitgliedern dann im Sinne des § 37 Abs. 2 „erforderlich", wenn sie überwiegend Themen behandelt, die für die Wahrnehmung der Aufgaben des Betriebsrats wichtig sind. Dazu gehören z.B. allgemeine Themen wie das Betriebsverfassungsrecht und der Arbeitsschutz. Nicht dazu gehören aber von vornherein und für alle Betriebsratsmitglieder auch Fragen der betrieblichen Lohngestaltung. Grundsätzlich ist ein Betriebsratsmitglied für eine Schulungsveranstaltung nur dann freizustellen, wenn sie jedenfalls überwiegend Themen behandelt, die der Wahrnehmung seiner speziellen Aufgaben im Betriebsrat entsprechen; es genügt noch nicht, wenn die vermittelten Kenntnisse für seine Tätigkeit nützlich sind.
Die Teilnahme von Betriebsratsmitgliedern – auch in herausgehobener Funktion wie der eines Betriebsratsvorsitzenden – an Schulungsveranstaltungen, die wie die vorliegende im wesentlichen lediglich der Verbesserung von Sprech- und Argumentationstechniken dienen, kann nicht als für die Betriebsratsarbeit erforderlich im Sinne des § 37 Abs. 6 angesehen werden. Die Vervollkommnung derartiger Fertigkeiten mag insbesondere für Betriebsratsvorsitzende, die aus dem Kreis der gewerblichen Arbeitnehmer stammen, sinnvoll und wünschenswert sein. Unter Beachtung der gesetzlichen Regelung, nach der insbesondere in Industriebetrieben regelmäßig einem gewerblichen Arbeitnehmer das Amt des Betriebsratsvorsitzenden zuwächst, kann jedoch nicht angenommen werden, der Gesetzgeber gehe davon aus, daß eine sach- und fachgerechte Wahrnehmung der Betriebsratsaufgaben nur durch Schulung in derartigen Rede- und Argumentationstechniken möglich sei.
Der Betriebsrat hat bei der Festlegung der zeitlichen Lage der Teilnahme an Schulungs- und Bildungsveranstaltungen die betrieblichen Notwendigkeiten zu berücksichtigen und dem Arbeitgeber die Teilnahme und die zeitliche Lage rechtzeitig bekanntzugeben.
Das Bundesarbeitsgericht hatte sich mit der Frage zu befassen, ob einem Betriebsratsmitglied für die Teilnahme an einer Schulungsveranstaltung nach § 37 Abs. 7 auch noch kurz vor Ablauf seiner Amtsperiode ein Lohnfortzahlungsanspruch zusteht.
Bei dem Freistellungsanspruch nach § 37 Abs. 7 Satz 1 und dem während der Freistellung fortbestehenden Vergütungsanspruch handelt es sich um individuelle Ansprüche des Betriebsratsmitglieds. Sie richten sich gegen den Arbeitgeber als Gläubiger der Arbeitsleistung. Die Fälligkeit des Freistellungsanspruchs setzt jedoch die zeitliche Festlegung durch einen ordnungsgemäß zustande gekommenen und wirksamen Beschluß des Betriebsrats voraus. Diesen Beschluß hat der Betriebsrat nach pflichtgemäßem Ermessen zu treffen. Dabei hat er grundsätzlich die Auswahl einer als geeignet anerkannten Veranstaltung durch das jeweilige Betriebsratsmitglied zu respektieren. Er ist gehalten, bei der Feststellung der zeitlichen Lage der Schulungsteilnahme betriebliche Notwendigkeiten zu berücksichtigen.

Ihrem Wortlaut nach enthält die Vorschrift keine Beschränkungen, bis zu welchem Zeitpunkt der dreiwöchige Freistellungsanspruch innerhalb einer Amtsperiode in Anspruch zu nehmen ist. Danach könnte die Schulungsteilnahme auch am Schluß einer Amtsperiode liegen und mit ihr enden. Das hätte zur Folge, daß die auf dieser Schulung vermittelten Kenntnisse der Betriebsarbeit nicht mehr zugute kommen können. Das ist mit dem Zweck der Vorschrift unvereinbar. Der Anspruch nach § 37 Abs. 2 soll das Betriebsratsmitglied in die Lage versetzen, seine betriebsverfassungsrechtlichen Aufgaben besser erfüllen zu können. Auf diese Weise kommen die dort erworbenen Kenntnisse letztlich auch diesem Betrieb zugute. Das rechtfertigt es, den Arbeitgeber mit den Kosten der Lohnfortzahlung für die Schulungsteilnahme zu belasten. Aus diesem Grund hat der Betriebsrat bei seinem Beschluß über die zeitliche Festlegung auch zu prüfen, ob das Betriebsratsmitglied die zu erwartenden Kenntnisse überhaupt noch in die Betriebsarbeit einbringen kann. Das ist ausgeschlossen, wenn die Amtszeit des Betriebsrats am letzten Tag der Schulung endet. Das gilt auch, wenn zwischen beiden Ereignissen nur wenige Tage liegen und in Kürze dieser Zeitspanne eine Verwertbarkeit der Schulungskenntnisse für Betriebsratsarbeit praktisch ausschließt.

6 Kosten und Sachaufwand

Nach § 40 Abs. 1 trägt die durch die Tätigkeit des Betriebsrats entstehenden Kosten der Arbeitgeber.
Nach § 40 Abs. 2 hat der Arbeitgeber für Sitzungen, Sprechstunden und die laufende Geschäftsführung des Betriebsrat diesem in erforderlichem Umfang Räume, sachliche Mittel und Büropersonal zur Verfügung zu stellen.
Diese Vorschrift gilt nach § 51 Abs. 1 auch für den Gesamtbetriebsrat, nach § 65 Abs. 1 auch für die Jugend- und Auszubildendenvertretung und nach § 73 Abs. 2 auch für die Gesamt-, Jugend- und Auszubildendenvertretung.
Betriebsrat im Sinne dieser Vorschrift sind sowohl das Betriebsratsgremium als auch die einzelnen Personen.
Die Kostentragungspflicht des Arbeitgebers ist zwingendes Recht; sie kann mithin weder durch Tarifvertrag noch durch eine Betriebsvereinbarung abgedungen werden.
Der Arbeitgeber kann vom Betriebsrat im Einzelnen einen Nachweis über die tatsächlich entstandenen Kosten verlangen. Es ist auch durchaus möglich, eine Kostenpauschalierung vorzunehmen. Es erscheint zweckmäßig, hierüber eine Betriebsvereinbarung abzuschließen.
Voraussetzung für die Kostenerstattungspflicht des Arbeitgebers ist zunächst, daß es sich um Kosten handelt, die für die Durchführung der Arbeit des Betriebsrats erforderlich sind. Hierzu gehören z.B. nicht die Kosten für gewerk-

schaftliche Betätigung des Betriebsrats. Zur Beurteilung und Bejahung dieser Tatfrage genügt es, daß der Betriebsrat die geltend gemachten Kosten nach der konkreten Lage des Einzelfalles für erforderlich halten durfte. Ist dies der Fall, braucht der Betriebsrat für derartige Aufwendungen nicht die Zustimmung des Arbeitgebers einzuholen. Immer sind jedoch die Gesichtspunkte der vertrauensvollen Zusammenarbeit (§ 2 Abs. 1) und der Verhältnismäßigkeit der Mittel zu berücksichtigen. Im Einzelnen können derartige Kosten z.B. sein: Zahlung eines Vorschusses, Sachverständigenkosten, Rechtsanwalts- und Prozeßkosten, Kosten der betrieblichen Einigungsstelle, vom Betriebsrat herausgegebene Rundschreiben, Informationsblätter und Tätigkeitsberichte, Reisekosten und Fahrtkosten.

Spezielle Kosten sind darüber hinaus Kosten für die Teilnahme an Schulungs- und Bildungsveranstaltungen unter der Voraussetzung des § 37 Abs. 6 und 7 sowie für die Abhaltung von Sprechstunden nach § 39.

Zu den sachlichen Mitteln, die der Betriebsrat für das Abhalten von Sitzungen und Sprechstunden sowie für die laufende Geschäftsführung benötigt, gehören insbesondere Aktenschränke, verschließbare Schränke, Schreibtische, Schreibmaschinen, Schreibmaterial, Büromaterial, Telefon, Stempel, Porto, aber auch die Texte bzw. auch Kommentare der notwendigen arbeits- und sozialrechtlichen Gesetze, die für die Arbeit des Betriebsrates erforderlich sind, wie z.B. Betriebsverfassungsgesetz, Tarifvertragsgesetz, Sozialgesetzbuch, Arbeitszeitgesetz, Mutterschutzgesetz, Jugendarbeitsschutzgesetz, Schwerbehindertengesetz, Kündigungsschutzgesetz und Arbeitsgerichtsgesetz. Für Bekanntmachungen des Betriebsrates hat der Arbeitgeber diesem auch ein Schwarzes Brett zur Verfügung zu stellen.

Das Bundesarbeitsgericht hatte die Frage zu entscheiden, ob die Überlassung eines PC nebst Drucker sowie Software an den Betriebsrat erforderlich im Sinne des § 40 Abs. 2 sein kann.

Der Begriff des erforderlichen Umfangs ist ein unbestimmter Rechtsbegriff. Er unterliegt zunächst der Beurteilung des Betriebsrats, der die Frage, ob ein sachliches Mittel für ihn erforderlich und deshalb vom Arbeitgeber zur Verfügung zu stellen ist, nicht allein nach seinem subjektiven Ermessen zu beantworten hat. Vielmehr ist die Erforderlichkeit unter Berücksichtigung aller Umstände des Einzelfalls anhand der konkreten Verhältnisse des Betriebs und der sich stellenden Betriebsaufgaben zu bestimmen. Dabei hat sich der Betriebsrat auf den Standpunkt eines verfnünftigen Dritten zu stellen, der die Interessen des Betriebs einerseits und der Arbeitnehmerschaft und ihrer Vertretung andererseits gegeneinander abzuwägen hat.

Die Erforderlichkeit der Überlassung eines PC zur sachgerechten Aufgabenerfüllung des Betriebsrats bestimmt sich unter Berücksichtigung der betrieblichen Verhältnisse nach Inhalt und Umfang der vom Betriebsrat wahrzunehmenden Aufgaben.

Das Bundesarbeitsgericht folgt nicht der teilweise geänderten Auffassung, ein PC sei grundsätzlich ein erforderliches Arbeitsmittel des Betriebsrats und gehöre deshalb auch in kleinen Betrieben zur Grund- bzw. Normalaustattung. Diese Rechtsauffassung ist mit dem Gesetz nicht vereinbar. § 40 Abs. 2 beschränkt den Anspruch des Betriebsrats auf Sachmittel in erforderlichem Umfang. Die Vorschrift gewährt keine nicht näher definierte „Normalausstattung".

Auf die Darlegung der Erforderlichkeit kann auch bei Betrieben ab einer bestimmten Mitarbeiterzahl nicht verzichtet werden. Mit der Größe des Betriebs und der Anzahl der Beschäftigten steigt regelmäßig die Arbeitsbelastung des Betriebsrats bei der Ausübung von Mitwirkungs- und Mitbestimmungsrechten. Das erleichtert die Darlegung von Tatsachen für die Erforderlichkeit der Anschaffung und Nutzung eines PC.

Der erforderliche Umfang eines Sachmittels bestimmt sich auch nicht ausschließlich am entsprechenden Austattungsniveau des Arbeitgebers. Weder aus § 40 Abs. 2 noch aus dem Benachteiligungsverbot des § 78 oder aus dem Grundsatz der vertrauensvollen Zusammenarbeit des § 2 folgt die Pflicht des Arbeitgebers, dem Betriebsrat dieselben Sachmittel zur Verfügung zu stellen, wie sie von ihm benutzt werden. Die Geschäftsleitung eines Betriebs verfolgt andere Ziele als die laufende Geschäftsführung des Betriebsrats. Nur dort, wo sich die Aufgaben von Arbeitgeber und Betriebsrat berühren, nämlich bei der betrieblichen Mitwirkung und Mitbestimmung, kann der Einsatz moderner Kommunikationsmittel auf Arbeitgeberseite den erforderlichen Umfang der dem Betriebsrat zur Verfügung zu stellenden Sachmittel beeinflussen.

Die dem Betriebsrat zur Verfügung gestellten sachlichen Mittel bleiben grundsätzlich im Eigentum des Arbeitgebers.

In den dem Betriebsrat zur Verfügung gestellten Räumen hat dieser das Hausrecht. Anzahl und Größe der Räume sowie die Frage, ob dem Betriebsrat diese Räume zur Alleinbenutzung oder nur zur Mitbenutzung zur Verfügung gestellt werden müssen, richtet sich nach dem notwendigen Umfang seiner Dienstgeschäfte, die wiederum von der Größe und Struktur des Betriebes und seiner Belegschaft abhängen.

Streitigkeiten über Notwendigkeit, Art und Umfang der Kosten sowie über die Bereitstellung von Räumen und sachlichen Mitteln entscheidet das Arbeitsgericht nach den §§ 2a, 80 im Beschlußverfahren.

Aus der Kostentragungspflicht des Arbeitgebers folgt auch das Umlageverbot. Nach § 41 ist die Erhebung und Leistung von Beiträgen der Arbeitnehmer für Zwecke des Betriebsrats unzulässig. Diese Vorschrift ist zwingendes Recht, Grundsatz ist, daß der Arbeitgeber die Kosten des Betriebsrates zu tragen hat. Dazu gehören auch die Kosten, die dem einzelnen Betriebsratsmitglied aus seiner Tätigkeit entstehen. Darüber hinaus hat der Arbeitgeber den Betriebsratsmitgliedern auch für die Zeit den Lohn zu zahlen, in der sie infolge der Ausübung ihrer Betriebsratstätigkeit – auch bei Freistellung gem. § 38 – ihre Verpflichtungen aus dem Arbeitsvertrag nicht erfüllen können. Daraus folgt als weiterer Grundsatz, daß die Arbeitnehmer durch die Einrichtung des Betriebsrates finanziell in keiner Weise belastet werden dürfen; das gilt auch für freiwillige Beiträge.

§ 41 verbietet mithin dem Betriebsrat, die Arbeitnehmer zu Beiträgen für Zwecke des Betriebsrats zu veranlassen oder solche Beiträge entgegenzunehmen oder Sammlungen, und zwar gleich, ob laufend oder einmalig, durchzuführen.

Aus dem Grundsatz, daß das Betriebsratsamt grundsätzlich ein unentgeltliches Ehrenamt ist (§ 37 Abs. 1), folgt, daß alle Zuwendungen an den Betriebsrat, die nicht ihren Ursprung in § 37 Abs. 2 (Entgeltfortzahlung) oder § 40 (Sachaufwand) haben, unzulässig sind.

§ 41 verbietet auch Zuwendungen von Dritten an den Betriebsrat. Das gilt sowohl für Gewerkschaften, politische Parteien als auch für sonstige Einrichtungen. Ebenso ist es danach den Arbeitnehmern des Betriebes verboten, Beiträge für Zwecke des Betriebsrats zu leisten. Die Rückforderung gesetzwidrig geleisteter Beiträge durch die Arbeitnehmer ist jedoch nach § 817 Satz 2 BGB ausgeschlossen.

Führt der Betriebsrat oder die Betriebsversammlung einen Beschluß herbei, Beiträge zu leisten, so ist dieser Beschluß nichtig. Freiwillig geleistete Beiträge können ebenfalls gem. § 817 BGB nicht zurückgefordert werden.

Gelegentliche Sammlungen für betriebliche Zwecke, die mit den Aufgaben des Betriebsrates zusammenhängen, fallen dann nicht unter § 41, wenn nicht die Gefahr besteht, daß der Betriebsrat dadurch eigene Mittel ansammeln kann. Hierzu rechnen z.B. Sammlungen für Jubiläen, Geburtstage, Hochzeiten, Sterbefälle oder Betriebsausflüge. Unzulässig wäre dagegen eine Sammlung von Gewerkschaftsbeiträgen durch den Betriebsrat, da dies dem Neutralitätsgrundsatz widerspricht.

Erwirkt der Betriebsrat einen Beschluß, der § 41 widerspricht, so ist dieser gem. § 134 BGB nichtig.

§ 41 gilt auch für den Gesamtbetriebsrat (§ 51 Abs. 1), Konzernbetriebsrat (§ 59 Abs. 1), für die Jugendvertretung (§ 65 Abs. 1), Gesamtjugendvertretung (§ 73 Abs. 2), Bordvertretung (§ 115 Abs. 4) und den Seebetriebsrat (§ 116 Abs. 3).

7 Schutzbestimmungen für den Betriebsrat

§ 78 legt fest, daß die Mitglieder des Betriebsrats, des Gesamt- und Konzernbetriebsrats, der Jugend- und Auszubildendenvertretung, der Gesamtjugend- und Auszubildendenvertretung, des Wirtschaftsausschusses, der Bordvertretung, des Seebetriebsrats, der in § 3 Abs. 1 Nr. 1 und 2 genannten Vertreter der Arbeitnehmer, der Einigungsstelle, einer tariflichen Schlichtungsstelle nach § 76 Abs. 8 und einer betrieblichen Beschwerdestelle nach § 86 in der Ausübung ihrer

Tätigkeit nicht gestört oder behindert werden dürfen. Sie dürfen wegen einer solchen Tätigkeit auch nicht benachteiligt oder begünstigt werden; dies gilt auch für ihre berufliche Entwicklung.

Diese Vorschrift dient der Sicherung der Unabhängigkeit der genannten Personengruppen, und zwar sowohl für den Augenblick ihrer Amtshandlungen als auch für deren weitere berufliche Entwicklung.

Verboten sind nicht nur solche Handlungen, die vorsätzlich oder fahrlässig eine Störung und Behinderung darstellen, sondern auch diejenigen, die objektiv eine feststellbare Beeinträchtigung bewirken. Die Schuldfrage braucht deshalb bei dem Verursacher der Beeinträchtigung nicht geprüft zu werden. Eine Beeinträchtigung der Tätigkeit der genannten Personen braucht jedoch nicht immer ein positives Handeln zu sein; eine verbotene Hinderung oder Störung kann vielmehr auch durch ein bloßes Unterlassen begangen werden, wo eine Mitwirkungspflicht zum gemeinschaftlichen Tätigwerden besteht. Das muß z.B. in folgenden Fällen bejaht werden:

Grundsätzliche Ablehnung der Zusammenarbeit nach § 2 Abs. 1, Verweigerung der erforderlichen Räume nach § 40 Abs. 2, Verhinderung von Betriebsratssitzungen, Verbot der Abhaltung von Betriebsversammlungen, Verletzung oder Mißachtung von Mitteilungs- und Auskunftspflichten und das Einreichen leichtfertiger Anträge auf Ausschluß einzelner Betriebsratsmitglieder oder Auflösung des Betriebsrats nach § 23 Abs. 1.

Verstöße gegen das Verbot des § 78 sind, soweit es sich um Handlungen oder Anweisungen handelt, nach § 134 BGB unwirksam. Liegt eine entsprechende Anweisung des Arbeitgebers vor, braucht sie vom Betriebsrat nicht beachtet zu werden. Die Nichtbeachtung stellt keinen Verstoß gegen arbeitsrechtliche Verpflichtungen dar.

Auf Antrag werden Verstöße gegen § 78 S. 1 strafrechtlich verfolgt (§ 119 Abs. 1 und 2).

Nach § 15 Abs. 1 KSchG darf dem Betriebsrat während seiner Amtszeit und einem Jahr danach nicht fristgemäß gekündigt werden. Das ist notwendig, damit er für seine Tätigkeit unabhängig und geschützt ist. Allerdings kann er aus wichtigem Grund im Sinne von § 626 BGB gem. § 103 Abs. 1 fristlos gekündigt werden. Nach § 103 Abs. 1 bedarf die außerordentliche Kündigung von Mitgliedern des Betriebsrats, der Jugendvertretung, der Bordvertretung und des Seebetriebsrats, des Wahlvorstandes sowie von Wahlbewerbern der Zustimmung des Betriebsrats. Der Arbeitgeber darf die Kündigung erst dann aussprechen, wenn der Betriebsrat der Kündigung zugestimmt hat. Die Zustimmung des Betriebsrats ist also Wirksamkeitsvoraussetzung für die Kündigung; eine ohne Zustimmung des Betriebsrates ausgesprochene außerordentliche Kündigung beendet daher das Arbeitsverhältnis nicht. Das gleiche gilt für eine vom Arbeitgeber vor einer rechtskräftigen gerichtlichen Entscheidung ausgesprochene Kündigung.

Der in § 103 Abs. 1 enthaltene Kündigungsschutz gilt für die Mitglieder des Betriebsrats, der Jugendvertretung, der Bordvertretung und des Seebetriebsrats für die Dauer ihrer Amtszeit. Für die Mitglieder des Wahlvorstandes gilt der Kündigungsschutz vom Zeitpunkt der Bestellung an und für Wahlbewerber von der Aufstellung des Wahlvorschlages an bis zur Bekanntgabe des Wahlergebnisses.

Für Ersatzmitglieder des Betriebsrats gilt der Kündigungsschutz nur während ihrer Tätigkeit in den o.g. Gremien.

Verweigert der Betriebsrat seine Zustimmung zur Kündigung, so kann auf Antrag des Arbeitgebers das Arbeitsgericht diese gem. § 103 Abs. 2 dann ersetzen, wenn die außerordentliche Kündigung unter Berücksichtigung aller Umstände gerechtfertigt ist. Das Arbeitsgericht entscheidet über diesen Antrag gem. § 2 Abs. 1 Nr. 4 ArbGG im Beschlußverfahren.

Mit der rechtskräftigen Ersetzung der Zustimmung zur Kündigung wird jedoch zugleich die für den nachfolgenden Kündigungsschutzprozeß im Grundsatz bindende Feststellung getroffen, daß die außerordentliche Kündigung unter Berücksichtigung aller Umstände gerechtfertigt ist. Wegen dieser Präklusionswirkung kann der Arbeitnehmer im Kündigungsschutzprozeß die unrichtige Entscheidung der Vorfrage nur dann geltend machen, wenn er neue Tatsachen vorträgt, die im Beschlußverfahren noch nicht berücksichtigt werden konnten. Zu diesen neuen Tatsachen, für die die Präklusionswirkung nicht gilt, gehören bei einer sog. Verdachtskündigung auch solche Umstände, die erst nach Abschluß des Beschlussverfahrens oder erst nach Ausspruch der Kündigung entstanden oder bekannt geworden sind.

Dem Arbeitgeber steht auch die Möglichkeit zu, gem. § 85 Abs. 2 ArbGG eine einstweilige Verfügung zu beantragen. Ist nach den allgemeinen Grundsätzen von Treu und Glauben eine Weiterbeschäftigung des Arbeitnehmers für den Arbeitgeber nicht zumutbar, so kann der Arbeitgeber den Arbeitnehmer vom Dienst suspendieren, was aber keine Auswirkungen auf das Betriebsratsamt hat.

Verletzt ein Mitglied des Betriebsrates lediglich seine Amtspflicht, so ist kein Grund zur außerordentlichen Kündigung gegeben, es sei denn, daß damit zugleich eine Verletzung der arbeitsvertraglichen Verpflichtung verbunden ist; sonst kommt lediglich ein Ausschluß aus dem Betriebsrat nach § 23 Abs. 1 in Frage.

Erteilt der Betriebsrat die Zustimmung zur außerordentlichen Kündigung oder wird die fehlende Zustimmung durch das Arbeitsgericht ersetzt, so kann der betroffene Arbeitnehmer trotzdem durch Klage vor dem Arbeitsgericht gegen die Kündigung im Urteilsverfahren angehen.

Der besondere Kündigungsschutz als Wahlbewerber gemäß § 15 Abs. 2 KSchG steht dem Arbeitnehmer noch nicht zu, solange nicht wenigstens ein Wahlvorschlag für seine Person aufgestellt ist, der den Anforderungen des § 14 Abs. 6 (Unterzeichnung durch eine Mindestzahl wahlberechtigter Arbeitnehmer) ge-

nügt. Die Benennung eines Arbeitnehmers als Betriebsratskandidat in einer Versammlung der gewerkschaftlichen Vertrauensleute des Betriebs und die Aufzeichnung seines Namens auf einem Zettel ohne Unterschrift kann den besonderen Kündigungsschutz nicht auslösen.
Eine Arbeitgeberkündigung kann unwirksam sein, wenn sie nur ausgesprochen wird, um einen demnächst zu erwartenden Kündigungsschutz des Arbeitnehmers als Wahlbewerber zu vereiteln. Dieser Unwirksamkeitsgrund liegt nicht vor, wenn der Arbeitgeber zu einer Zeit, als ihm die mögliche Wahlkandidatur des Arbeitnehmers unbekannt war, dem Betriebsrat im Anhörungsverfahren nach § 102 seine auf andere Gründe gestützte Kündigungsabsicht mitgeteilt und dann aus diesen Gründen gekündigt hat.

8 Geheimhaltungspflicht des Betriebsrats

Nach § 79 Abs. 1 sind die Mitglieder und Ersatzmitglieder des Betriebsrats verpflichtet, Betriebs- und Geschäftsgeheimnisse, die ihnen wegen ihrer Zugehörigkeit zum Betriebsrat bekanntgeworden und vom Arbeitgeber ausdrücklich als geheimhaltungsbedürftig bezeichnet worden sind, nicht zu offenbaren und nicht zu verwerten.
Diese Geheimhaltungspflicht gilt gem. § 79 Abs. 2 sinngemäß auch für die Mitglieder und Ersatzmitglieder des Gesamtbetriebsrats, Konzernbetriebsrats, der Jugend- und Auszubildendenvertretung, der Gesamtjugend- und Auszubildendenvertretung, des Wirtschaftsausschusses, der Bordvertretung, des Seebetriebsrats, der gem. § 3 Abs. 1 Nr. 1 und 2 gebildeten Vertretungen der Arbeitnehmer, der Einigungsstelle, der tariflichen Schlichtungsstelle (§ 76 Abs. 8) und einer betrieblichen Beschwerdestelle (§ 86) sowie für die Vertreter von Gewerkschaften oder von Arbeitgebervereinigungen.
Betriebs und Geschäftsgeheimnisse sind Tatsachen, die im Zusammenhang mit dem Geschäftsbetrieb stehen, nicht offenkundig und nach dem Willen des Betriebsinhabers geheimzuhalten sind und an deren Geheimhaltung ein begründetes Interesse besteht.
Die gegenüber jedermann geltende Geheimhaltungspflicht besteht jedoch nur dann, wenn diese Tatsachen dem Betriebsrat wegen seiner Zugehörigkeit zum Betriebsrat bekannt geworden und vom Arbeitgeber ausdrücklich als geheimhaltungsbedüftig bezeichnet worden sind. Der Arbeitgeber braucht dies nicht wortwörtlich zu erklären; es genügt vielmehr, daß der entsprechende Wille des Arbeitgebers deutlich zum Ausdruck gekommen ist. Dazu gehören insbesondere auch Lohn- und Gehaltsdaten.
Die Schweigepflicht endet nicht mit dem Amt des Betriebsrats, sondern besteht darüber hinaus fort, und zwar auch dann, wenn der Arbeitnehmer aus dem Betrieb ausscheidet oder der Betrieb stillgelegt wird.

Die Schweigepflicht besteht gem. § 79 Abs. 1 nicht gegenüber Mitgliedern des Betriebsrats, des Gesamt- und Konzernbetriebsrats, der Bordvertretung, dem Seebetriebsrat und den Arbeitnehmervertretern im Aufsichtsrat sowie im Verfahren vor der Einigungsstelle, der tariflichen Schlichtungsstelle (§ 76 Abs. 8) oder einer betrieblichen Beschwerdestelle (§ 86).
Die Schweigepflicht entfällt, wenn eine Pflicht zum Reden besteht, z.b. als Zeuge, oder wenn eine Pflicht zur Erstattung einer Anzeige zur Verhütung einer strafbaren Handlung gegeben ist.

9 Pflichtverletzungen durch den Betriebsrat

Gem. § 23 Abs. 1 kann der Ausschluß eines Mitglieds aus dem Betriebsrat wegen grober Verletzung seiner gesetzlichen Pflichten beantragt werden.
Folgende Einzelfälle kommen z.B. als Ausschlußgründe in Betracht:
Werbung für Gewerkschaftsbeitritt unter Ausübung von Druck, ungerechtfertigte gehässige Diffamierung von Betriebsratsmitgliedern, Anordnung von Kampfmaßnahmen, Aufwiegeln zur Rebellion, unsittliche Belästigung von Mitarbeitern unter Ausnutzung des Betriebsratsamts, Verletzung der Schweigepflicht, Weitergabe von Gehaltslisten an außerbetriebliche Stellen, c im Betrieb oder in einer Betriebsabteilung, und zwar insbesondere dann, wenn sie geeignet sind, den Betriebsfrieden zu stören, Aufruf zu wilden Streiks und Beteiligung an Arbeitskämpfen unter Ausnutzung des Betriebsratsamts, grober Mißbrauch des Betriebsratsamts zum Schaden des Betriebes und seiner Arbeitnehmer und grundsätzliche Ablehnung der Zusammenarbeit durch die Mehrheit der anders organisierten Betriebsratsmitglieder, Anordnung von Kampfmaßnahmen, Aufruf zum Streik, Verteilung politischer Flugschriften, Veranstaltung von Volksbefragungen, Verletzung des § 43 Abs. 1 über die Pflicht zur Betriebsversammlung, insbesondere trotz entsprechender Aufforderung einer Gewerkschaft nach § 43 Abs. 4, Nichtbeachtung der Jugendschutzvorschriften und Abschluß von Betriebsvereinbarungen entgegen § 77 Abs. 3, und zwar insbesondere gegen den ausdrücklichen Willen einer Tarifvertragspartei.

10 Pflichtverletzungen durch den Arbeitgeber

Nach § 23 Abs. 3 kann der Betriebsrat oder eine im Betrieb vertretene Gewerkschaft bei groben Verstößen des Arbeitgebers gegen seine Verpflichtungen aus dem Betriebsverfassungsgesetz beim Arbeitsgericht beantragen, dem Arbeitgeber aufzugeben, entweder eine Handlung zu unterlassen, die Vornahme einer Handlung zu dulden oder eine Handlung vorzunehmen.

Für den Fall, daß der Arbeitgeber einer entsprechenden Auflage des Gerichts zuwiderhandelt, ist er auf Antrag vom Arbeitsgericht wegen einer jeden Zuwiderhandlung nach vorheriger Strafandrohung zu einer Geldstrafe zu verurteilen. Führt der Arbeitgeber die ihm durch eine rechtskräftige gerichtliche Entscheidung auferlegte Handlung nicht durch, so ist auf Antrag vom Arbeitsgericht zu erkennen, daß er zur Vornahme der Handlung durch Geldstrafen anzuhalten sei. Das Höchstmaß dieser Geldstrafe beträgt 20.000,– DM. Antragsberechtigt hierzu sind der Betriebsrat oder eine im Betrieb vertretene Gewerkschaft.

Die Einleitung des Zwangsverfahrens nach § 23 Abs. 3 setzt voraus, daß der Arbeitgeber einen groben Verstoß gegen die Verpflichtungen aus diesem Gesetz begangen hat.

Als Beispiele, die ein Verfahren nach § 23 Abs. 3 auslösen können, sind z.B. zu nennen: beharrliche Weigerung des Arbeitgebers, mit dem Betriebsrat vertrauensvoll zusammenzuarbeiten (§ 2 Abs. 1), nachhaltige Verstöße gegen das Verbot der parteipolitischen Betätigung (§ 74 Abs. 2 S. 3), offensichtlich grundlose Verweigerung des Zutritts von Gewerkschaftsbeauftragten zum Betrieb gem. § 2 Abs. 2 sowie beharrliche und generelle Mißachtung der Mitwirkungs- und Mitbestimmungsrechte des Betriebsrats.

§ 23 Abs. 3 weist gegenüber dem allgemeinen Zwangsvollstreckungsverfahren folgende Besonderheiten auf:

a) Die Sonderregelung greift nur bei groben Verstößen des Arbeitgebers gegen seine Verpflichtung aus diesem Gesetz Platz.
b) Der Betriebsrat oder eine im Betrieb vertretene Gewerkschaft sind unabhängig von der materiellen Gläubigerstellung berechtigt, das arbeitsgerichtliche Verfahren durchzuführen und
c) der Höchstbetrag der Geldstrafe ist auf 20.000,- DM beschränkt und die Möglichkeit der Verurteilung zur Haft ist ausgeschlossen.

11 Straf- und Bußgeldvorschriften

Nach § 119 Abs. 1 wird mit Freiheitsstrafe bis zu einem Jahr oder mit Geldstrafe bestraft, wer
1. eine Wahl des Betriebsrats, der Jugend- und Auszubildendenvertretung, der Bordvertretung, des Seebetriebsrats oder der in § 3 Abs. 1 Nr. 1 oder 2 bezeichneten Vertretungen der Arbeitnehmer behindert oder durch Zufügung oder Androhung von Nachteilen oder durch Gewährung oder Versprechen von Vorteilen beeinflußt,
2. die Tätigkeit des Betriebsrats, des Gesamtbetriebsrats, des Konzernbetriebsrats, der Jugend- und Auszubildendenvertretung, der Gesamtjugend- und Auszubildendenvertretung, der Bordvertretung, des Seebetriebsrats, der in § 3 Abs. 1 Nr. 1 oder 2 bezeichneten Vertretungen der Arbeitnehmer, der

Einigungsstelle, der in § 76 Abs. 8 bezeichneten tariflichen Schlichtungsstelle, der in § 86 bezeichneten betrieblichen Beschwerdestelle oder des Wirtschaftsausschusses behindert oder stört oder
3. ein Mitglied oder ein Ersatzmitglied des Betriebsrats, des Gesamtbetriebsrats, des Konzernbetriebsrats, der Jugend und Auszubildendenvertretung, der Gesamtjugend- und Auszubildendenvertretung, der Bordvertretung, des Seebetriebsrats, der in § 3 Abs. 1 Nr. 1 oder 2 bezeichneten Vertretungen der Arbeitnehmer, der Einigungsstelle, der in § 76 Abs. 8 bezeichneten Schlichtungsstelle oder des Wirtschaftsausschusses um seiner Tätigkeit willen benachteiligt oder begünstigt.

Die Tat wird nur auf Antrag des Betriebsrats, des Gesamtbetriebsrats, des Konzernbetriebsrats, der Bordvertretung, des Seebetriebsrats, des Wahlvorstands, des Unternehmers oder einer im Betrieb vertretenen Gewerkschaft verfolgt. Eine Gewerkschaft ist im Sinne dieser Vorschrift dann im Betrieb vertreten, wenn sie wenigstens ein Mitglied in der Belegschaft hat. Die Aufzählung der Antragsberechtigten ist erschöpfend; sie kann daher nicht auf eventuell andere Interessengruppen ausgedehnt werden.

Gem. § 77 Abs. 2 StGB beträgt die Antragsfrist drei Monate von dem Zeitpunkt an, an dem der Antragsberechtigte Kenntnis von der Tat und von der Person des Täters erhalten hat. Gem. § 77d StGB kann der Antrag jederzeit bis zum rechtskräftigen Abschluss des Strafverfahrens erklärt werden.

Nach § 120 Abs. 1 wird mit Freiheitsstrafe bis zu einem Jahr oder Geldstrafe derjenige bestraft, der unbefugt ein fremdes Betriebs- oder Geschäftsgeheimnis offenbart, das ihm in seiner Eigenschaft als
1. Mitglied oder Ersatzmitglied des Betriebsrats oder einer in § 79 Abs. 2 bezeichneten Stelle,
2. Vertreter einer Gewerkschaft oder Arbeitgebervereinigung,
3. Sachverständiger, der vom Betriebsrat nach § 80 Abs. 3 hinzugezogen oder von der Einigungsstelle nach § 109 S. 3 angehört worden ist, oder
4. Arbeitnehmer, der vom Betriebsrat nach § 107 Abs. 3 S. 3 oder vom Wirtschaftsausschuß nach § 108 Abs. 2 S. 2 hinzugezogen worden ist, bekanntgeworden und das vom Arbeitgeber ausdrücklich als geheimhaltungsbedürftig bezeichnet worden ist.

Ebenso wird nach § 120 Abs. 2 bestraft, wer unbefugt ein fremdes Geheimnis eines Arbeitnehmers, namentlich ein zu dessen persönlichem Lebensbereich gehörendes Geheimnis, offenbart, das ihm in seiner Eigenschaft als Mitglied oder Ersatzmitglied des Betriebsrats oder einer der in § 79 Abs. 2 bezeichneten Stellen bekanntgeworden ist und über das nach den Vorschriften dieses Gesetzes Stillschweigen zu bewahren ist.

Mit § 120 Abs. 2 werden insbesondere die Tatbestände der §§ 82 Abs. 2, 83 Abs. 1, 99 Abs. 1 und 102 Abs. 2 angesprochen. § 120 Abs. 3 verschärft die Strafvorschrift für die Fälle, in denen der Täter gegen Entgelt handelt oder in der Absicht, sich oder einen anderen zu bereichern oder einen anderen zu schädigen. Nach § 120 Abs. 5 wird die Tat nur verfolgt, wenn ein Antrag des Verletzten vorliegt. Antragsberechtigt ist in den Fällen von Abs. 1 der Arbeitgeber bzw. der Unternehmer, in den Fällen des Abs. 2 der verletzte Arbeitnehmer. Es ist zulässig, den gestellten Antrag zurückzunehmen, und zwar bis zur Verkündigung eines auf Strafe lautenden Urteils, also auch noch in der zweiten Instanz, wenn die erste Instanz freigesprochen hat.

§ 121 zählt abschließend auf, welche Verstöße gegen Aufklärungs- und Auskunftspflichten mit einer Geldbuße bedroht sind. Im einzelnen handelt es sich dabei um

a) Verstöße gegen die Pflicht zur rechtzeitigen Unterrichtung des Betriebsrats über die Planung von Neubauten, technischen Anlagen, Arbeitsverfahren, Arbeitsabläufen oder Arbeitsplätzen und zur Beratung der vorgesehenen Maßnahmen mit dem Betriebsrat (§ 90 S. 1).

b) Verstöße gegen die Pflicht zur rechtzeitigen und umfassenden Unterrichtung des Betriebsrats über die Personalplanung (§ 92 Abs. 1 S. 1).

c) Verstöße gegen die Pflicht zur Unterrichtung des Betriebsrats vor jeder Einstellung, Eingruppierung, Umgruppierung und Versetzung, zur Auskunftserteilung über die Person des Beteiligten und zur Vorlage der Unterlagen und über die Auswirkungen der geplanten Maßnahmen zwecks Einholung der Zustimmung des Betriebsrats (§ 99 Abs. 1).

d) Verstöße gegen die Pflicht zur rechtzeitigen und umfassenden Unterrichtung des Wirtschaftsausschusses über die wirtschaftlichen Angelegenheiten des Unternehmens, unter Vorlage der erforderlichen Unterlagen und Darstellung von deren Auswirkungen auf die Personalplanung (§ 106 Abs. 2).

e) Verstöße gegen die Pflicht, dem Wirtschaftsausschuß unter Beteiligung des Betriebsrats den Jahresabschluß zu erläutern (§ 108 Abs. 5).

f) Verstöße gegen die Pflicht zur schriftlichen oder mündlichen Unterrichtung der Arbeitnehmer über die wirtschaftliche Lage und Entwicklung des Unternehmens (§ 110 Abs. 1 und 2).

g) Verstöße gegen die Verpflichtung zur rechtzeitigen und umfassenden Unterrichtung über geplante Betriebsänderungen, die erhebliche Nachteile für wesentliche Teile der Belegschaft zur Folge haben können und zur Beratung der geplanten Betriebsänderungen mit dem Betriebsrat (§ 111). Die Ordnungswidrigkeit kann nach § 121 Abs. 2 mit einer Geldbuße bis zu DM 20.000,– geahndet werden.

III Mitwirkung des Betriebsrats (Übersicht)

Die Mitwirkung des Betriebsrats in personellen, sozialen und wirtschaftlichen Angelegenheiten ist, wie nachfolgender geschichtlicher Überblick zeigt, nicht neu.

1872 Preussische Arbeiterausschüsse
1880 Preussischer Volkswirtschaftsrat
1892 Preussisches Allgemeines Berggesetz
1920 Betriebsrätegesetz
1945 Betriebsverfassungsgesetze auf Länderebene
1951 Montan-Mitbestimmung (paritätische Besetzung des Aufsichtsrats, Arbeitsdirektor)
1952 Betriebsverfassungsgesetz
1955 Personalvertretungsgesetz (öffentlicher Dienst)
1972 Betriebsverfassungsgesetz (ein Drittel Arbeitnehmervertreter im Aufsichtsrat, Ausbau der Mitwirkung in wirtschaftlichen, personellen und sozialen Angelegenheiten, neu: Mitwirkung bei Fragen der Aus-, Fort- und Weiterbildung (§§ 96 – 98)
1976 Mitbestimmungsgesetz (paritätische Besetzung im Aufsichtsrat).

1 Arten der Mitwirkung

Die Mitwirkung des Betriebsrats bezieht sich auf personelle Angelegenheiten einschließlich Fragen der Berufsbildung sowie auf soziale und wirtschaftliche Angelegenheiten.
Die Beteiligungsrechte des Betriebsrats können im einzelnen durch Tarifvertrag erweitert und verstärkt werden.
Generell ist auf den vorgenannten Gebieten nicht von einer „Mitbestimmung" des Betriebsrats auszugehen, wie das nach vielfacher Meinung und z.T. aus falscher Gesetzestextüberschrift zu entnehmen ist. Es ist vielmehr ein unjuristischer Begriff der „Mitwirkung" des Betriebsrats festzulegen. Dieser unterteilt sich in sieben verschiedene Mitwirkungsarten, und zwar in:
– Informationsrechte
– Beratungsrechte und Ansprüche auf Hinzuziehung
– Anhörungsrechte
– Vetorechte
– Initiativrechte
– Überwachungsrechte
– Mitbestimmungsrechte.

1.1 Informationsrechte

Informationsrechte des Betriebsrats bestehen insbesondere auf folgenden Gebieten:
1. Personalplanung (quantitativ und qualitativ) nach § 92.
2. Planung von Neu-, Um- und Erweiterungsbauten nach § 90 Ziff. 1.
3. Planung von technischen Anlagen nach § 90 Ziff. 2.
4. Planung von Arbeitsverfahren und Arbeitsabläufen nach § 90 Ziff. 3.
5. Planung von Arbeitsplätzen nach § 90 Ziff. 4.
6. Bekämpfungsmaßnahmen gegen Gesundheits- und Unfallgefahren nach § 89 Abs. 1.
7. Unterrichtung über die Behandlung von Beschwerden nach § 85 Abs. 3.
8. Förderung der Berufsbildung nach § 96 Abs. 1.
9. Einstellung oder personelle Veränderung bei leitenden Angestellten nach § 105.

1.2 Beratungsrechte und Ansprüche auf Hinzuziehung

1. Einrichtungen und Maßnahmen der Berufsbildung nach § 97.
2. Betriebsänderungen nach § 111.
3. Wirtschaftliche Angelegenheiten nach § 106.
4. Personalplanung nach § 92.

1.3 Anhörungsrechte

Kündigungen nach § 102 Abs. 1.

1.4 Vetorechte

1. Widerspruchsrechte bei sog. personellen Einzelmaßnahmen, das sind Einstellungen, Eingruppierungen, Umgruppierungen und Versetzungen (§ 95 Abs. 3) nach § 99 Abs. 2.
2. Ordentliche Kündigungen nach § 102 Abs. 3.
3. Betriebsänderungen nach § 112 Abs. 3.

1.5 Initiativrechte

1. Innerbetriebliche Stellenausschreibungen nach § 93.
2. Aufstellung von Auswahlrichtlinien nach § 95 Abs. 2.

3. Maßnahmen des Arbeitsschutzes nach § 89 Abs. 1 .
4. Förderung der Eingliederung Schwerbehinderter und sonstiger besonders schutzbedürftiger Personen nach § 80 Abs. 1 Ziff. 4.
5. Förderung der Beschäftigung älterer Arbeitnehmer nach § 80 Abs. 1 Ziff. 6.
6. Abruf einer mit der Durchführung der betrieblichen Berufsbildung beauftragten Person nach § 98 Abs. 2.
7. Entlassung oder Versetzung betriebsstörender Arbeitnehmer nach § 104.

1.6 Überwachungsrechte

1. Überwachung der Durchführung von Gesetzen, Verordnungen, Tarifverträgen, Unfallverhütungsvorschriften und Betriebsvereinbarungen nach § 80 Abs. 1 Ziff. 1. Dazu gehört insbesondere auch das Bundesdatenschutzgesetz.
2. Einblicksrecht in Bruttolohn- und -gehaltslisten nach § 80 Abs. 2.
3. Eingliederung und Förderung Schwerbehinderter und sonstiger besonders schutzbedürftiger Personen nach § 80 Abs. 1 Ziff. 4.
4. Förderung der Beschäftigung älterer Arbeitnehmer nach § 80 Abs. 1 Ziff. 6.
5. Eingliederung ausländischer Arbeitnehmer nach § 80 Abs. 1 Ziff. 7.
6. Einsichtsrecht in die Personalakten nach § 83 Abs. 1 S. 2.
7. Unterstützung der Arbeitnehmer bei Ausübung ihres Beschwerderechts nach §§ 84 und 85.
8. Überprüfung der Anwendung des Gleichbehandlungsgrundsatzes nach § 75.

1.7 Mitbestimmungsrechte

Mitbestimmungsrechte des Betriebsrats bestehen insbesondere auf folgenden Gebieten:
1. Aufstellung von Auswahlrichtlinien nach § 95 Abs. 1 u. 2.
2. Gestaltung des Personalfragebogens nach § 94 Abs. 1.
3. Aufstellung allgemeiner Beurteilungsgrundsätze nach § 94 Abs. 2.
4. Vorlage der Bewerbungsunterlagen nach § 99 Abs. 1.
5. Einstellung nach § 99 Abs. 1.
6. Eingruppierung nach § 99 Abs. 1 .
7. Umgruppierung nach § 99 Abs. 1.
8. Versetzung nach §§ 95 Abs. 3 und 99 Abs. 1.
9. Fragen der Ordnung des Betriebes und des Verhaltens der Arbeitnehmer nach § 87 Abs. 1 Ziff. 1.
10. Länge, Lage und Verteilung von Arbeitszeit und Pausen nach § 87 Abs. 1 Ziff. 2.

11. Vorübergehende Verkürzung oder Verlängerung der betriebsüblichen Arbeitszeit nach § 87 Abs. 1 Ziff. 3.
12. Zeit, Ort und Art der Auszahlung der Arbeitsentgelte nach § 87 Abs. 1 Ziff. 4.
13. Aufstellung von Urlaubsgrundsätzen und Urlaubsplänen sowie Festsetzung der zeitlichen Lage des Urlaubs für einzelne Arbeitnehmer nach § 87 Abs. 1 Ziff. 5.
14. Einführung und Anwendung von technischen Einrichtungen, die dazu bestimmt sind, Verhalten oder Leistung der Arbeitnehmer zu überwachen nach § 87 Abs. 1 Ziff. 6.
15. Verhütung von Arbeitsunfällen, Berufskrankheiten und Gesundheitsschutz nach § 87 Abs. 1 Ziff. 7.
16. Form, Ausgestaltung und Verwaltung von Sozialeinrichtungen nach § 87 Abs. 1 Ziff. 8.
17. Zuweisung und Kündigung von Wohnräumen nach § 87 Abs. 1 Ziff. 9.
18. Betriebliche Lohngestaltung, Aufstellung von Entlohnungsgrundsätzen sowie Einführung, Anwendung und Änderung von Entlohnungssystemen nach § 87 Abs. 1 Ziff. 10.
19. Festsetzung von Akkord- und Prämiensätzen sowie Geldfaktoren nach § 87 Abs. 1 Ziff. 11.
20. Betriebliches Vorschlagswesen nach § 87 Abs. 1 Ziff. 12.
21. Änderung von Arbeitsplatz, Arbeitsumgebung und Arbeitsablauf gegen arbeitswissenschaftliche Erkenntnisse oder menschengerechte Gestaltung nach § 91.
22. Durchführung betrieblicher Berufsbildungsmaßnahmen nach § 98 Abs. 1 und 2.
23. Streitigkeiten über die Berechtigung von Beschwerden nach § 85.
24. Mitbestimmung bei Kündigungen nach § 102 Abs. 6.
25. Mitbestimmung bei fristlosen Kündigungen von Mitgliedern des Betriebsrats nach § 103 Abs. 1.
26. Interessenausgleich über die Betriebsänderung, Sozialplan nach § 112.

2 Verschiedene Rechtsfolgen bei Nichtbeachtung der „Mitwirkung" des Betriebsrats

2.1 Informationsrechte

Bei der Verletzung von Informationsrechten des Betriebsrats kann nach § 121 i.V. mit §§ 17, 35 0WiG durch die Verwaltungsbehörde eine Geldbuße festgesetzt werden. Dies gilt z.B. für die Fälle der §§ 90 Ziff. 1 – 4 und 92.
Ferner kann der Betriebsrat nach § 23 Abs. 3 beim Arbeitsgericht beantragen, dem Arbeitgeber aufzugeben, eine Handlung zu unterlassen, die Vornahme einer Handlung zu dulden oder eine Handlung vorzunehmen. Bei streitigen Fragen entscheidet das Arbeitsgericht im Beschlußverfahren (§ 2a ArbGG).
Im Falle der Weigerung ist der Arbeitgeber vom Arbeitsgericht zu einem Ordnungsgeld zu verurteilen.
Nach rechtskräftiger Entscheidung kann ein Zwangsgeld bis DM 20.000,– festgelegt werden.

2.2 Beratungsrechte und Ansprüche auf Hinzuziehung

Der Betriebsrat kann bei einem Verstoß des Arbeitgebers gegen § 97 ein Verfahren nach § 23 Abs. 3 beantragen. Eine Ordnungswidrigkeit nach § 121 liegt nicht vor.
Bei einer Verletzung des Unterrichtungsrechtes des Betriebsrats nach § 111 kann dieser vom Arbeitgeber die Aufstellung eines Sozialplanes (§ 112) verlangen.

2.3 Anhörungsrechte

Nach § 102 Abs. 1 ist der Betriebsrat vor jeder Kündigung zu „hören". Der Arbeitgeber hat ihm die Gründe für die Kündigung mitzuteilen. Eine ohne Anhörung des Betriebsrats vom Arbeitgeber ausgesprochene Kündigung ist unwirksam.
Entgegen vielfacher Auffassung hat der Betriebsrat bei der Kündigung kein Mitbestimmungs-, sondern nur ein Anhörungsrecht (= Mitteilungspflicht des Arbeitgebers). Insoweit ist auch die Überschrift im Gesetzestext zu § 102 falsch!
Allerdings kann – was in der Praxis sehr selten ist – dem Betriebsrat vom Arbeitgeber nach § 102 Abs. 6 freiwillig ein Zustimmungsrecht zu Kündigungen eingeräumt werden.
Soll einem Mitglied des Betriebsrats fristlos gekündigt werden, so muß der Betriebsrat als Gremium dieser Kündigung allerdings nach § 103 zustimmen.

2.4 Vetorechte

Nach § 99 Abs. 2 kann der Betriebsrat unter den Voraussetzungen der Ziff. 1 – 6 zu einer personellen Maßnahme des § 99 Abs. 1 (Einstellung, Eingruppierung, Umgruppierung und Versetzung) seine Zustimmung verweigern.
Der Arbeitgeber kann in diesen Fällen beim Arbeitsgericht nach § 99 Abs. 4 beantragen, die fehlende Zustimmung des Betriebsrats zu ersetzen.

2.5 Initiativrechte

Nimmt der Arbeitgeber trotz ausdrücklichem Verlangen des Betriebsrats keine innerbetriebliche Ausschreibung von Arbeitsplätzen vor (§ 93), hat der Betriebsrat gem. § 99 Abs. 2 Ziff. 5 ein Zustimmungsverweigerungsrecht bei personellen Einzelmaßnahmen im Sinne von § 99 Abs. 1. Das gleiche Recht steht dem Betriebsrat aus § 99 Abs. 2 Ziff. 1 in Verbindung mit § 80 Abs. 1 Ziff. 6 zu. Liegt eine Versetzung im Sinne von § 95 Abs. 3 vor, entscheidet bei Meinungsverschiedenheiten zwischen Arbeitgeber und Betriebsrat, Gesamtbetriebsrat oder Konzernbetriebsrat nach § 76 die betriebliche Einigungsstelle verbindlich. Darüber hinaus kann bei Nichtbefolgung des Beschlusses durch den Arbeitgeber gegen ihn nach § 23 Abs. 3 ein Ordnungsgeld festgelegt werden, nach Rechtskraft des Beschlusses ein Zwangsgeld bis DM 20.000,–.

2.6 Überwachungsrechte

1. Bei Verletzung der Ausschreibung von Arbeitsplätzen (§ 93) kann der Betriebsrat sein Zustimmungsverweigerungsrecht nach § 99 Abs. 2 Nr. 5 geltend machen.
2. Nach einem Ordnungsstrafverfahren (§ 121) kommt gegen den Arbeitgeber ein Verfahren nach § 23 Abs. 3 in Betracht.
3. Der Betriebsrat kann im arbeitsgerichtlichen Beschlußverfahren nach § 2a ArbGG auf Feststellung seines Rechts klagen.
4. Wenn der Betriebsrat von seinem Überwachungsrecht keinen Gebrauch macht, kann er nach § 23 Abs. 1 von seinem Betriebsratsamt ausgeschlossen werden; es ist sogar eine fristlose Kündigung möglich (§ 103).
5. Verstößt der Arbeitgeber gegen seine Pflicht aus § 75 (Gleichbehandlung), kann der benachteiligte Arbeitnehmer Schadensersatzansprüche aus § 823 BGB geltend machen und der Betriebsrat ein Verfahren nach § 23 Abs. 3 anstrengen.

2.7 Mitbestimmungsrechte

1. Bei Fragen des Inhalts der Mitbestimmungsrechte ist nach § 87 Abs. 2 immer die betriebliche Einigungsstelle anzurufen. Diese ersetzt die fehlende Einigung zwischen Arbeitgeber und Betriebsrat und entscheidet verbindlich.
2. Bei Fragen, ob ein Mitbestimmungsrecht überhaupt besteht oder nicht, entscheidet das Arbeitsgericht nach § 2a ArbGG im Beschlußverfahren.
3. Da in allen Fällen des § 87 Abs. 2 ein echtes Mitbestimmungsrecht besteht, gibt es kein Direktionsrecht des Arbeitgebers. Einseitige, von ihm getroffene Anordnungen sowie Maßnahmen (Zuweisung anderer Arbeit, Versetzungen, Anordnen von Überstunden, Ablehnung von Urlaub) sind unzulässig.

2.8 Zusammenfassung

1. Die „Mitwirkung" des Betriebsrats auf personellem und sozialem Gebiet wird durch Gesetzgebung und Rechtsprechung immer mehr zugunsten der Gewerkschaften, des Betriebsrats und der Mitarbeiter ausgedehnt.
2. Die „Mitwirkung" des Betriebsrats in personellen und sozialen Angelegenheiten ist sehr verschieden im bezug auf Art, Intensität und Rechtsfolgen.
3. Die Rechtsfolgen der Nichteinschaltung des Betriebsrats sind – je nach Tatbestand – insbesondere:
   1. Feststellungsklagen (§§ 2a ArbGG mit § 93).
   2. Wirksamkeitsvoraussetzungen für eine Maßnahme des Arbeitgebers (§ 102).
   3. Verlangen der Durchführung von Maßnahmen (§ 95).
   4. Aufstellung eines Sozialplanes (§§ 111, 112).
   5. Festsetzung einer Geldbuße gegen den Arbeitgeber nach OWiG.
   6. Festsetzung eines Zwangsgeldes gegen den Arbeitgeber.
   7. Nichtigkeit einer Maßnahme des Arbeitgebers (§ 102 Abs. 1 S. 3).
   8. Zwang zur Vornahme einer Handlung des Arbeitgebers nach § 23.
   9. Verhinderung einer personellen Maßnahme (§ 99).
   10. Schadensansprüche eines Arbeitnehmers (§ 823 BGB).
   11. Ausschaltung des Direktionsrechts des Arbeitgebers.
   12. Bei Fällen echter Mitbestimmung (§ 87) Entscheidung durch die betriebliche Einigungsstelle.

3 Gebiete der Mitwirkung

Die Gebiete der Mitwirkung sind zu unterteilen in: Personelle Angelegenheiten, Fragen der Berufsbildung, Soziale Angelegenheiten und Wirtschaftliche Angelegeheiten.

3.1 Personelle Angelegenheiten

Zu den sog. personellen Angelegenheiten gehören insbesondere:
Personalplanung (§ 92).
Ausschreibung von Arbeitsplätzen (§ 93).
Personalfragebogen (§ 94).
Beurteilungsgrundsätze (§ 94).
Auswahlrichtlinien (§95).
Eingliederung Schwerbehinderter und anderer schutzbedürftiger Personen (§ 80 Abs. 1 Ziff. 4).
Förderung älterer Arbeitnehmer im Betrieb (§80 Abs. 1 Ziff. 6).
Eingliederung ausländischer Arbeitnehmer (§80 Abs. 1 Ziff. 7).
Einstellung (§ 99).
Eingruppierung (§ 99).
Umgruppierung (§ 99).
Einblicksrecht in Bruttolohn- und Gehaltslisten (§ 80 Abs. 2).
Versetzung (§ 95 Abs. 3).

3.2 Fragen der Berufsbildung

Zu den Fragen der Berufsbildung gehören: Förderung der Berufsbildung (§ 96). Einrichtungen und Maßnahmen der Berufsbildung (§ 97). Durchführung betrieblicher Bildungsmaßnahmen (§ 98).

3.3 Soziale Angelegenheiten

Zu den sozialen Angelegenheiten gehören:
Ordnung im Betrieb und Verhalten der Arbeitnehmer (§ 87 Abs. 1 Ziff. 1).
Betriebsbußen (§ 87 Abs. 1 Ziff. 1).
Beginn und Ende von Arbeitszeit und Pausen (§ 87 Abs. 1 Ziff. 2)
Änderung der betrieblichen Arbeitszeit (§ 87 Abs. 1 Ziff. 3).
Auszahlung des Arbeitsentgelts (§ 87 Abs. 1 Ziff. 4).
Urlaubsfragen (§ 87 Abs. 1 Ziff. 5).

Technische Einrichtungen zur c(§ 87 Abs. 1 Ziff. 6).
Verhütung von Arbeitsunfällen und Berufskrankheiten (§ 87 Abs. 1 Ziff. 7).
Sozialeinrichtungen (§ 87 Abs. 1 Ziff. 8).
Zuweisung und Kündigung von Wohnräumen (§ 87 Abs. 1 Ziff. 9).
Lohngestaltung (§ 87 Abs. 1 Ziff. 10 und 11).
Betriebliches Vorschlagswesen (§ 87 Abs. 1 Ziff. 12).
Arbeitsschutz (§ 91).

3.4 Wirtschaftliche Angelegenheiten

Zu den wirtschaftlichen Angelegenheiten gehören nach § 106 Abs. 1:
1. die wirtschaftliche und finanzielle Lage des Unternehmens
2. die Produktions- und Absatzlage
3. das Produktions- und Investitionsprogramm
4. Rationalisierungsvorhaben
5. Fabrikations- und Arbeitsmethoden, insbesondere die Einführung neuer Arbeitsmethoden
6. die Einschränkung oder Stillegung von Betrieben oder von Betriebsteilen
7. die Verlegung von Betrieben oder Betriebsteilen
8. der Zusammenschluß von Betrieben
9. die Änderung der Betriebsorganisation oder des Betriebszwecks sowie
10. sonstige Vorgänge oder Vorhaben, welche die Interessen der Arbeitnehmer wesentlich berühren können.

4 Chronologische tabellarische Übersicht der Mitwirkung des Betriebsrats von der Planung bis zur Kündigung

Im folgenden bedeuten:
U = Unterrichtungsrechte
B = Beratungsrechte
A = Anhörungsrechte
V = Vetorechte
I = Initiativrechte
Ü = Überwachungsrechte
M = Mitbestimmungsrechte

1. (U) Wirtschaftliche und finanzielle Lage des Unternehmens (Wirtschaftsausschuß) (§ 106 Abs. 3 Ziff. 1)

2.	(U)	Produktions- und Absatzlage (Wirtschaftsausschuß) (§ 106 Abs. 3 Ziff. 2)
3-	(U)	Produktions- und Investitionsprogramm (Wirtschaftsausschuß) (§ 106 Abs. 3 Ziff. 3)
4.	(U)	Rationalisierungsvorhaben (Wirtschaftsausschuß) (§ 106 Abs. 3 Ziff. 4)
5.	(U)	Fabrikations- und Arbeitsmethoden, insbesondere die Einführung neuer Arbeitsmethoden (Wirtschaftsauschuß) (§ 106 Abs. 3 Ziff. 5)
6.	(U)	Einschränkung oder Stillegung von Betrieben oder von Betriebsteilen (Wirtschaftsausschuß) (§ 106 Abs. 3 Ziff. 6)
7.	(U)	Verlegung von Betrieben oder Betriebsteilen (Wirtschaftsausschuß) (§ 106 Abs. 3 Ziff. 7)
8.	(U)	Zusammenschluß von Betrieben (Wirtschaftsausschuß) (§ 106 Abs. 3 Ziff. 8)
9.	(U)	Änderung der Betriebsorganisation oder des Betriebszwecks (Wirtschaftsausschuß) (§ 106 Abs. 3 Ziff. 9)
10.	(U)	Sonstige Vorgänge und Vorhaben, welche die Interessen der Arbeitnehmer des Unternehmens wesentlich berühren können (Wirtschaftsausschuß) (§ 106 Abs. 3 Ziff. 10)
11.	(U)	Planung von Neu-, Um- und Erweiterungsbauten, von Fabrikations-, Verwaltungs- und sonstigen betrieblichen Räumen (§ 90 Ziff. 1)
12.	(U)	Planung von technischen Anlagen (§ 90 Ziff. 2)
13.	(U)	Planung von Arbeitsverfahren und Arbeitsabläufen (§ 90 Ziff . 3)
14.	(U)	Planung von Arbeitsplätzen (§ 90 Ziff. 4)
15.	(I+U)	Personalplanung (§ 92)
16.	(M+I)	Auswahlrichtlinien (§ 95)
17.	(M)	Gestaltung des Personalfragebogens (§ 94 Abs. 1)
18.	(M)	Aufstellung von Beurteilungsgrundsätzen (§ 94 Abs. 2)
19.	(Ü+I)	Innerbetriebliche Stellenausschreibung (§ 93)
20.	(U+M)	Vorlage der Bewerbungsunterlagen (§ 99 Abs. 1)
21.	(M)	Einstellung (§ 99 Abs. 1)
22.	(Ü + I)	Förderung der Eingliederung Schwerbehinderter und sonstiger besonders schutzbedürftiger Personen (§ 80 Abs. 1 Ziff. 4)
23.	(Ü+I)	Förderung der Beschäftigung älterer Arbeitnehmer im Betrieb (§ 80 Abs. 1 Ziff. 6)
24.	(Ü + I)	Förderung der Eingliederung ausländischer Arbeitnehmer im Betrieb und des Verständnisses zwischen ihnen und den deutschen Arbeitnehmern (§ 80 Abs. 1 Ziff. 7)
25.	(M)	Eingruppierung (§ 99 Abs. 1)
26.	(M)	Umgruppierung (§ 99 Abs. 1)
27.	(M)	Versetzung (§ 99 Abs. 1 und § 95 Abs. 3)

28.	(M)	Fragen der Ordnung des Betriebes und des Verhaltens der Arbeitnehmer im Betrieb (§ 87 Abs. 1 Ziff. 1)
29.	(M)	Beginn und Ende der täglichen Arbeitszeit einschließlich der Pausen sowie Verteilung der Arbeitszeit auf die einzelnen Wochentage (§ 87 Abs. 1 Ziff. 2)
30.	(M)	Vorübergehende Verkürzung oder Verlängerung der betriebsüblichen Arbeitszeit (§ 87 Abs. 1 Ziff. 3)
31.	(M)	Zeit, Ort und Art der Auszahlung der Arbeitsentgelte (§ 87 Abs. 1 Ziff. 4)
32.	(M)	Aufstellung allgemeiner Urlaubsgrundsätze und des Urlaubsplans sowie die Festsetzung der zeitlichen Lage des Urlaubs für einzelne Arbeitnehmer, wenn zwischen dem Arbeitgeber und den beteiligten Arbeitnehmern kein Einverständnis erzielt wird (§ 87 Abs. 1 Ziff. 5)
33.	(M)	Einführung und Anwendung von technischen Einrichtungen, die dazu bestimmt sind, das Verhalten oder die Leistung der Arbeitnehmer zu überwachen (§ 87 Abs. 1 Ziff. 6)
34.	(M)	Regelungen über die Verhütung von Arbeitsunfällen und Berufskrankheiten sowie über den Gesundheitsschutz im Rahmen der gesetzlichen Vorschriften oder der Unfallverhütungsvorschriften (§ 87 Abs. 1 Ziff. 7)
35.	(M)	Form, Ausgestaltung und Verwaltung von Sozialeinrichtungen, deren Wirkungsbereich auf den Betrieb, das Unternehmen oder den Konzern beschränkt ist (§ 87 Abs. 1 Ziff. 8)
36.	(M)	Zuweisung und Kündigung von Wohnräumen, die den Arbeitnehmer mit Rücksicht auf das Bestehen eines Arbeitsverhältnisses vermietet werden, sowie die allgemeine Festlegung der Nutzungsbedingungen (§ 87 Abs. 1 Ziff. 9)
37.	(M)	Fragen der betrieblichen Lohngestaltung, insbesondere die Aufstellung von Entlohnungsgrundsätzen und die Einführung und Anwendung von neuen Entlohnungsmethoden sowie deren Änderung (§ 87 Abs. 1 Ziff. 10)
38.	(M)	Festsetzung der Akkord- und Prämiensätze und vergleichbarer leistungsbezogener Entgelte, einschl. der Geldfaktoren (§ 87 Abs. 1 Ziff. 11)
39.	(M)	Grundsätze über das betriebliche Vorschlagswesen (§ 87 Abs. 1 Ziff. 12)
40.	(Ü + 1)	Bekämpfung von Unfall- und Gesundheitsgefahren (§ 89 Abs. 1)
41.	(M)	Änderungen der Arbeitsplätze, des Arbeitsablaufs oder der Arbeitsumgebung gegen die gesicherten arbeitswissenschaftlichen Erkenntnisse über die menschengerechte Gestaltung der Arbeit (§ 91)

42.	(Ü)	Einsichtsrecht in die Bruttolohn- und Gehaltslisten (§ 80 Abs. 2)
43.	(Ü)	Durchführung der zugunsten der Arbeitnehmer geltenden Gesetze, Verordnungen, Unfallverhütungsvorschriften, Tarifverträge und Betriebsvereinbarungen (§ 80 Abs. 1 Ziff. 1)
44.	(Ü)	Einsichtsrecht in die Personalakten (§ 83 Abs. 1 S.2)
45.	(Ü)	Unterstützung der Arbeitnehmer bei der Ausübung ihres Beschwerderechts (§ 84 Abs. 1 S. 2)
46.	(U)	Behandlung von Beschwerden (§ 85 Abs. 3)
47.	(U+Ü)	Anwendung des Gleichbehandlungsgrundsatzes (§ 75)
48.	(I+Ü+U)	Förderung der Berufsbildung (§ 96)
49.	(U)	Einrichtungen und Maßnahmen der Berufsbildung (§ 97)
50.	(M)	Durchführung betrieblicher Bildungsmaßnahmen (§ 98)
51.	(M)	Kündigungen (§ 102 Abs. 6)
52.	(M)	Fristlose Kündigung von Betriebsratsmitgliedern (§ 103 Abs. 1).

IV Mitwirkung des Betriebsrats in personellen Angelegenheiten und Fragen der Berufsbildung

1 Personalplanung

Personalplanung im Sinne von § 92 umfaßt die Gesamtheit der Maßnahmen zur Ermittlung des zukünftigen Personalbedarfs gemäß den Gegebenheiten und Planzielen des Unternehmens in quantitativer und qualitativer Hinsicht sowie im Anschluß daran die Bereitstellung der benötigten Arbeitskräfte zum richtigen Zeitpunkt, am richtigen Ort und mit der richtigen Qualifikation.
Ziel der Planung ist es, die Deckung des Personalbedarfs eines Unternehmens zu bestimmten Zeitpunkten in quantitativer und qualitativer Hinsicht zu gewährleisten und die Mitarbeiter im Betrieb optimal einzusetzen.
Im einzelnen gehören zur Personalplanung:

Bedarfsplanung
Deckung des quantitativen und qualitativen Bedarfs. Grundlage für die Bedarfsermittlung und Bedarfsdeckung bilden in Zusammenarbeit mit den Fachabteilungen von der Personalabteilung erstellte detaillierte Spezialpläne, die nach kurz- und langfristig zu ersetzenden sowie neu zu gewinnenden Kräften aufgeteilt sein müssen.

Beschaffungsplanung
Anwendung moderner Beschaffungsverfahren.

Ausbildungsplanung
Deckung des qualitativen Fehlbedarfs. Daneben ist eine speziell geplante Nachwuchskräftebildung durchzuführen, um aus ihr einen bestimmten Prozentsatz des Arbeitskräftebedarfs decken zu können. Gegebenenfalls müssen auch, was gerade unter dem Gesichtspunkt der Automation und fortschreitenden Rationalisierung zu beachten ist, Umschulungen von Belegschaftsangehörigen auf neue Arbeitsmethoden, Arbeits- und Verfahrenstechniken und eventueller neuer oder in den Anforderungen erweiterter Berufe durchgeführt werden, um den vorhandenen Mitarbeitern dadurch die Sicherheit ihres Arbeitsplatzes zu ermöglichen.

Einsatzplanung
Rationelle Eingliederung der Mitarbeiter in den Betrieb. Verwirklichung des Grundsatzes „Der richtige Mann am richtigen Platz".

Planung leistungsgerechter Lohnstrukturen
a) Lohn- und Gehaltspolitik:
Leistungslohn
Finaler Lohn
Gerechtes Lohngefüge (insbesondere im horizontalen Bereich)
Überschaubare Entlohnungssysteme.
b) Sozialpolitik:
Sozialleistungen.

Nach § 92 Abs. 1 S. 1 hat der Arbeitgeber den Betriebsrat über die Personalplanung, insbesondere über den gegenwärtigen und künftigen Personalbedarf sowie über die sich daraus ergebenden personellen Maßnahmen und Maßnahmen der Berufsbildung, anhand von Unterlagen rechtzeitig und umfassend zu unterrichten, nicht jedoch zu beraten. Der Arbeitgeber hat nach § 92 Abs. 1 S. 2 jedoch darüber hinaus mit dem Betriebsrat über Art und Umfang der erforderlichen Maßnahmen und über die Vermeidung von Härten zu beraten.

Nach § 92 Abs. 2 kann der Betriebsrat dem Arbeitgeber Vorschläge für die Einführung einer Personalplanung und ihre Durchführung machen.

Das Unterrichtungsrecht des Betriebsrats nach § 92 Abs. 1 besteht nur in Betrieben, in denen bereits eine Personalplanung besteht; nach § 92 Abs. 2 kann der Betriebsrat anderenfalls die Einführung einer Personalplanung vorschlagen und Anregungen für deren Durchführung geben. Nicht verlangen kann er vom Arbeitgeber die Einführung einer Personalplanung.

§ 92 ist im Zusammenhang mit § 90 zu sehen, wonach der Arbeitgeber die Auswirkungen der Planung von Neu-, Um- und Erweiterungsbauten, von Fabrikations-, Verwaltungs- und sonstigen betrieblichen Räumen, von technischen Anlagen, Arbeitsverfahren, Arbeitsabläufen und Arbeitsplätzen auf die Art der Arbeit und die Anforderungen an die Arbeitnehmer mit dem Betriebsrat zu beraten hat. Hieraus ergeben sich dann notwendige Ansatzpunkte für eine Personalplanung in quantitativer und qualitativer Hinsicht.

Bestritten ist, ob das Mitwirkungsrecht des Betriebsrats erst mit der vom Arbeitgeber bereits abgeschlossenen Personalplanung einsetzt oder ob der Betriebsrat bereits im Planungsstadium mitzuwirken hat,

Das Mitwirkungsrecht des Betriebsrats beschränkt sich auf Art und Umfang der sich aus der Planung ergebenden notwendigen personellen und sozialen Maßnahmen. Dabei ist nicht in erster Linie an einen konkreten individuellen Einzelfall gedacht, wie z.B. Besetzung, Umsetzung, Versetzung eines bestimmten Arbeitsplatzes, denn in dieser Beziehung hat ja der Betriebsrat ein Mitbestimmungsrecht aus § 99, sondern über allgemeine Maßnahmen und Grundsätze, die für eine Vielzahl von Arbeitnehmern des Betriebes Anwendung finden. Diese sind dann häufig in einer entsprechenden Betriebsvereinbarung niedergelegt. Das können sein Grundsätze zur Beschaffung von Arbeitnehmern, unter Beachtung der Vorschriften über die innerbetriebliche Stellenausschreibung nach

§ 93, Grundsätze zum Abbau des Personalüberhangs ohne Entlassungen, wie z.B. Einstellungsstop, Nichtersetzung von Abgängen, Wegfall von Überstunden, Einführung von Kurzarbeit oder vorzeitiger Pensionierung sowie Grundsätze über die Durchführung externer und interner Bildungsmaßnahmen bei der Aus-, Fort- und Weiterbildung zur Deckung des qualitativ benötigten Personalbedarfs.

2 Ausschreibung von Arbeitsplätzen

Unter Ausschreibung ist die allgemeine Aufforderung an alle oder eine bestimmte Gruppe von Arbeitnehmern des Betriebes zu verstehen, sich für bestimmte Arbeitsplätze im Betrieb zu bewerben.
Das Mitbestimmungsrecht des Betriebsrats bezieht sich nicht auf die Art und Form der Ausschreibung, d.h. auf die Regelung des Verfahrens.
Allerdings erscheint es zweckmäßig, hierüber eine Betriebsvereinbarung abzuschließen, die z.B. regeln sollte Form (Rundschreiben, Anschlag am schwarzen Brett, Bekanntmachung in der Werkszeitung oder Umlauf), Frist (z.B. 2 oder 4 Wochen), fachliche und persönliche Voraussetzungen für die zu besetzende Stelle (Stellenbeschreibung, Anforderungsprofil) und Lohn- bzw. Tarifgruppe,
Nach § 93 hat die Ausschreibung innerhalb des Betriebes zu erfolgen. Auszugehen ist dabei vom Betriebsbegriff der §§ 1 und 4. Daraus folgt, daß nach überwiegender Ansicht sich die Ausschreibung nicht auf das Unternehmen oder den Konzern zu beziehen braucht, obwohl nicht zu verkennen ist, daß eine Stellenausschreibung im gesamten Unternehmen in manchen Fällen sicher sinnvoll ist.
Nach § 93 kann der Betriebsrat verlangen, daß Arbeitsplätze, die besetzt werden sollen, allgemein oder für bestimmte Arten von Tätigkeiten vor ihrer Besetzung innerhalb des Betriebes ausgeschrieben werden. Nicht hierunter fallen Arbeitsplätze von leitenden Angestellten gem. § 5 Abs. 3 und 4, da das Gesetz auf sie keine Anwendung findet, wohl aber auf außertarifliche Angestellte, die keine leitenden Angestellten sind. Durch diese innerbetriebliche Stellenausschreibung soll einmal der innerbetriebliche Arbeitsmarkt aktiviert und zugleich die Möglichkeit verstärkt werden, daß für die bereits im Betrieb tätigen Arbeitnehmer entsprechend ihrer Neigung und Eignung der optimale Arbeitsplatz gefunden wird. Darüber hinaus erhalten die Mitarbeiter die Möglichkeit, innerbetrieblich aufzusteigen. Die Stellenausschreibung bezieht sich nach dem Gesetz nur auf den Betrieb, in dem sich der Arbeitsplatz befindet, nicht jedoch auf das gesamte Unternehmen oder den Konzern. Für den Arbeitgeber kann es jedoch sinnvoll sein, die Stellenausschreibung nicht in dieser Form zu beschränken. Auch kann der Gesamtbetriebsrat für den Bereich des gesamten Unternehmens unter Beachtung der gleichen Grundsätze die Ausschreibung verlangen (§ 51 Abs. 6), weil der innerbetriebliche Arbeitsmarkt anderer Betriebe des Unternehmens

oder Konzerns gerade im Hinblick auf § 1 Abs. 2 S. 2 Nr. 2 KSchG von Bedeutung ist.
Der Arbeitgeber ist nicht verpflichtet, unter allen Umständen zunächst den betrieblichen Stellenmarkt auszuschöpfen; er kann vielmehr gleichzeitig auch alle anderen möglichen externen Personalanwerbungsmaßnahmen durchführen, wie z.B. Stellenanzeigen, Anschläge am Werktor, Einschaltung der Arbeits- oder Job-Vermittlung. Über Art und Weise der Ausschreibung hat der Betriebsrat kein Mitbestimmungsrecht. Die zwischen Arbeitgeber und Betriebsrat zu vereinbarenden Ausschreibungsgrundsätze sind zweckmäßigerweise in einer Betriebsvereinbarung niederzulegen.
Wesentlich ist, daß ein Bewerber aus dem Betrieb keinen Anspruch darauf hat, die ausgeschriebene Stelle zu erhalten. Der Arbeitgeber ist also nicht verpflichtet, den Arbeitsplatz mit einem schon bisherigen Mitarbeiter zu besetzen, sofern nicht gegen eine Auswahlrichtlinie (§ 95) verstoßen wird oder einer der anderen Gründe des § 99 Abs. 2 für eine Verweigerung der Zustimmung des Betriebsrats zu der personellen Einzelmaßnahme vorliegt.
Schreibt der Arbeitgeber auf Verlangen des Betriebsrats einen freiwerdenden Arbeitsplatz innerhalb des Betriebes nicht aus, so kann der Betriebsrat seine Zustimmung zu einer personellen Maßnahme gem. § 99 Abs. 2 Nr. 5 verweigern, die sich auf die Besetzung des nicht ausgeschriebenen Arbeitsplatzes richtet. Darüber hinaus kann gegen den Arbeitgeber gern. § 23 Abs. 3 vorgegangen werden.
Streitigkeiten entscheidet gem. § 2 Abs. 1 Nr. 4 ArbGG das Arbeitsgericht im Beschlußverfahren.

3 Personalfragebogen

Nach § 94 Abs. 1 hat der Betriebsrat ein Mitbestimmungsrecht bezüglich des Inhalts des Personalfragebogens. Nicht mitzubestimmen hat der Betriebsrat dagegen bei der Entscheidung der Frage, ob Personalfragebogen überhaupt eingeführt oder verwendet werden sollen.
Begrifflich ist der Personalfragebogen eine formularmäßig gefaßte Zusammenstellung von den durch den Bewerber auszufüllenden Fragen, die Aufschluß über seine Personen, theoretische und praktische Ausbildung, Kenntnisse und Fertigkeiten sowie seine berufliche, dienstliche und persönliche Entwicklung geben sollen.
Der Betriebsrat ist nach § 94 Abs. 1 jedoch auch dann zu beteiligen, wenn der Arbeitgeber vor der Einstellung aus einer formularmäßigen Zusammenfassung von Fragen über die persönlichen Verhältnisse, insbesondere über Eignung, Kenntnisse und Fähigkeiten (Personalfragebogen), dem Bewerber die Fragen nacheinander mündlich stellt und die Antworten jeweils selber vermerkt.

Das für die inhaltliche Gestaltung festgelegte Mitbestimmungsrecht soll sicherstellen, daß die Fragen auf die Gegenstände und den Umfang beschränkt bleiben, für die ein berechtigtes Auskunftsbedürfnis des Arbeitgebers besteht. Die Vorschrift dient mithin zur Versachlichung der Personalführung und andererseits dazu, unzulässigen Eingriffen des Arbeitgebers in die Intimsphäre des Arbeitnehmers vorzubeugen. Die allgemeinen Persönlichkeitsrechte und die Würde des Menschen (Art. 1 Abs. 1 GG und § 75 Abs. 2) müssen gewahrt bleiben. Grundsätzlich darf der Arbeitnehmer nur über solche Umstände befragt werden, die für den zu besetzenden Arbeitsplatz von besonderer Bedeutung sind. Insbesondere gilt dies auch für das Vorhandensein oder das Fehlen bestimmter persönlicher Eigenschaften, die für eine sinnvolle Ausführung der in Aussicht genommenen Stellung von Bedeutung sind.

Nach Vorstrafen darf unter Berücksichtigung des Resozialisierungsgedankens nur dann gezielt gefragt werden, soweit das für das Arbeitsverhältnis von Bedeutung sein kann. Das wird bei sog. „einschlägigen" Delikten der Fall sein.

Nach bestehender Schwangerschaft darf nach der neuen Rechtsprechung des Bundesarbeitsgerichts grundsätzlich nicht mehr gefragt werden, da diese Frage in der Regel eine unzulässige Benachteiligung wegen des Geschlechts darstellt, und zwar gleichgültig, ob sich nur Frauen oder auch Männer um den Arbeitsplatz bewerben. Eine Ausnahme hiervon ist nur dann zulässig, wenn der zu vergebende Arbeitsplatz nach den Arbeitsschutzvorschriften nicht mit einer schwangeren Frau besetzt werden darf oder zumindest für eine Schwangere ungeeignet ist,

Nach „einschlägigen" Krankheiten, Wiederholungskrankheiten und der Schwerbehinderteneigenschaft darf der Arbeitgeber fragen.

Nach der Zugehörigkeit zu Parteien, Religionsgemeinschaften und Gewerkschaften darf nur ausnahmsweise, und zwar nur in sog. Tendenzbetrieben gefragt werden, da diese ein positives Eintreten der Arbeitnehmer für ihre Ziele erwarten können und damit kein Verstoß gegen das Grundgesetz vorliegt.

Fragen nach den Vermögensverhältnissen sind nur zulässig, sofern es sich um eine besondere Vertrauensstellung handelt, bei der der Arbeitnehmer ständig mit Geld umgehen muß oder für ihn die Gefahr der Bestechung oder des Geheimnisverrats besteht.

Zulässig sind Fragen nach schon abgeleistetem oder noch abzuleistendem Wehrdienst, nach öffentlichen Ehrenämtern sowie nach bestehenden Pfändungen.

Kommt zwischen Arbeitgeber und Betriebsrat eine Einigung über den Inhalt des Personalfragebogens nicht zustande, so entscheidet die Einigungsstelle, die vom Arbeitgeber oder Betriebsrat angerufen werden kann. Der Spruch der Einigungsstelle ersetzt die Einigung zwischen Arbeitgeber und Betriebsrat. Der Spruch kann sich nur auf den Inhalt, nicht jedoch auf die Einführung des Fragebogens beziehen. Der Betriebsrat kann die Einführung eines Fragebogens nicht erzwingen, dessen Einführung aber auch nicht verhindern.

4 Beurteilungsgrundsätze

Nach § 94 Abs. 2 bedarf die Aufstellung allgemeiner Beurteilungsgrundsätze der Zustimmung des Betriebsrats.
Das Mitbestimmungsrecht des Betriebsrats erstreckt sich auf die Festlegung von objektiven, für Vergleiche geeigneter Kriterien; insbesondere hat der Betriebsrat darauf zu achten, daß im Hinblick auf die in § 75 Abs. 1 niedergelegten Grundsätze von Recht und Billigkeit jede unterschiedliche Behandlung von Personen aus den dort genannten Gründen unterbleibt und daß keine sachfremden Maßstäbe in die Beurteilungsgrundsätze aufgenommen werden.
Die Beurteilungsgrundsätze beziehen sich insbesondere auf Arbeitsleistung, Eignung, auch für zusätzliche und andere Aufgaben, Berufsbildungsmaßnahmen, und zwar insbesondere im Bereich der Fort- und Weiterbildung, Beurteilungsverfahren, wie z.B. Tests, Zeiträume und Häufigkeit der Beurteilung, zu beurteilender Personenkreis, Ablehnung der Beurteilung durch bestimmte Personen, z.B. ab einem gewissen Alter sowie Überwachung, Kontrolle und Auswirkung der Beurteilung. Über diese Fragen wird zweckmäßigerweise eine Betriebsvereinbarung abgeschlossen.
Beurteilungskriterien können z.B. sein: Leistungsverhalten, Qualität, Ausschußhäufigkeit, Selbständigkeit, Aktivität, Initiative, Einsatzfähigkeit, Belastbarkeit, Gründlichkeit, Zuverlässigkeit, Sparsamkeit, Reaktionsfähigkeit, Kostenverantwortlichkeit, Entscheidungsfreudigkeit, Aufgeschlossenheit, Überzeugungsfähigkeit, Führungsverhalten, Bereitschaft zur Teamarbeit, Intelligenz, physische und psychische Belastbarkeit, Gesundheit, Auftreten, Verhandlungsgeschick, Kontaktfähigkeit, Kollegialität und Loyalität.
Wesentlich ist, daß sich das Mitbestimmungsrecht des Betriebsrats auf die Aufstellung der Beurteilungsgrundsätze beschränkt. Er kann jedoch vom Arbeitgeber nicht verlangen, Beurteilungsgrundsätze einzuführen. Ferner hat der Betriebsrat kein Mitbestimmungsrecht bei der Durchführung der Beurteilung. Außerdem kann der Betriebsrat nicht mitbestimmen, wenn der Arbeitgeber ein Personalbeurteilungssystem nur für leitende Angestellte im Sinne von § 5 Abs. 3 und 4 einführt.
Als Auswirkungen von Personalbeurteilungen können sich für den Betriebsrat Mitwirkungsrechte auf folgenden Gebieten ergeben:
1. Personalplanung (§ 92)
2. Innerbetriebliche Stellenausschreibung (§ 93)
3. Inhalt des Personalfragebogens (§ 94)
4. Aufstellen von Beurteilungsgrundsätzen (§ 94)
5. Auswahlrichtlinien für Einstellungen, Versetzungen, Umgruppierungen sowie Kündigungen (§ 95)
6. Förderung der Berufsbildung (§ 96)

7. Einrichtungen und Maßnahmen der Berufsbildung (§ 97)
8. Einsicht in die Bewerbungsunterlagen (§ 99)
9. Durchführung betrieblicher Bildungsmaßnahmen (§ 98)
10. Einsicht in die Personalakten (§ 83)
11. Mitwirkung bei Kündigungen (§ 102)
12. Entfernung betriebsstörender Arbeitnehmer (§ 104)
13. Mitwirkung bei Beschwerden der Arbeitnehmer (§ 84)
14. Behandlung von Beschwerden (§ 85)
15. Mitbestimmung bei sozialen Angelegenheiten (§ 87).

5 Auswahlrichtlinien

Nach § 95 Abs. 1 S. 1 bedürfen Richtlinien über die personelle Auswahl bei Einstellungen, Versetzungen, Umgruppierungen und Kündigungen der Zustimmung des Betriebsrats. Nach § 95 Abs. 2 S. 1 kann der Betriebsrat in Betrieben mit mehr als 1000 Arbeitnehmern die Aufstellung derartiger Richtlinien verlangen, die fachliche und persönliche Voraussetzungen sowie soziale Gesichtspunkt enthalten müssen. Derartige Kriterien können z.B. sein:
a) im fachlichen Bereich: Anforderungsfestlegung aus Sicht der analytischen Arbeitsbewertung, Schul- und Berufsbildung, Fort- und Weiterbildungsmaßnahmen, erforderliche Spezialkenntnisse, insbesondere auch aus benachbarten Wissensgebieten, abgelegte Prüfungen (als Mindestqualifikation), Prädikate in bestimmten Prüfungen, Nachweis handwerklicher Fähigkeiten und Fertigkeiten sowie notwendige Vorpraxis oder Kenntnis von Konkurrenzbetrieben.
b) im persönlichen Bereich: Alter, Geschlecht, Gesundheit, psychologische Eignung, Voraussetzungen in Bezug auf die gruppensoziologisch richtige Besetzung des Arbeitsplatzes.
c) im sozialen Bereich: Familienstand, Dauer der Betriebszugehörigkeit, Gleichbehandlunsgrundsatz, Förderung und Schutz von älteren Arbeitnehmern, Schwerbehinderten und sonstigen schutzbedürftigen Personen sowie Ausländern, Bevorzugung von Betriebsangehörigen bei sonst gleicher Eignung (§ 93).

Diese Vorschrift hat im wesentlichen zum Inhalt, die Entscheidung des Arbeitgebers auf personellem Gebiet nach derartigen Richtlinien zu objektivieren und an die gemeinsam erarbeiteten Kriterien zu binden. Das Entscheidungsrecht des Arbeitgebers wird hierdurch also nicht etwa ersetzt, sondern nur an die Richtlinien gebunden; es bleibt insoweit seine Ermessensentscheidung.

Daraus erfolgt zunächst, daß die Richtlinien klar und einfach gefaßt und sich auf wesentliche Grundsätze beschränken sollten, damit deren Einhaltung bzw. ein Ermessensmißbrauch ohne Schwierigkeiten nachprüfbar ist.

Insbesondere ist bei Aufstellung und Anwendung der Richtlinien der durch § 75 konkretisierte Gleichbehandlungsgrundsatz des Art. 3 GG zu beachten. Dem Geltungsbereich von Auswahlrichtlinien unterliegen nicht personelle Einzelmaßnahmen im Zusammenhang mit Betriebsänderungen, da insoweit die Sonderregelungen der §§ 112, 112a und 113 zur Anwendung kommen.
Aus dem Gesetzeswortlaut ergibt sich bereits, daß der Inhalt der Auswahlrichtlinien hauptsächlich die personelle Auswahl bei Einstellungen, Versetzungen, Umgruppierungen und Kündigungen sein soll. Der Begriff der Einstellung und Umgruppierung ist der gleiche wie in § 99, der der Kündigung der gleiche wie in den §§ 102 und 103. Versetzung ist die Zuweisung eines anderen Arbeitsbereiches, die voraussichtlich die Dauer von einem Monat überschreitet oder die mit einer erheblichen Änderung der Umstände verbunden ist, unter denen die Arbeit zu leisten ist. Werden Arbeitnehmer nach der Eigenart ihres Arbeitsverhältnisses üblicherweise nicht ständig an einem bestimmten Arbeitsplatz beschäftigt, so gilt jedoch die Bestimmung des jeweiligen Arbeitsplatzes nicht als Versetzung im Sinne dieses Gesetzes (Direktionsrecht des Arbeitgebers).
Grundsätzlich werden die Auswahlkriterien ganz allgemein für die o.g. Tatbestände aufgestellt, sie können jedoch auch für einen ganz konkreten Fall, wie z.B. Masseneinstellungen oder -entlassungen, erarbeitet werden. Je nach Zielsetzung werden sie allgemein oder spezieller gefaßt sein. Kommt zwischen Arbeitgeber und Betriebsrat eine Einigung über die Richtlinien oder ihren Inhalt nicht zustande, so entscheidet in den Fällen der § 95 Abs. 1 S. 2 und § 95 Abs. 2 S. 2 die Einigungsstelle, deren Spruch nach § 95 Abs. 1 und 2 S. 3 die Einigung zwischen Arbeitgeber und Betriebsrat ersetzt.

6 Eingliederung Schwerbehinderter und anderer schutzbedürftiger Personen

Nach § 80 Abs. 1 Ziff. 4 gehört es zu den Aufgaben des Betriebsrats, die Eingliederung Schwerbehinderter und sonstiger besonders schutzbedürftiger Personen zu fördern.
Der Begriff der Schwerbehinderten ergibt sich aus § 1 SBG. Der Betriebsrat hat schon nach § 80 Abs. 1 Ziff. 1 die Anwendung und Durchführung des Schwerbehindertengesetzes zugunsten der betroffenen Arbeitnehmer zu überwachen. Er hat insbesondere auf die Besetzung der Pflichtplätze und die berufliche Förderungspflicht des Arbeitgebers nach §§ 5, 11 und 14 SBG zu achten.
Insoweit ergibt sich für den Betriebsrat aus dieser Vorschrift eine enge Zusammenarbeit mit dem Vertrauensmann bzw. der Vertrauensfrau der Schwerbehinderten im Betrieb gem. § 24 SBG, die nach § 25 Abs. 4 SBG an allen Sitzungen des Betriebsrats teilnehmen können.

Sonstige besonders schutzbedürftige Personen sind körperlich, seelisch oder geistig Behinderte, die der Gesetzgeber unter die besondere Obhut des Betriebsrats gestellt hat (§ 80 Abs. 1 Ziff. 4).
Die Förderung der Eingliederung dieser Personenkreise umfaßt zunächst die Zuweisung einer ihren Kräften und Fähigkeiten entsprechenden Arbeit und eines entsprechenden Arbeitsplatzes, die Unterbringung dieser Personen im Betrieb, die Einwirkung auf sie persönlich, die richtige Einstellung zur Arbeit, zu ihren Arbeitskollegen, dem Arbeitgeber und dem Betrieb zu bekommen und die Einflußnahme auf die anderen Arbeitnehmer des Betriebes, für den Personenkreis der Schwerbehinderten und besonders schutzbedürftiger Personen Verständnis und Vertrauen aufzubringen.
Der Betriebsrat hat mit dem Arbeitgeber über diese Angelegeheiten zu verhandeln; kommt eine Einigung nicht zustande, so kann unter den Voraussetzungen des § 76 Abs. 6 die betriebliche Einigungsstelle angerufen werden.

7 Förderung der Belange jugendlicher Arbeitnehmer

Nach § 80 Abs. 1 Ziff. 5 gehört es zu den Aufgaben des Betriebsrats, die Wahl einer Jugendvertretung vorzubereiten und durchzuführen und mit dieser zur Förderung der Belange der jugendlichen Arbeitnehmer eng zusammenzuarbeiten. Er kann hierzu von der Jugendvertretung Vorschläge und Stellungnahmen anfordern.
Durch diese Vorschrift wird rechtlich der Zusammenhang der Arbeit des Betriebsrats mit den Aufgaben der Jugendvertretung im Betrieb hergestellt. Wie sich bereits aus § 80 Abs. 1 Ziff. 3 ergibt, sind die Belange der Jugendlichen trotz der nunmehr größeren Selbständigkeit der Jugendvertretung auch dem Betriebsrat angetragen.
Nach § 80 Abs. 1 Ziff. 5 hat der Betriebsrat zunächst dafür zu sorgen, daß im Betrieb nach den §§ 60 ff eine Jugendvertretung in geheimer, unmittelbarer und gemeinsamer Wahl gewählt wird. Aufgabe des Betriebsrats bei dieser Wahl ist zunächst die Bestimmung eines Wahlvorstandes. Sodann hat der Betriebsrat die Wahlvorbereitungen zu überwachen und für die ordnungsgemäße Durchführung der Wahl zu sorgen. Die Durchführung der Wahl selbst aber ist Aufgabe des vom Betriebsrat bestellten Wahlvorstands.
Die Pflicht, mit der gewählten Betriebsjugendvertretung eng zusammenzuarbeiten, ergibt sich aus § 70 Abs. 2. Der Betriebsrat hat den Belangen der jugendlichen Arbeitnehmer besondere Aufmerksamkeit zu schenken und Probleme zusammen mit der Jugendvertretung sorgfältig zu prüfen. Der Betriebsrat kann zum Zweck der Zusammenarbeit von der Jugendvertretung Stellungnahmen und Vorschläge anfordern; dieser Anforderung hat die Jugendvertretung Folge zu leisten.

Wesentlich ist, daß die verantwortliche Interessenvertretung der Jugendlichen gegenüber dem Arbeitgeber allein vom Betriebsrat als Interessenvertreter aller Arbeitnehmer wahrgenommen wird; der Betriebsrat hat hierbei die Jugendvertretung angemessen zu beteiligen.

Das Antragsrecht, soweit es jugendliche Arbeitnehmer betrifft, steht ebenfalls dem Betriebsrat und nicht etwa der Jugendvertretung zu. Der Betriebsrat hat die Jugendvertretung nicht nur an den Betriebsratssitzungen teilnehmen zu lassen, sondern sie auch zu den gemeinsamen Besprechungen mit dem Arbeitgeber einzuladen, sofern Angelegenheiten behandelt werden, die speziell jugendliche Arbeitnehmer des Betriebes betreffen (§ 68).

8 Förderung der Beschäftigung älterer Arbeitnehmer im Betrieb

Nach § 80 Abs. 1 Ziff. 6 gehört es zu den Aufgaben des Betriebsrats, die Beschäftigung älterer Arbeitnehmer im Betrieb zu fördern. Diese Vorschrift ergänzt § 75 Abs. 1 S. 2, wonach der Betriebsrat darauf zu achten hat, daß Arbeitnehmer nicht wegen Überschreitung bestimmter Altersstufen benachteiligt werden. Weiter ist diese Vorschrift im Zusammenhang mit § 96 Abs. 2 S. 2 zu sehen: im Rahmen der Förderung der Berufsbildung sind ebenfalls die Belange älterer Arbeitnehmer zu berücksichtigen. Das ist insbesondere im Hinblick darauf von besonderer Bedeutung, als die Auswirkungen der Automation und des technischen Fortschrittes vielfach zu einer quantitativen und qualitativen Umstrukturierung der Belegschaft führen. Davon betroffen sind dann in erster Linie ältere Arbeitnehmer; sie sind deshalb besonders in die beruflichen Bildungsmaßnahmen einzubeziehen. Diese Zielsetzung deckt sich auch mit den §§ 218 ff SGB III, wonach Eingliederungszuschüsse für Arbeitnehmer, die das 55. Lebensjahr vollendet haben und vor Beginn des Arbeitsverhältnisses langzeitarbeitslos oder innerhalb der letzten zwölf Monate mindestens 6 Monate arbeitslos waren, erbracht werden können.

Hieraus ergibt sich, daß sich die Aufgabe des Betriebsrats nicht auf die bereits im Betrieb tätigen älteren Arbeitnehmer beschränkt, sondern daß er auch beim Arbeitgeber darauf hinzuwirken hat, daß geeignete Arbeitsplätze für ältere Arbeitnehmer – gegebenenfalls unter Zuhilfenahme der Leistungen der Bundesanstalt für Arbeit – geschaffen und freiwerdende Arbeitsplätze nach Möglichkeit mit älteren Arbeitnehmern besetzt werden.

Weiter gehört es zu den Aufgaben des Betriebsrats, bei den übrigen Arbeitnehmern des Betriebes Verständnis für die besonderen Probleme der älteren Arbeitnehmer zu wecken.

9 Eingliederung ausländischer Arbeitnehmer

Nach § 80 Abs. 1 Ziff. 7 gehört es zu den allgemeinen Aufgaben des Betriebsrats, die Eingliederung ausländischer Arbeitnehmer in den Betrieb und das Verständnis zwischen ihnen und den deutschen Arbeitnehmern zu fördern.
Eingliederung im Sinne dieser Vorschrift heißt nicht Förderung der Einstellung, sondern Integrierung bereits eingestellter ausländischer Arbeitnehmer in den Betrieb.
Der Betriebsrat soll in diesem Sinne auf die Anwendung des Gleichbehandlungs- und Gleichberechtigungsgrundsatzes achten. Aufgaben des Betriebsrats im Sinne dieser Vorschrift ist also mehr die Herstellung zwischenmenschlicher Beziehungen und die Förderung gegenseitigen Verständnisses, was zur Erlangung einer vertrauensvollen Zusammenarbeit zwischen deutschen und ausländischen Arbeitnehmern Voraussetzung ist. Der Betriebsrat soll helfen, das Miteinander- und Zusammenleben zunächst zu ermöglichen, dann aber auch zu erleichtern.

10 Einstellung

Nach § 99 Abs. 1 hat der Arbeitgeber in Betrieben mit in der Regel mehr als 20 wahlberechtigten Arbeitnehmern den Betriebsrat vor jeder Einstellung zu unterrichten, ihm die erforderlichen Bewerbungsunterlagen vorzulegen und Auskunft über die Person des Bewerbers zu geben.
Bestritten ist, ob der Arbeitgeber dem Betriebsrat auch die Unterlagen der abgelehnten Bewerber vorzulegen hat, und zwar insbesondere dann, wenn die Personal(vor)auswahl einem Dritten (z.B. Unternehmens- oder Personalberater) überlassen worden ist.
Unter Einstellung ist die Begründung eines Arbeitsverhältnisses durch Abschluß eines Arbeitsvertrages zu verstehen; es kann jedoch auch die bloße Eingliederung in den Betrieb, d.h. die Arbeitsaufnahme, also die tatsächliche Beschäftigung, an einem bestimmten Arbeitsplatz, hierunter fallen. Sofern diese beiden Tatbestände – was in der Praxis häufig der Fall ist – zeitlich auseinanderfallen, ist jeweils die zeitliche erste Maßnahme des Arbeitgebers mitbestimmungspflichtig, d.h. in aller Regel der Abschluß des Arbeitsvertrages. Für den Fall, daß der Arbeitsvertrag – aus welchen Gründen auch immer – nichtig ist, kommt es auf die gleichwohl erfolgte tatsächliche Einstellung und/oder Eingliederung in den Betrieb an. Das kann z.B. der Fall sein, wenn werdende Mütter für Akkord- oder Fließbandarbeiten oder Jugendliche für Akkordarbeiten oder gefährliche Arbeiten gem. § 22 JugArbSchG eingestellt worden sind.
Auch bei der Beschäftigung der Arbeitnehmer von Fremdfirmen kann durchaus ein Mitbestimmungsrecht des Betriebsrats in Betracht kommen, denn nach stän-

diger Rechtsprechung des Bundesarbeitsgerichts kommt es für das Tatbestandsmerkmal der Einstellung nicht entscheidend auf das Rechtsverhältnis an, in dem die im Betrieb tätigen Personen zum Arbeitgeber als Betriebsinhaber stehen.

Eine das Mitbestimmungsrecht auslösende Einstellung liegt aber nur vor, wenn die Arbeitnehmer der Fremdfirmen in den Betrieb eingegliedert werden. Hierfür ist maßgebend, daß sie zusammen mit den im Betrieb schon beschäftigten Arbeitnehmern eine Tätigkeit zu verrichten haben, die ihrer Art nach weisungsgebunden ist, der Verwirklichung des arbeitstechnischen Zwecks des Betriebes dient und daher vom Arbeitgeber organisiert werden muß. Für die Annahme dieser Voraussetzungen reicht es nicht aus, daß Personen aufgrund eines Dienst- oder Werkvertrages, den der Arbeitgeber mit einem Dritten abgeschlossen hat, im Betrieb tätig werden. Es muß vielmehr hinzukommen, daß diese Personen so in die Arbeitsorganisation des Arbeitgebers eingegliedert werden, daß dieser die für ein Arbeitsverhältnis typischen Weisungen über den Arbeitseinsatz zu treffen hat. Das für die Anwendung des § 99 erforderliche Merkmal der Eingliederung in den Betrieb bedeutet in diesem Zusammenhang nichts anderes, als daß der Betriebsinhaber gegenüber dem Fremdpersonal einen Teil der Arbeitgeberfunktionen ausüben muß. Das schließt nicht aus, daß ein Arbeitsverhältnis zwischen den betreffenden Arbeitnehmern und dem Unternehmen besteht, das sie in den Betrieb entsandt hat. Eine derartige Aufspaltung der Arbeitgeberstellung ist dem Arbeitsrecht vertraut, wie das Arbeitnehmerüberlassungsgesetz zeigt. Der Einsatz von Fremdpersonal im Betrieb ist nur dann nach § 99 mitbestimmungspflichtig, wenn dieses Personal in den Betrieb eingegliedert wird. Die Eingliederung setzt voraus, daß der Arbeitgeber des Betriebs auch gegenüber dem Fremdpersonal wenigstens einen Teil der Arbeitgeberstellung übernimmt. Sie ist dagegen zu verneinen, wenn nur das betriebsfremde Unternehmen die für ein Arbeitsverhältnis typischen Entscheidungen über den Arbeitseinsatz nach Zeit und Ort zu treffen hat.

Wird ein befristetes Arbeitsverhältnis verlängert oder in ein Arbeitsverhältnis auf unbestimmte Zeit umgewandelt, ist der Betriebsrat grundsätzlich nach § 99 erneut zu beteiligen.

Dies gilt nicht, wenn ein befristetes Probearbeitsverhältnis nach Ablauf der Probezeit in ein unbefristetes Arbeitsverhältnis umgewandelt wird, sofern dem Betriebsrat vor der Einstellung zur Probe mitgeteilt worden ist, der Arbeitnehmer solle bei Bewährung auf unbestimmte Zeit weiterbeschäftigt werden.

Der Betriebsrat kann bei Neueinstellungen verlangen, daß ihm die Bewerbungsunterlagen bis zu einer Woche überlassen werden, damit er sein Mitbestimmungsrecht ordnungsgemäß ausüben kann. Der Arbeitgeber darf sich nach einer Entscheidung des Bundesarbeitsgerichts nicht darauf beschränken, dem Betriebsrat lediglich im Lohnbüro Einsicht in die Bewerbungsunterlagen zu gewähren.

Beauftragt der Arbeitgeber ein Personalberatungsunternehmen, ihm geeignete Bewerber zur Einstellung auf einen bestimmten Arbeitsplatz vorzuschlagen, beschränkt sich die Unterrichtungspflicht des Arbeitgebers nach § 99 Abs. 1 auf die Personen und deren Bewerbungsunterlagen, die ihm das Personalberatungsunternehmen genannt hat.

Beauftragt der Arbeitgeber ein Personalberatungsunternehmen, ihm einen geeigneten Bewerber vorzuschlagen und ist der Arbeitgeber entschlossen, bereits den ersten vorgeschlagenen Bewerber einzustellen, so muß er dem Betriebsrat auch nur die Unterlagen dieses einen Bewerbers vorlegen.

Es bleibt unentschieden, ob der Arbeitgeber dann, wenn für ihn ein Personalberatungsunternehmen mit einer Anzeige einen Arbeitnehmer mit einer bestimmten Qualifikation sucht, gegenüber dem Betriebsrat verpflichtet ist, vom Personalberatungsunternehmen die Vorlage der Bewerbungsunterlagen aller Personen zu verlangen, die sich auf die Annonce gemeldet haben.

Eine Einstellung im Sinne des § 99, die der Unterrichtungspflicht des Arbeitgebers unterliegt, liegt dann nicht vor, wenn eine Weiterbeschäftigung nach Zurücknahme einer Kündigung gegeben ist, wenn ein ruhendes Arbeitsverhältnis, z.B. nach Ableistung des Wehrdienstes, wieder aufgenommen wird oder wenn ein Arbeitnehmer nach Beendigung eines Streiks – z.B. infolge der Wiedereinstellungsklausel – oder einer suspendierenden Aussperrung des Arbeitgebers wieder an seinen Arbeitsplatz zurückkehrt. Außerdem liegt eine Einstellung im Sinne von § 99 und damit ein Mitbestimmungsrecht des Betriebsrats nicht vor, wenn sich nach Ende eines Ausbildungsverhältnisses aufgrund einer vertraglichen Weiterbeschäftigungsklausel eine Einstellung als Angestellter oder Geselle anschließt.

Endlich liegt eine Einstellung nicht schon dann vor, wenn die aufgrund eines Dienst- oder Werkvertrags zu erbringende Leistung hinsichtlich Art, Umfang, Güte, Zeit und Ort in den betrieblichen Arbeitsprozeß eingeplant ist. Erforderlich ist vielmehr, daß die das Werk oder die Dienstleistung erbringende Person selbst in die Arbeitsorganisation des Arbeitgebers eingegliedert ist, und dieser für ein Arbeitsrechtsverhältnis charakteristischen Entscheidungen über den Arbeitseinsatz auch nach Zeit und Ort zu treffen hat.

Verpflichtet sich der Arbeitgeber in einem Sozialplan, die aufgrund einer Betriebsänderung ausgeschiedenen Arbeitnehmer ein Jahr lang bei gleicher Qualifikation bevorzugt gegenüber anderen Bewerbern einzustellen und ihnen die Bewerbung dadurch zu ermöglichen, daß er sie von den freiwerdenden Stellen unterrichtet, so kann der Betriebsrat der Einstellung eines anderen Bewerbers die Zustimmung verweigern, wenn der Arbeitgeber gegen diese Verpflichtung aus dem Sozialplan verstößt.

Auch liegt weder eine Einstellung noch eine vorläufige personelle Maßnahme im Sinne von § 100 vor, wenn für die Dauer eines Warnstreiks von wenigen Stunden zum Zwecke der Milderung der Streikfolgen Aushilfen eingestellt werden.

Die Frage, ob der Betriebsrat auch bei Einstellungen von Leiharbeitnehmern im Sinne des Arbeitnehmerüberlassungsgesetzes zu hören ist, ist vom Bundesarbeitsgericht bejaht worden. Das Bundesarbeitsgericht hat dazu folgendes aufgeführt: Das Arbeitnehmerüberlassungsgesetz geht davon aus, daß der Leiharbeitnehmer, auch im Sinne des Betriebsverfassungsrechts, echter Arbeitnehmer des Verleihers ist und damit wahlberechtigt und wählbar im Verleiherbetrieb. Strittig ist aber die Frage, ob nach Inkrafttreten des Arbeitnehmerüberlassungsgesetzes die frühere, allgemein vertretene Auffassung noch aufrecht erhalten werden kann, der Leiharbeitnehmer gehöre betriebsverfassungsrechtlich sowohl dem Verleiherbetrieb als auch dem Entleiherbetrieb an.

Jedenfalls hat auch der Arbeitgeber des Entleiherbetriebes gegenüber dem auf Zeit beschäftigten Leiharbeitnehmer in verschiedener Hinsicht eine zumindest faktische Arbeitgeberstellung, vor allem hinsichtlich des Weisungsrechts für die Arbeitsleistung. In diesem, insbesondere dem Mitbestimmungsrecht des Betriebsrats nach § 87 unterliegenden Bereich, aber auch für andere Fragen, zum Beispiel gemäß § 75, § 80 Abs. 1 Nr. 1, § 81, § 82 Abs. 1, §§ 84, 85, 89 besteht eine „Zuständigkeit' des Entleihers und damit auch ein Beteiligungsrecht des Betriebsrats des Entleiherbetriebes auch für Leiharbeitnehmer; es ist nicht auf die „Stammbelegschaft" des Betriebes beschränkt.

Insoweit kann es keine zwei „Klassen" von Arbeitnehmern geben. Der Betriebsrat des Entleiherbetriebes ist z.B. berechtigt und verpflichtet, auch für die Leiharbeitnehmer in Fragen des Arbeitsschutzes und der Unfallverhütung tätig zu werden, wie sich aus § 11 Abs. 6 AÜG unmittelbar ergibt. Der Betriebsrat des Verleiherbetriebes hat während der Abordnung von Leiharbeitnehmern in den Entleiherbetrieb insoweit weder rechtliche Befugnisse noch die tatsächliche Möglichkeit, tätig zu werden. Würde man jede Zuständigkeit des Betriebsrats des Entleiherbetriebes verneinen, so würden die Leiharbeitnehmer in zahlreichen Fällen den Schutz des Betriebsverfassungsgesetzes praktisch entbehren, ein offenbar weder von dem Gesetzgeber des Arbeitnehmerüberlassungsgesetzes noch des Betriebsverfassungsgesetzes beabsichtigtes Ergebnis. Da auch nach Inkrafttreten des Arbeitnehmerüberlassungsgesetzes die Arbeitgeberfunktionen zwischen Verleiher und Entleiher der Natur der Sache nach tatsächlich aufgespalten sind, ergibt sich hieraus eine entsprechende Aufspaltung der Befugnisse und Zuständigkeiten des Betriebsrats des Verleiherbetriebes und des Entleiherbetriebes für diese Arbeitnehmer. Es kann eben nicht übersehen werden, daß die Leiharbeiter – wenn auch nur für vorübergehende Zeit – tatsächlich in den Entleiherbetrieb eingegliedert sind und auch der Ordnung dieses Betriebes unterliegen.

Dann besteht aber auch ein legitimes Interesse des Betriebsrats des Entleiherbetriebs, bei der Einstellung dieser Arbeitnehmer beteiligt zu werden. Das Gesetz bietet auch keinen Anhaltspunkt dafür, daß die Vorschrift des § 99 etwa auf zeitlich befristete Arbeitsverhältnisse keine Anwendung finden sollte.

Nach § 100 Abs. 1 kann der Arbeitgeber Einstellungen, Ein- und Umgruppierungen sowie Versetzungen, wenn dies aus sachlichen Gründen dringend erforderlich ist, vorläufig auch dann durchführen, wenn der Betriebsrat sich noch nicht geäußert oder gar, wenn er die Zustimmung hierzu verweigert hat.
Die Zulässigkeit zur Durchführung dieser vorläufigen personellen Maßnahmen ist an drei Voraussetzungen geknüpft, und zwar
1. sie muß aus sachlichen Gründen dringend erforderlich sein
2. der Betriebsrat muß hierüber informiert sein
3. der Arbeitgeber hat den Arbeitnehmer über die Sach- und Rechtslage aufzuklären.
Aus sachlichen Gründen ist die Durchführung einer vorläufigen personellen Maßnahme dann gerechtfertigt, wenn unter Berücksichtigung aller Umstände des Einzelfalles eine Maßnahme unaufschiebbar ist, weil feststeht, daß anderenfalls ein nicht wiedergutzumachender und nicht absehbarer Schaden entstehen würde, wenn es z.B. nicht vertretbar ist, einen Arbeitsplatz länger unbesetzt zu lassen oder wenn ein auf dem Arbeitsmarkt schwierig zu bekommender Arbeitnehmer, der angestellt werden soll, nicht bereit ist, die Zustimmung des Betriebsrats abzuwarten. Weitere Gründe könnten sein, daß die Einstellung deshalb sofort erfolgen muß, weil der Bewerber sonst eine andere Stellung annehmen würde oder daß eine Versetzung deshalb sofort vorgenommen werden muß, weil sonst Störungen des Arbeitsablaufs eintreten würden.
Der Arbeitgeber muß den betroffenen Arbeitnehmer, bevor er die o.g. personellen Maßnahmen vorläufig durchführt, über die Sach- und Rechtslage unterrichten und ihn auf die mögliche Notwendigkeit, die Maßnahmen später wieder rückgängig machen zu müssen, hinweisen. Unterläßt er diesen Hinweis, so kann er sich, wenn die vorläufige Maßnahme später nach § 100 Abs. 2 und 3 wieder endet, schadensersatzpflichtig machen.
Gem. § 100 Abs. 1 handelt es sich nur um eine vorläufige Maßnahme. Gem. § 100 Abs. 2 darf der Arbeitgeber, wenn der Betriebsrat bestreitet, daß die Maßnahme aus sachlichen Gründen dringend erforderlich ist, die vorläufige personelle Maßnahme nur dann aufrechterhalten, wenn er innerhalb von drei Tagen beim Arbeitsgericht die Ersetzung der Zustimmung des Betriebsrats und die Feststellung beantragt, daß die Maßnahme aus sachlichen Gründen dringend erforderlich war. Der diesbezügliche Antrag muß spätestens am 3. Tag, nachdem die Mitteilung des Betriebsrats dem Arbeitgeber zugegangen ist, beim örtlich zuständigen Arbeitsgericht eingegangen sein. Das gerichtliche Verfahren ist nicht auf die Klärung der Frage beschränkt, ob der Arbeitgeber die personelle Maßnahme vorläufig durchführen durfte; es kann sich vielmehr gleichzeitig auch auf die Ersetzung der Zustimmung des Betriebsrats nach § 99 Abs. 4 erstrecken. Unterläßt es der Arbeitgeber, einen solchen Antrag zu stellen oder wird er nicht rechtzeitig eingereicht, so muß er die vorläufige personelle Maßnahme wieder rückgängig machen. Ist ein solches Rückgängigmachen rechtlich

nicht mehr möglich, so darf der Arbeitgeber sie wenigstens tatsächlich nicht weiter aufrechterhalten.
Gibt das Gericht den Anträgen des Arbeitgebers dagegen statt, so wird die getroffene vorläufige personelle Maßnahme mit der Rechtskraft der Entscheidung endgültig.
Nach § 105 ist dem Betriebsrat eine beabsichtigte Einstellung oder personelle Veränderung eines in § 5 Abs. 3 und 4 genannten leitenden Angestellten rechtzeitig mitzuteilen.
Bei personellen Maßnahmen hinsichtlich leitender Angestellter steht dem Betriebsrat weder ein Anhörungsrecht noch ein Beratungsrecht zu. Da jedoch Einstellungen und personelle Veränderungen in diesem Personenkreis für die Arbeitnehmer des Betriebes von erheblicher praktischer Bedeutung sind, weil viele von ihnen arbeitgeberähnliche Funktionen wahrnehmen, soll gem. § 105 der Betriebsrat vom Arbeitgeber rechtzeitig, d.h. vor der Durchführung der Maßnahme unterrichtet werden. Der Begriff der Einstellung in § 105 ist der gleiche wie in § 99 Abs. 1. Personelle Veränderungen in diesem Sinne sind jedoch nicht nur Umgruppierungen, Versetzungen und Entlassungen, sondern jede Änderung der Führungsfunktion des leitenden Angestellten, sowie auch ein Ausscheiden „im gegenseitigen Einverständnis". Der Arbeitgeber ist verpflichtet, den Betriebsrat über die Person des Bewerbers sowie über seine künftige Position zu informieren, nicht dagegen über Einzelheiten des Anstellungsvertrages.
Hat der Betriebsrat gegen die Einstellung oder personelle Veränderung Bedenken oder Anregungen, so kann und sollte er diese dem Arbeitgeber mitteilen. Der Arbeitgeber ist dann aus dem Grundsatz der vertrauensvollen Zusammenarbeit mit dem Betriebsrat nach § 74 Abs. 1 verpflichtet, sachlich hierauf einzugehen. Er ist jedoch nicht wie bei § 99 Abs. 3 verpflichtet, eine Frist von 1 Woche abzuwarten, bevor er die personellen Maßnahmen durchführen kann.
Bezieht sich die Funktion eines leitenden Angestellten auf mehrere Betriebe und ist ein Gesamtbetriebsrat vorhanden, so ist dieser gem. § 51 Abs. 6 zu verständigen. Entsprechendes gilt für den Konzernbetriebsrat gem. § 59 Abs. 1.
Unterrichtet der Arbeitgeber – aus welchen Gründen auch immer – den Betriebsrat nicht, so hat dies keinen Einfluß auf die Rechtswirksamkeit der von ihm angeordneten Einstellung oder sonstigen personellen Veränderung.
Verstöße gegen § 105 sind auch nicht strafbar, da die Aufklärungs- und Auskunftspflichten, bei deren Verletzung die Verhängung einer Geldbuße möglich ist, in § 121 Abs. 1 erschöpfend aufgezählt ist, ohne daß darin § 105 enthalten ist. Weigert sich der Arbeitgeber jedoch, der Verpflichtung aus § 105 nachzukommen, so kann der Betriebsrat nach § 23 Abs. 3 seinen Unterrichtungsanspruch beim Arbeitsgericht durchsetzen.

11 Eingruppierung

Unter Eingruppierung versteht man die erstmalige Eingliederung des Arbeitnehmers in das allgemeine betriebliche Entlohnungssystem.
Nach § 99 Abs. 1 hat der Arbeitgeber in Betrieben mit in der Regel mehr als zwanzig wahlberechtigten Arbeitnehmern den Betriebsrat vor jeder Eingruppierung zu unterrichten, ihm die erforderlichen Bewerbungsunterlagen vorzulegen und Auskunft über die Person zu geben. Darüber hinaus ist nach § 99 Abs. 2 die Zustimmung des Betriebsrats einzuholen.
Zunächst geht das Bundesarbeitsgericht davon aus, daß es sich bei der Mitbestimmung des Betriebsrats nach § 99 um ein Mitbeurteilungsrecht und nicht um ein Mitgestaltungsrecht handelt. Die Eingruppierung des Arbeitnehmers in eine im Betrieb angewandte Lohn- oder Gehaltsgruppenordnung ist keine konstitutive Maßnahme, sondern ein Akt der Rechtsanwendung. Die Beteiligung des Betriebsrats nach § 99 soll dazu beitragen, daß diese Rechtsanwendung möglichst zutreffende Ergebnisse erzielt. Sie dient der einheitlichen und gleichmäßigen Anwendung der Vergütungsordnung in gleichen und vergleichbaren Fällen, damit der innerbetrieblichen Lohngerechtigkeit und der Transparenz der betrieblichen Vergütungspraxis.
Dabei ist es ohne Bedeutung, ob der Beurteilungsakt eine Eingruppierung zum Gegenstand hat oder eine Umgruppierung. Unter einer Umgruppierung im Sinne des § 99 ist die Feststellung des Arbeitgebers zu verstehen, daß die Tätigkeit des Arbeitnehmers nicht – oder nicht mehr – den Tätigkeitsmerkmalen derjenigen Kategorie entspricht, in die er eingruppiert ist. Anlaß für diese Feststellung kann eine Änderung der Tätigkeit sein, eine Änderung des Entgeltschemas oder aber eine veränderte Einschätzung der Rechtslage durch den Arbeitgeber. Umgruppierungen unterliegen nach § 99 in gleicher Weise der Mitbestimmung des Betriebsrats wie Eingruppierungen.
Gegenstand der Ein- oder Umgruppierung ist die Einordnung des Arbeitnehmers in ein kollektives Entgeltschema. Ein solches Schema ist dadurch charakterisiert, daß es die einzelnen Tätigkeiten in verschiedene Kategorien einteilt und dabei eine Bewertung vornimmt, die sich in der Höhe des Arbeitsentgelts äußert. Nach dem dargestellten Zweck des Mitbestimmungsrechts kann es für die Frage, ob eine mitbestimmungspflichtige Eingruppierung vorliegt, nicht darauf ankommen, wie die einzelnen Stufen oder Kategorien des Vergütungsschemas bezeichnet sind. Nicht nur die Zuordnung zu ausdrücklich so genannten Vergütungs-, Lohn- oder Gehalts„gruppen" kann eine Ein- oder Umgruppierung im Sinne des § 99 darstellen, sondern auch die Feststellung, daß ein Arbeitnehmer die Voraussetzungen für eine bestimmte Zusatzleistung erfüllt, die nach dem Entgeltschema wegen der höheren Bewertung seiner Tätigkeit zu zahlen ist. Ein in mehrere Gehaltsgruppen untergliedertes Vergütungssystem kann durch Zulagen, die jeweils einen Teil des zwischen zwei Vergütungsgruppen

bestehenden Abstandes ausgleichen, faktisch um Zwischengruppen erweitert werden. Die Feststellung, daß ein Arbeitnehmer Anspruch auf eine solche Zulage hat, ist nichts anderes als eine Eingruppierung.
Hieraus folgt allerdings, daß bei weitem nicht in jedem Fall die Entscheidung über die Gewährung einer Zulage als Eingruppierung anzusehen ist. So hat das Bundesarbeitsgericht bereits früher darauf hingewiesen, daß eine Zulage dann keine mitbestimmungspflichtige Eingruppierung voraussetzt, wenn sie nichts über die Stellung des Arbeitnehmers innerhalb der Vergütungsordnung aussagt. Das ist beispielsweise dann der Fall, wenn sie Arbeitnehmern ohne Rücksicht auf die Zuordnung zu bestimmten Vergütungsgruppen generell für bestimmte Erschwernisse gezahlt wird, unter denen die Arbeit zu leisten ist. Das gleiche gilt für eine Zulage, die nach Tarifvertrag allen Angestellten derselben Fallgruppe einer Vergütungsgruppe zu zahlen ist, ohne daß es noch auf weitere Voraussetzungen ankäme.
Eine Eingruppierung liegt in der Gewährung einer Zulage nur dann, wenn diese in das Vergütungsgruppensystem eingebunden ist. Dafür ist zu fordern, daß die Voraussetzungen der Zulage an diejenigen anknüpfen, die für das bewertende Entgeltschema maßgebend sind, z.B. an die Lohn- und Gehaltsgruppenmerkmale. Nur dann beruht nämlich die Entscheidung über die Gewährung der Zulage in gleicher Weise wie die Zuordnung zur Tarifgruppe auf der für die Eingruppierung charakteristischen Subsumtion einer Tätigkeit unter abgrenzende und abstufende Tatbestandsmerkmale. Hinzukommen muß ferner, daß die Zulage die Funktion einer Zwischengruppe erfüllt, indem sie eine Bewertungsstufe zum Ausdruck bringt. Wesensmerkmal eines Eingruppierunssystems ist nämlich die schematische Zuordnung von Tätigkeiten zu bestimmten Vergütungsstufen, zwischen denen mehr oder weniger große Abstände bestehen.
In einem späteren Urteil geht das Bundesarbeitsgericht davon aus, daß es sich bei der Mitbestimmung des Betriebsrats nach § 99 um ein Mitbeurteilungsrecht und nicht um ein Mitgestaltungsrecht handelt. Die Eingruppierung des Arbeitnehers in eine im Betrieb angewandte Lohn- oder Gehaltsgruppenordnung ist keine konstitutive Maßnahme, sondern ein Akt der Rechtsanwendung. Die Beteiligung des Betriebsrats nach § 99 soll dazu beitragen, daß diese Rechtsanwendung möglichst zutreffende Ergebnisse erzielt. Sie dient der einheitlichen und gleichmäßigen Anwendung der Vergütungsordnung in gleichen und vergleichbaren Fällen, damit der innerbetrieblichen Lohngerechtigkeit und der Transparenz der betrieblichen Vergütungspraxis.
Dabei ist es ohne Bedeutung, ob der Beurteilungsakt eine Eingruppierung zum Gegenstand hat oder eine Umgruppierung. Unter einer Umgruppierung im Sinne des § 99 ist die Feststellung des Arbeitgebers zu verstehen, daß die Tätigkeit des Arbeitnehmers nicht – oder nicht mehr – den Tätigkeitsmerkmalen derjenigen Kategorie entspricht, in die er eingruppiert ist. Anlaß für diese Feststellung kann eine Änderung der Tätigkeit sein, eine Änderung des Entgeltschemas oder

aber eine veränderte Einschätzung der Rechtslage durch den Arbeitgeber. Umgruppierungen unterliegen nach § 99 in gleicher Weise der Mitbestimmung des Betriebsrats wie Eingruppierungen.

Gegenstand der Ein- oder Umgruppierung ist nach Auffassung des Bundesarbeitsgerichts die Einordnung des Arbeitnehmers in ein kolllektives Entgeltschema. Ein solches Schema ist dadurch charakterisiert, daß es die einzelnen Tätigkeiten in verschiedene Kategorien einteilt und dabei eine Bewertung vornimmt, die sich in der Höhe des Arbeitsentgelts äußert. Nach dem dargestellten Zweck des Mitbestimmungsrechts kann es für die Frage, ob eine mitbestimmungspflichtige Eingruppierung vorliegt, nicht darauf ankommen, wie die einzelnen Stufen oder Kategorien des Vergütungsschemas bezeichnet sind. Nicht nur die Zuordnung zu ausdrücklich so genannten Vergütungs-, Lohn- oder Gehalts-„gruppen" kann eine Ein- oder Umgruppierung im Sinne des § 99 darstellen, sondern auch die Feststellung, daß ein Arbeitnehmer die Voraussetzungen für eine bestimmte Zusatzleistung erfüllt, die nach dem Entgeltschema wegen der höheren Bewertung seiner Tätigkeit zu zahlen ist. Ein in mehrere Gehaltsgruppen untergliedertes Vergütungssystem kann durch Zulagen, die jeweils einen Teil des zwischen zwei Vergütungsgruppen bestehenden Abstandes ausgleichen, faktisch um Zwischengruppen erweitert werden. Die Feststellung, daß ein Arbeitnehmer Anspruch auf eine solche Zulage hat, ist nichts anderes als eine Eingruppierung.

Die Entscheidung über die Gewährung einer Zulage ist als Ein- oder Umgruppierung nach § 99 nur dann mitbestimmungspflichtig, wenn die Zulage nur in „angemessener" Höhe für eine unspezifische Kombination von Tätigkeiten geschuldet wird, deren Wertigkeit in bliebiger Weise die Merkmale einer tariflichen Gruppe übersteigt.

Eine Eingruppierung im Sinne von § 99 Abs. 1 liegt auch vor bei der Einstellung von versicherungsfreien Aushilfs- oder Teilzeitbeschäftigten (sog. Nettopauschalkräfte).

Besteht ein Tarifvertrag, hat die Eingruppierung nach der darin vorgesehenen Gruppeneinteilung zu erfolgen. Nicht entscheidend ist hierbei, ob der Arbeitgeber tarifgebunden ist oder nicht. Besteht eine Lohnordnung in Form einer Betriebsvereinbarung, so hat die Eingruppierung nach dieser zu erfolgen. Entscheidend für die Eingruppierung ist in beiden Fällen die ausgeübte bzw. im Vertrag vorgesehene auszuübende Tätigkeit einerseits und die Tätigkeitsmerkmale der jeweiligen Lohn- oder Gehaltsgruppe andererseits. Das Mitbestimmungsrecht des Betriebsrats hat somit nur Kontrollfunktion. Gibt es keine kollektivrechtlichen Lohngruppen, liegt der Tatbestand der Eingruppierung überhaupt nicht vor. Nimmt der Arbeitgeber jedoch eine Eingruppierung entsprechend einem Tarifvertrag vor und richtet er sich bezüglich der Entlohnung danach, so hat der Betriebsrat ein Interesse an der Einhaltung der dem Tarifvertrag entsprechenden Ordnung und somit ebenfalls ein Kontrollrecht.

Das Bundesarbeitsgericht hatte die Frage zu entscheiden, inwieweit der Betriebsrat seine Zustimmung bei der Eingruppierung deswegen verweigern kann, weil nach seiner Auffassung nur eine niedrigere als die vom Arbeitgeber vorgesehene Vergütungsgruppe in Betracht kommt.
Nach ständiger Rechtssprechung des Bundesarbeitsgerichts ist das Mitbestimmungsrecht bei Eingruppierungen als Mitbeurteilungsrecht und nicht als Mitgestaltungsrecht zu verstehen. Die Eingruppierung des Arbeitnehmers in eine im Betrieb angewandte Lohn- oder Gehaltsgruppenordnung ist keine konstitutive Maßnahme, sondern Rechtsanwendung. Die Beteiligung des Betriebsrats nach § 99 soll dazu beitragen, daß möglichst zutreffende Ergebnisse erzielt werden. Sie dient der einheitlichen und gleichmäßigen Anwendung der Vergütungsordnung in vergleichbaren Fällen und damit der innerbetrieblichen Lohngerechtigkeit sowie der Transparenz der betrieblichen Vergütungspraxis. Dabei ist es ohne Bedeutung, ob der Beurteilungsakt eine Eingruppierung oder eine Umgruppierung betrifft. Unter einer Umgruppierung im Sinne des § 99 ist die Feststellung des Arbeitgebers zu verstehen, daß die Tätigkeit eines Arbeitnehmers nicht – oder nicht mehr – die Tätigkeitsmerkmale erfüllt, nach denen sie bisher beurteilt wurde. Anlaß für diese Feststellung kann eine Änderung der Tätigkeit sein, es kommen aber auch eine Änderung des Entgeltschemas oder aber eine veränderte Einschätzung der Rechtslage in Betracht.
Nach diesen Grundsätzen kann der Betriebsrat einer Eingruppierung auch mit der Begründung widersprechen, sie sei deshalb unzutreffend, weil der Arbeitnehmer geringerwertige Tätigkeiten ausübe.
Nur dieses Verständnis wird dem Zweck des Beteiligungsrechts bei Eingruppierungen nach § 99 gerecht. Es soll nicht allein den betroffenen Arbeitnehmer schützen. Vielmehr dient es auch kollektiven Belangen, nämlich der innerbetrieblichen Lohngerechtigkeit sowie der Transparenz der betrieblichen Vergütungspraxis. Gerade die Verteilungsgerechtigkeit im Betrieb ist aber berührt, wenn einzelne Arbeitnehmer durch eine übertarifliche Eingruppierung bevorzugt werden.
Werden im Einzelfall übertarifliche Arbeitsentgelte vereinbart, so unterliegt eine derartige Absprache nicht dem Mitbestimmungsrecht des Betriebsrats. Generell entfällt daher ein Mitbestimmungsrecht bei Außertariflich-Angestellten, es sei denn, es besteht für diese Gruppe von Arbeitnehmern eine spezifische betriebliche Gruppeneinteilung, die auf einer Betriebsvereinbarung beruht.
Werden Lohn- und Arbeitsbedingungen individuell verabredet, so besteht kein Mitbestimmungsrecht des Betriebsrats, und zwar unabhängig davon, ob für den Betrieb ein Tarifvertrag gilt oder nicht. Wird jedoch in irgendeiner Form auf den Tarifvertrag Bezug genommen, so greift das Mitbestimmungsrecht wieder ein.
Wenn schon der Betriebsrat auf die Höhe einer vereinbarten Zulage keinen unmittelbaren Einfluß bei der „Eingruppierung" hat, besteht für den Betriebsausschuß oder einen nach § 28 gebildeten Ausschuß das Recht, gemäß § 80 Abs. 2

in die Listen über Bruttolöhne und -gehälter Einblick zu nehmen. Dadurch hat der Betriebsrat konkrete Kenntnis über die effektiv vereinbarten Bruttolöhne bzw. -gehälter.

12 Umgruppierung

Nach § 99 Abs. 1 hat der Arbeitgeber den Betriebsrat vor jeder Umgruppierung zu unterrichten, ihm Auskunft über die Person der Beteiligten und unter Vorlage der erforderlichen Unterlagen über die Auswirkungen der geplanten Maßnahmen zu geben und die Zustimmung des Betriebsrats einzuholen.
Unter Umgruppierung ist generell die Veränderung der durch die ursprüngliche Eingruppierung oder sich anschließende Umgruppierung bestimmter Lohn- oder Gehaltsgruppenmerkmale zu verstehen. Darüber hinaus umfaßt der Begriff der Umgruppierung auch die Änderung der betrieblichen Stellung sowie des Aufgaben- und Kompetenzbereichs. Änderung als Umgruppierung heißt weiter, daß damit sowohl eine Besser- als auch Schlechterstellung der o.g. Gebiete verbunden sein kann. So können unter den Begriff der Umgruppierung sowohl solche Fälle fallen, in denen bei Fortzahlung der bisherigen Vergütung die Stellung oder der Aufgabenbereich und/oder die Kompetenzen geändert werden, als auch die Fälle, bei denen eine Einweisung in eine neue oder andere Lohn- oder Gehaltsgruppe erfolgt, obwohl die Tätigkeit unverändert bleibt. Wesentlich für den Begriff der Umgruppierung ist weiter, daß es auf eine Änderung der Lohnhöhe nicht ankommt. Eine Umgruppierung liegt auch dann vor, wenn sich die bisherige Lohn- oder Gehaltsgruppeneinteilung ändert und daraufhin die gesamte Arbeitnehmerschaft des Betriebes neu eingestuft, d.h. umgruppiert werden muß. Dies könnte z.B. dann der Fall sein, wenn die bisherige Zahl der Lohn- und Gehaltsstufen erhöht oder vermindert wird.
Sog. Massenneueinstufungen sind also mitbestimmungspflichtig. Eine Umgruppierung im o.g. Sinne liegt weiter dann vor, wenn ein Arbeitnehmer zunächst falsch eingruppiert war und später eine Korrektur erforderlich wird.
Werden einem Mitarbeiter probeweise höherwertige Tätigkeiten oder Aufgaben übertragen, so handelt es sich ebenfalls um eine mitbestimmungspflichtige Umgruppierung im obigen Sinne. Davon zu trennen ist der Fall der vorübergehenden oder auch befristeten Änderung einer Eingruppierung; diese stellt keine Umgruppierung oder eine Eingruppierung im Sinne von § 99 dar.
Keine Umgruppierung im o.g. Sinne liegt dagegen vor, wenn *lediglich* der Arbeitsplatz und/oder die Arbeitsbedingungen oder die Zuweisung anderer Arbeitsaufgaben erfolgen, soweit dies im Bereich des Direktionsrechts des Arbeitgebers liegt. Hier kann allerdings eine neue Einordnung des betreffenden Arbeitnehmers in die kollektivrechtliche Lohn- bzw. Gehaltsskala gegeben sein. Eine Umgruppierung liegt weiter dann vor, wenn sich eine Änderung in

der kollektivrechtlichen Lohn- und Gehaltsgruppierung des betreffenden Arbeitnehmers aufgrund von Tatsachen ergibt, die nicht auf Maßnahmen des Arbeitgebers zurückzuführen sind.

Wird ein Arbeitnehmer des Betriebes zum leitenden Angestellten im Sinne von § 5 Abs. 3 und 4 befördert und damit verbunden auch höher bezahlt, so ist dieser Vorgang ebenfalls nicht mitbestimmungspflichtig im Sinne von § 99. Für den Arbeitgeber entsteht hierbei vielmehr nur eine Mitteilungspflicht nach § 105; ein Mitbestimmungsrecht des Betriebsrats besteht dagegen nicht. Eine Umgruppierung nach § 99 liegt weiter dann nicht vor, wenn sich eine Höher- oder Herabstufung eines Arbeitnehmers zwingend aus einer neuen kollektivrechtlichen Regelung, also insbesondere aus einem neuen Tarifvertrag, ergibt und wenn sie nicht auf Maßnahmen des Arbeitgebers zurückzuführen sind.

Wird ein Arbeitnehmer befördert, ohne daß sich dadurch seine tarifliche Gruppe ändert, so liegt keine Umgruppierung vor. Bei einem Wechsel vom Arbeiter zum Angestellten ist zu prüfen, ob er tatsächlich eine Angestelltentätigkeit ausübt: ändert sich an seiner Tätigkeit nichts, und wird er nur wie ein Angestellter behandelt, so ist diese Regelung tarifrechtlich ohne Bedeutung und eine Mitbestimmung des Betriebsrats scheidet aus. Wird er jedoch vom Arbeiter zum Angestellten umgestuft, so liegt selbst dann eine mitbestimmungspflichtige Umgruppierung im Sinne von § 99 vor, wenn sein Arbeitsentgelt gleich (hoch) bleibt.

Wird endlich lediglich eine übertarifliche Zulage gewährt oder andererseits der Lohn bzw. das Gehalt auf die vorgesehene tarifliche Höhe reduziert, so liegt keine mitbestimmungspflichtige Umgruppierung vor. Wird jedoch ein Arbeitnehmer, dem arbeitsvertraglich eine höhere Eingruppierung zugesagt worden ist, danach echt neu eingestuft, so liegt nach h.M. eine Umgruppierung vor. Versteht man unter Umgruppierung jede Änderung in der tariflichen Stellung eines Arbeitnehmers, so ist es gleichgültig, aus welchem Grund eine Umgruppierung erfolgt. Insbesondere kann sie geschehen

a) kraft Tarifbindung, wenn beide Arbeitsvertragsparteien Mitglieder der tarifvertragsschließenden Parteien sind (§ 3 TVG),
b) kraft Allgemeinverbindlichkeitserklärung (§ 5 TVG) oder
c) kraft einzelvertraglich vereinbarter Anwendung des betreffenden Tarifvertrages im Einzelarbeitsvertrag.

Darüber hinaus ist es völlig unerheblich, auf welcher Rechtsgrundlage die Umgruppierung im einzelnen erfolgt: es kommt also insbesondere nicht darauf an, ob es sich um eine Beförderung des Arbeitnehmers handelt, ob ein neuer Lohntarif in Kraft getreten ist oder ob sich die Arbeitsvertragsparteien einverständlich über die Umgruppierung geeinigt haben. Eine Umgruppierung im Sinne von § 99 ist auch dann gegeben, wenn die Anwendung eines Tarifvertrages nur einzelvertraglich vereinbart wird oder in einem Betrieb ein eigener betrieblicher Lohn- oder Gehaltsgruppenkatalog besteht und sich die betriebliche Lohn- oder Gehaltsgruppe des Arbeitnehmers ändert. Dabei spielt es auch nach richtiger Ansicht keine Rolle, ob diese Kollektivordnung, sofern das nach § 77 Abs. 3 überhaupt möglich ist, lediglich auf Betriebsvereinbarung, Betriebsübung oder aufgrund einheitlicher einzelvertraglicher Vereinbarungen beruht. Ausschlaggebend ist vielmehr, daß es sich bei einer derartigen Regelung um eine Ordnung handelt, die für den ganzen Betrieb oder zumindest für einen nach objektiven Gesichtspunkten abgegrenzten Arbeitnehmerkreis gilt.

Gleichgültig für den Grund der Umgruppierung ist es endlich, ob diese kraft Direktionsrecht des Arbeitgebers, einer übereinstimmenden Vertragsänderung oder gar einer Änderungskündigung erfolgt.

13 Einblicksrecht in Bruttolohn- und Gehaltslisten

Nach § 80 Abs. 2 ist der Betriebsausschuß oder ein nach § 28 gebildeter Ausschuß berechtigt, in die Listen über die Bruttolöhne und -gehälter sowie Prämien Einblick zu nehmen.

Aus dem Wortlaut des Gesetzes ist nicht klar ersichtlich, ob dieses Einblicksrecht nur den o.g. Ausschüssen oder auch dem Betriebsrat zustehen soll. Würde das Einblicksrecht nur einem Ausschuß zustehen, so wäre für dessen Bildung nach § 27 Voraussetzung, daß der Betriebsrat neun oder mehr Mitglieder hat. Das würde bedeuten, daß dieses Recht in kleineren Betrieben entfiele. Nach überwiegender Auffassung tritt in den Fällen, in denen ein Betriebsausschuß nicht gebildet werden kann, an dessen Stelle der mit der Führung der laufenden Geschäfte beauftragte Betriebsratsvorsitzende und/oder dessen Stellvertreter.

Das Einblicksrecht dient inhaltlich insbesondere der Prüfung, ob Tarifverträge, Betriebsvereinbarungen und der Gleichbehandlungsgrundsatz vom Arbeitgeber eingehalten worden sind. Das Einblicksrecht besteht auch dann, wenn die Listen in EDV-Anlagen gespeichert sind. Der Betriebsrat muß sein Interesse am Einblick glaubhaft machen. Es bezieht sich nur auf die Bruttoentlohnung (Einstufung einschließlich allgemein gewährter übertariflicher Zulagen); Nettolöhne bzw. -gehälter kann der Betriebsrat aus dieser Vorschrift nicht einsehen, da dies einerseits einen Eingriff in die Intimsphäre des Mitarbeiters bedeuten würde, andererseits nichts mit dem o.g. Zweck zu tun hat.

Einblicksrecht bedeutet formell, daß der Betriebsrat die Vorlage der Listen verlangen und sich Notizen machen kann. Er hat keinen Anspruch auf Aushändigung der Listen oder der Anfertigung von Fotokopien.

Das Einblicksrecht des Betriebsrats widerspricht nicht dem Datenschutz.

Das umfassende Einblicksrecht des Betriebsrats findet seine Schranke an dem Gebot des Rechtsmißbrauchs.

14 Versetzungen

Nach § 99 Abs. 1 hat der Arbeitgeber in Betrieben mit in der Regel mehr als zwanzig wahlberechtigten Arbeitnehmern den Betriebsrat vor jeder Versetzung zu unterrichten, ihm Auskunft über die Auswirkungen der geplanten Maßnahmen zu geben und die Zustimmung des Betriebsrats einzuholen. Darüber hinaus hat der Arbeitgeber insbesondere den in Aussicht genommenen Arbeitsplatz und die vorgesehene Eingruppierung mitzuteilen.

Nach § 95 Abs. 3 ist unter Versetzung im Sinne des BVG die Zuweisung eines anderen Arbeitsbereichs zu verstehen, die voraussichtlich die Dauer von einem Monat überschreitet oder die mit einer erheblichen Änderung der Umstände verbunden ist, unter denen die Arbeit zu leisten ist. Werden Arbeitnehmer nach der Eigenart ihres Arbeitsverhältnisses üblicherweise nicht ständig an einem bestimmten Arbeitsplatz beschäftigt, so gilt die Bestimmung des jeweiligen Arbeitsplatzes nicht als Versetzung; sie ist dann vielmehr Inhalt des Direktionsrechts des Arbeitgebers, so z.B. bei Springern, Hilfsarbeitern, In- und Auslandsmonteuren.

Versetzung ist zunächst jede Zuweisung eines anderen Arbeitsplatzes oder Arbeitsbereichs, die für länger als einen Monat geplant ist. Längere Umsetzungen, die nicht vorhersehbar waren, wie z.B. infolge von Krankheit, unterliegen daher auch nicht dem Mitwirkungsrecht des Betriebsrats.

Wird einem Arbeitnehmer für die Dauer von nicht mehr als einem Monat ein anderer Arbeitsort zugewiesen und ist damit eine erheblich längere Anfahrt verbunden, so liegt eine Versetzung im Sinne von § 95 Abs. 3 auch dann vor, wenn der Arbeitnehmer nicht in eine organisatorische Einheit eingegliedert wird und er mit der Entsendung einverstanden ist.

Unter Arbeitsplatz in diesem Sinne ist der innerhalb der betrieblichen Organisation vorhandene und durch den speziellen Aufgabenbereich des Arbeitnehmers abgegrenzte Aufgabenbereich zu verstehen; der Arbeitsplatz ist die objektivierte Stellung des betreffenden Arbeitnehmers innerhalb der betrieblichen Organisation, nicht ein bestimmter – geographisch gesehen – Ort innerhalb des Betriebes. Der Arbeitsplatz ist mithin ein – funktionell und arbeitstechnisch gesehen – abgegrenzter Ort innerhalb der Produktion mit der daraus sich in der Regel ergebenden Folge einer auch lokalen Abgrenzung und Bestimmbarkeit.

Daraus ergeben sich andere negative Abgrenzungen: Die Zuweisung eines anderen Arbeitsplatzes innerhalb der gleichen selbständigen Betriebsabteilung oder des gleichen Betriebes am gleichen Ort gilt dann nicht als Versetzung, wenn die Arbeitsbedingungen gleich sind und mithin durch diesen Arbeitswechsel eine Schlechterstellung des Arbeitnehmers nicht verbunden ist. Weiter ist eine Änderung der Arbeitsbedingungen, ohne daß sich dadurch der Arbeitsbereich, d.h. die Aufgaben des Arbeitnehmers ändern, keine Versetzung im Sinne dieser Vorschrift. Eine Beförderung ist nur dann als Versetzung im

Sinne von § 95 Abs. 3 anzusehen, wenn damit der Tätigkeitsbereich gewechselt wird. Wie bei den der Mitbestimmung des Betriebsrats ebenfalls unterstellten Umgruppierungen ist hier also zu unterscheiden, ob es sich ausschließlich um eine arbeitsvertragliche Gestaltung handelt oder ob eine Änderung der Tätigkeitsmerkmale und des Aufgabenbereiches stattfindet. Die Entscheidung hierüber ist demnach im Wesentlichen Tatfrage. So ist z.B. das Aufrücken eines Vorarbeiters zum Werkmeister dann eine Versetzung, wenn damit die Änderung seiner Position im Betrieb verbunden ist, nicht jedoch dann, wenn er lediglich zum Werkmeister ernannt wird, z.B. nach einer bestimmten Anzahl von Dienstjahren und sich dadurch die Tätigkeitsmerkmale seiner Arbeit nicht ändern. Als weitere Abgrenzung ist noch zu beachten, daß eine Versetzung im Sinne von § 95 Abs. 3 stets nur dann vorliegt, wenn es sich nicht um eine vorübergehende Zuweisung eines anderen Arbeitsplatzes handelt. Krankheits- oder Urlaubsvertretungen sind deshalb i.d.R. keine Versetzungen im Sinne dieser Bestimmung. Der andere Arbeitsbereich kann auch durch die Umstände bestimmt werden, unter denen die Arbeit zu leisten ist.

Nach ständiger Rechtsprechung des Bundesarbeitsgerichts liegt die Zuweisung eines anderen Arbeitsbereichs dann vor, wenn dem Arbeitnehmer ein neuer Tätigkeitsbereich übertragen wird, so daß der Gegenstand der nunmehr geforderten Arbeitsleistung ein anderer wird und sich das Gesamtbild der Tätigkeit des Arbeitnehmers ändert. Es kommt darauf an, ob sich die Tätigkeiten des Arbeitnehmers vor und nach der Zuweisung so voneinander unterscheiden, daß die neue Tätigkeit vom Standpunkt eines mit den betrieblichen Verhältnissen vertrauten Beobachters als eine andere angesehen werden kann.

Der Begriff des Arbeitsbereichs wird in § 81 durch die Aufgabe und Verantwortung sowie die Art der Tätigkeit und ihre Einordnung in den Arbeitsablauf des Betriebes umschrieben, welche Arbeitsbereiche in einem Betrieb vorhanden sind, ergibt sich aus der jeweils geltenden Organisation des Betriebes. In jedem Arbeitsbereich kommt es immer wieder zu Änderungen, die die Unterrichtungspflicht nach § 81 auslösen. Nicht jede dieser Veränderungen stellt eine Versetzung dar. Die Veränderung muß so erheblich sein, daß ein anderer Arbeitsbereich angenommen werden kann. Ein anderer Arbeitsbereich kann auch dadurch gekennzeichnet sein, daß sich die Umstände ändern, unter denen die Arbeit zu leisten ist. Dies gilt dann, wenn die Umstände für den Arbeitsbereich so bestimmend sind, daß bei ihrer Änderung das Gesamtbild der Tätigkeit ein anderes wird.

Der Begriff des Arbeitsbereichs im Sinne von § 95 Abs. 3 S. 1 ist durch eine stark räumliche Komponente geprägt. Dafür spricht bereits, daß nach § 95 Abs. 3 S. 2 die Bestimmung des jeweiligen Arbeitsplatzes nicht als Versetzung gilt, wenn Arbeitnehmer nach der Eigenart ihres Arbeitsverhältnisses üblicherweise nicht ständig an einem bestimmten Arbeitsplatz beschäftigt werden. Eine zeitliche Komponente in dem Sinne, daß der Arbeitsbereich auch durch die Lage der

Arbeitszeit bestimmt wird, läßt sich dem Begriff Arbeitsbereich hingegen nicht entnehmen, auch wenn er weiter zu verstehen sein sollte als der Begriff Arbeitsplatz.

Die Umsetzung eines Arbeitnehmers von der Tagschicht in die Nachtschicht ist dann keine zustimmungspflichtige Versetzung, wenn sich dadurch lediglich die Lage der Arbeitszeit des betroffenen Arbeitnehmers ändert.

Eine bloße Veränderung der Wochenarbeitszeit ist ebenso noch keine mitbestimmungspflichtige Versetzung,

In jedem Fall sind unter funktionaler Betrachtungsweise für die Bestimmung des Begriffs des Arbeitsbereichs zu berücksichtigen
- der Inhalt der Arbeitsaufgabe
- die Bedeutung der Arbeitsaufgabe für den Betrieb
- die organisatorisch/hierarchische Über- bzw. Unterstellung des Mitarbeiters und
- die räumliche und örtliche Lage des Arbeitsplatzes.

Für den betriebsverfassungsrechtlichen Versetzungsbegriff ist es völlig unbeachtlich, ob der Arbeitnehmer einzelvertraglich in eine jederzeitige Versetzung eingewilligt hat oder nicht. Versetzungen im betriebsverfassungsrechtlichen Sinn unterliegen vielmehr der Zustimmung des Betriebsrats unabhängig davon, ob sie einzelvertraglich, durch einseitige Weisung des Arbeitgebers (Direktionsrecht) oder durch eine Änderungskündigung erfolgt sind.

Wird ein Arbeitnehmer, der mit einer Versetzung nicht einverstanden ist, auf Dauer in einen anderen Betrieb des Arbeitgebers versetzt, bedarf es neben der Zustimmung des Betriebsrats des aufnehmenden Betriebes auch der Zustimmung des Betriebsrats des abgebenden Betriebes. Für die Wahrnehmung dieser Mitbestimmungsrechte ist nicht etwa der Gesamtbetriebsrat zuständig.

Wird zur arbeitsvertraglichen Wirksamkeit einer Versetzung im Einzelfall eine Änderungskündigung erforderlich, so ersetzt eine ordnungsgemäße Zustimmung im Rahmen des § 99 Abs. 1 auch die nach § 102 Abs. 1 unerläßliche Anhörung des Betriebsrats zur Kündigung. Insbesondere ist eine nochmalige, gesonderte Anhörung des Betriebsrats vor der Erklärung der Änderungskündigung zur Versetzung nicht mehr nötig.

Vorläufige Weiterbeschäftigung

Nach § 100 Abs. 1 kann der Arbeitgeber personelle Maßnahmen im Sinne von § 99 Abs. 1 S. 1, das sind Einstellungen, Ein- und Umgruppierungen sowie Versetzungen auch bevor der Betriebsrat sich geäußert und selbst dann, wenn dieser seine Zustimmung verweigert hat, vorläufig dann durchführen, wenn dies einmal aus sachlichen Gründen dringend erforderlich ist und wenn der Arbeitgeber zum anderen den betreffenden Arbeitnehmer über die Sach- und Rechtslage aufgeklärt hat.

§ 100 Abs. 2 bestimmt, daß der Arbeitgeber den Betriebsrat unverzüglich von der vorläufigen personellen Maßnahme im Sinne von § 99 Abs. 1 zu unterrichten hat. Bestreitet der Betriebsrat, daß die personelle Maßnahme aus sachlichen Gründen dringend erforderlich ist, so hat er dies dem Arbeitgeber unverzüglich mitzuteilen. In diesem Fall darf der Arbeitgeber die vorläufige personelle Maßnahme nur dann aufrechterhalten, wenn er innerhalb von 3 Tagen beim Arbeitsgericht die Ersetzung der Zustimmung des Betriebsrats und die Feststellung beantragt, daß die o.g. Maßnahme aus sachlichen Gründen dringend erforderlich war.

Endlich bestimmt § 100 Abs. 3, daß für den Fall, daß das Arbeitsgericht durch rechtskräftige Entscheidung die Ersetzung der Zustimmung des Betriebsrats ablehnt oder es rechtskräftig feststellt, daß offensichtlich die Maßnahme aus sachlichen Gründen nicht dringend erforderlich war, die vorläufige personelle Maßnahme im obigen Sinne mit Ablauf von zwei Wochen nach Rechtskraft der Entscheidung endet. Von diesem Zeitpunkt an darf die personelle Maßnahme nicht aufrechterhalten werden.

Durch § 100 wird das grundsätzliche Zustimmungserfordernis für personelle Maßnahmen nach § 99 für die Fälle, in denen sachliche Gründe eine vorläufige Durchführung der Maßnahme dringend gebieten, gemildert. Darüber hinaus gibt § 100 im Streitfall dem Arbeitgeber auf, das Arbeitsgericht anzurufen. Neben dem besonderen Verfahren nach § 100 ist eine einstweilige Verfügung nach § 85 Abs. 2 ArbGG zulässig.

Gemäß § 100 Abs. 1 handelt es sich ausdrücklich um eine vorläufige Maßnahme im Sinne des § 99. Die Zulässigkeit der Durchführung von Einstellungen, Eingruppierungen, Umgruppierungen und Versetzungen ist nach dem Gesetz an drei Voraussetzungen geknüpft, und zwar
- die Maßnahme muß aus sachlichen Gründen dringend erforderlich sein,
- der Betriebsrat muß hierüber informiert sein und
- der Arbeitgeber hat den Arbeitnehmer über die Sach- und Rechtslage aufzuklären.

Sachliche Gründe können sich sowohl aus den betrieblichen Notwendigkeiten als auch aus persönlichen Gründen des Betroffenen selbst ergeben.

Außer dem Vorliegen eines sachlichen Grundes ist weiter erforderlich, daß die Maßnahme dringend durchgeführt werden muß. Die Maßnahme muß also notwendig sein und es darf kein anderer zumutbarer Weg zur Lösung des anstehenden Problems zur Verfügung stehen. Dringend erforderlich ist eine Maßnahme im Sinne von § 99 auch dann, wenn ein verantwortungsbewußter Arbeitgeber im Interesse des Betriebes alsbald handeln müßte, die geplante Maßnahme also keinen Aufschub verträgt. Aus sachlichen Gründen ist die Durchführung einer vorläufigen personellen Maßnahme weiter dann gerechtfertigt, wenn unter Berücksichtigung aller Umstände des Einzelfalls eine Maßnahme unaufschiebbar ist, weil feststeht, daß anderenfalls ein nicht wieder gutzumachender und nicht absehbarer Schaden entstehen würde, wenn es z.B. nicht vertretbar ist, einen Arbeitsplatz länger unbesetzt zu lassen oder wenn ein auf dem Arbeitsmarkt schwer zu bekommender Arbeitnehmer, der eingestellt werden soll, nicht bereit ist, die Zustimmung des Betriebsrats abzuwarten. Weitere Gründe könnten sein, daß eine Einstellung deshalb sofort erfolgen muß, weil der für den Betrieb wichtige Bewerber sonst eine andere Stellung annehmen würde oder daß eine Versetzung deshalb dringend erforderlich wird, weil sonst Störungen des Arbeitsablaufes eintreten würden.

Liegen sachliche Gründe vor, die es dringend erforderlich machen, eine Einstellung, Eingruppierung, Umgruppierung oder Versetzung vorläufig vorzunehmen, so hat der Arbeitgeber den Arbeitnehmer gem. § 100 Abs. 1 S. 2 über die Sach- und Rechtslage aufzuklären. Er muß ihn auf die fehlende bzw. schon verweigerte Zustimmung des Betriebsrats ausdrücklich aufmerksam machen und ihn darüber belehren, welche Rechtsfolgen sich daraus für ihn ergeben können. Der Arbeitgeber ist nach dieser Vorschrift auch verpflichtet, dem Arbeitnehmer den Widerspruchsgrund des Betriebsrats mitzuteilen und ihn auf die Möglichkeit hinzuweisen, daß die vorläufige Maßnahme ggf. kraft gerichtlicher Entscheidung gem. § 100 Abs. 3 rückgängig gemacht werden muß. Er wird weiter darauf hinweisen müssen, daß die endgültige Entscheidung u.U. erst nach einem längeren und auch schwierigen arbeitsgerichtlichen Verfahren gefällt werden kann. Die diesbezügliche Unterrichtungs- und Aufklärungspflicht ist auch keine einmalige; sie wird sich, je nach Fortschreiten der Verhandlungen mit dem Betriebsrat bzw. dem arbeitsgerichtlichen Verfahren, wiederholen.

Kommt der Arbeitgeber dieser seiner Verpflichtung nicht nach, so macht er sich gegenüber dem Arbeitnehmer schadenersatzpflichtig. Gegenüber einem Bewerber ergibt sich eine derartige Schadenersatzverpflichtung aus dem Grundsatz des Verschuldens bei Vertragsschluß. Es ist deshalb empfehlenswert, die betreffende Vereinbarung mit dem Arbeitnehmer nur unter Vorbehalt zu schließen, d.h. unter der auflösenden Bedingung einer negativen arbeitsgerichtlichen Entscheidung.

Nach § 100 Abs. 2 hat der Arbeitgeber den Betriebsrat unverzüglich von der vorläufigen personellen Maßnahme zu unterrichten. Unverzüglich heißt nach allgemeinem Sprachgebrauch und der in § 121 BGB enthaltenen Legaldefinition nicht sofort, sondern ohne schuldhaftes Zögern. Daraus folgt schon, daß eine angemessene Zeit zur Überlegung vor der Mitteilung verbleiben muß. Hat der Arbeitgeber die Maßnahme vorgenommen, bevor der Betriebsrat sich überhaupt geäußert hat, so wird er nicht etwa abwarten dürfen, bis der Betriebsrat ihm seine Zustimmung oder auch Ablehnung nach § 99 Abs. 2 mitteilt. Der Arbeitgeber muß ihm vielmehr unverzüglich nach Durchführung der vorläufigen Maßnahmen Kenntnis geben, und zwar mit allen Angaben, die § 99 Abs. 1 S. 1 verlangt.

Darüber hinaus muß der Arbeitgeber dem Betriebsrat die sachliche Dringlichkeit der personellen Maßnahme darlegen.

Ist diese Mitteilung und Unterrichtung erfolgt, sind 7 Fälle denkbar, und zwar:
1. Ist die Zustimmung seitens des Betriebsrats noch nicht erteilt und hat der Betriebsrat keine Einwendungen gegen die vorläufige personelle Maßnahme, kann der Arbeitgeber die Entscheidung des Betriebsrats abwarten und sich danach entscheiden, ob er die Ersetzung der verweigerten Zustimmung durch das Arbeitsgericht beantragt.
1. Ist die Zustimmung seitens des Betriebsrats bereits verweigert, erhebt der Betriebsrat aber sonst keine Einwendungen, kann der Arbeitgeber die auf seinen Antrag hin erfolgende Entscheidung des Arbeitsgerichts, die Ersetzung der Zustimmung betreffend, abwarten.
3. Äußert sich der Betriebsrat nach der Mitteilung des Arbeitgebers an ihn nicht unverzüglich über die vorläufige personelle Maßnahme, so ist diese damit gedeckt. Damit ist jedoch die Hauptfrage, nämlich die Ersetzung der Zustimmung des Betriebsrats nach § 99 Abs. 4 noch nicht geklärt.
4. Hat der Arbeitgeber eine vorläufige Maßnahme durchgeführt, bevor sich der Betriebsrat entweder zustimmend oder auch ablehnend geäußert hat, so ist zunächst die Entscheidung des Betriebsrats abzuwarten. Stimmt der Betriebsrat entweder zu oder beachtet er die Formvorschriften des § 99 Abs. 3 nicht, so ist die Maßnahme endgültig. Lehnt der Betriebsrat ab, muß der Arbeitgeber einen Antrag auf Ersetzung der Zustimmung nach § 99 Abs. 4 stellen. Die vorläufige personelle Maßnahme bleibt solange aufrechterhalten.
5. Ist die personelle Maßnahme vorläufig durchgeführt worden, nachdem der Betriebsrat seine Zustimmung verweigert hat, so ist ebenfalls Antrag beim Arbeitsgericht auf Ersetzung der Zustimmung zu stellen, Auch in diesem Fall bleibt die vorläufige personelle Maßnahme vorerst bestehen.
6. Innerhalb von 3 Tagen nach Einwendungen seitens des Betriebsrats muß der Arbeitgeber das Arbeitsgericht anrufen mit dem Antrag, die Zustimmung des Betriebsrats zu ersetzen und festzustellen, daß seine vorläufige personelle Maßnahme berechtigt war.
7. Geht der Arbeitgeber nicht an das Arbeitsgericht, so darf er seine vorläufige personelle Maßnahme auch nicht aufrechterhalten. Hält der Arbeitgeber die gesetzliche Frist nicht ein, muß er die vorläufige personelle Maßnahme rückgängig machen, wenn er Sanktionen vermeiden will. Das ist nach § 101 Zwangsgeld bis zu DM 500,- für jeden Tag der Zuwiderhandlung.

Im arbeitsgerichtlichen Verfahren sind vier Ergebnisse möglich:
1. Die Maßnahme war dringend erforderlich und es liegen keine Verweigerungsgründe des § 99 Abs. 2 vor. Der Arbeitgeber kann also die Maßnahmen endgültig durchführen.

2. Die Dringlichkeit ist nicht gegeben und die Weigerungsgründe des Betriebsrats sind gerechtfertigt. Der Arbeitgeber darf in diesem Fall die durchgeführte Maßnahme weder vorläufig noch endgültig aufrechterhalten.
3. Die Dringlichkeit ist zwar gegeben, es werden aber auch die Weigerungsgründe des Betriebsrats anerkannt. Der Feststellungsantrag des Arbeitgebers hat hier zwar Erfolg, nicht aber der Antrag auf Ersetzung der Zustimmung. Die vorläufige Maßnahme war also rechtswirksam, muß aber aufgehoben und darf weder vorläufig noch endgültig aufrechterhalten werden.
4. Die Verweigerung der Zustimmung seitens des Betriebsrats ist zwar nicht gerechtfertigt, wodurch die Zustimmung ersetzt wird, die Maßnahme ist aber gleichwohl nicht sachlich dringend, so daß an sich kein Fall des § 100 Abs. 1 S. 1 gegeben wäre. Der Feststellungsantrag ist dann aber gleichwohl nur abzuweisen, wenn die Maßnahme „offensichtlich" nicht dringend war. Diese Frage ist vom Arbeitsgericht von Amts wegen zu prüfen. Das Merkmal der Offensichtlichkeit erfordert eine grobe Verkennung der sachlich-betrieblichen Notwendigkeiten für eine alsbaldige Durchführung der Maßnahmen. Nur wenn dem Arbeitgeber insoweit auch ein grober Vorwurf zu machen ist, muß sein Feststellungsantrag wegen offensichtlicher Verkennung der Dringlichkeit abgewiesen werden. Die vorgenommene personelle Maßnahme hat mithin keinen Bestand.

Lehnt das Arbeitsgericht die Ersetzung der Zustimmung des Betriebsrats ab oder kommt es zu dem Ergebnis, daß offensichtlich die Maßnahme aus sachlichen Gründen nicht dringend erforderlich war, so endet die vorläufige personelle Maßnahme mit Ablauf von 2 Wochen nach Rechtskraft der Entscheidung. Danach darf die personelle Maßnahme nicht aufrechterhalten werden, und zwar ohne Rücksicht auf die Dauer von längeren Kündigungsfristen. Es ist auch nicht zulässig, die personelle Maßnahme tatsächlich länger aufrechtzuerhalten.

15 Mitwirkung bei Fragen der Berufsbildung

Berufsbildung im Sinne dieses Gesetzes sind in Anlehnung an die Bestimmungen des Berufsbildungsgesetzes (§§ 1, 46, 47, 49) alle Maßnahmen der Aus-, Fort- und Weiterbildung sowie der beruflichen Umschulung, und zwar ohne Rücksicht darauf, ob diese inner- oder außerbetrieblich durchgeführt werden. Es ist auch nicht entscheidend, ob diese Maßnahmen von staatlichen Stellen, wie z.B. nach dem Arbeitsförderungsgesetz, gefördert werden. Die in der Berufsschule durchgeführte Berufsausbildung ist keine Berufsbildungsmaßnahme im Sinne dieser Vorschrift.

Die Intensität der Mitwirkung des Betriebsrats im gesamten Rahmen der Berufsbildung ist unterschiedlich: wird nach den §§ 96 und 97 nur von Beratungs- bzw. Vorschlagsrechten gesprochen, so hat der Betriebsrat im Rahmen des § 98, also bei der Durchführung betrieblicher Bildungsmaßnahmen, ein erzwingbares Mitbestimmungsrecht.

15.1 Förderung der Berufsbildung

Nach § 96 haben Arbeitgeber und Betriebsrat im Rahmen der betrieblichen Personalplanung und in Zusammenarbeit mit den für die Berufsbildung und den für die Förderung der Berufsbildung zuständigen Stellen die Berufsbildung der Arbeitnehmer zu fördern. Der Arbeitgeber hat auf Verlangen des Betriebsrats mit diesem Fragen der Berufsbildung der Arbeitnehmer des Betriebes zu beraten. Hierzu kann der Betriebsrat Vorschläge machen.
Arbeitgeber und Betriebsrat haben weiter darauf zu achten, daß unter Berücksichtigung der betrieblichen Notwendigkeiten den Arbeitnehmern die Teilnahme an betrieblichen oder außerbetrieblichen Maßnahmen der Berufsbildung ermöglicht wird. Sie haben dabei auch die Belange älterer Arbeitnehmer zu berücksichtigen.
Der einzelne Arbeitnehmer kann aus § 96 keinen Rechtsanspruch auf die Förderung seiner eigenen Berufsbildung herleiten, und zwar unabhängig davon, ob der Arbeitgeber die Freistellung von der Arbeit mit oder ohne Entgelt durchführt oder die Schulungskosten ganz oder teilweise ersetzt. Sollen Maßnahmen der Berufsbildung für leitende Angestellte im Sinne von § 5 Abs. 3 und 4 vorgesehen werden, so ist dafür der Betriebsrat nicht zuständig.

15.2 Beratung über Einrichtungen und Maßnahmen der Berufsbildung

Nach § 97 hat der Arbeitgeber mit dem Betriebsrat über die Errichtung und Ausstattung betrieblicher Einrichtungen zur Berufsbildung, die Einführung betrieblicher Berufsbildungsmaßnahmen und die Teilnahme an außerbetrieblichen Berufsbildungsmaßnahmen zu beraten.
Dieser Verpflichtung zur Beratung muß der Arbeitgeber nachkommen, ohne daß der Betriebsrat sie ausdrücklich verlangt. Bei Nichterfüllung kann gegen den Arbeitgeber gem. § 23 Abs. 3 vorgegangen werden. Die Beratung muß so rechtzeitig erfolgen, daß ihre Ergebnisse gegebenenfalls noch berücksichtigt werden können. Der Betriebsrat kann im Rahmen des § 97 auch seinerseits konkrete Vorschläge zu bestimmten Vorhaben des Arbeitgebers machen, woraus für diesen die Verpflichtung besteht, sich damit auseinanderzusetzen; er ist jedoch nicht verpflichtet, den Initiativen des Betriebsrats zu folgen. Wie er bestimmte Berufsbildungseinrichtungen ausgestaltet, liegt letztlich allein in seinem Entscheidungsrecht. Auch hat der Betriebsrat kein erzwingbares Mitbestimmungs-

recht zur Schaffung derartiger Berufsbildungseinrichtungen oder auf Bereitstellung der dazu erforderlichen finanziellen Mittel.
Das Mitwirkungsrecht des Betriebsrates besteht in folgenden Fällen:
a) bei der Errichtung und Ausstattung betrieblicher Einrichtungen zur Berufsbildung sowie deren Änderung. Hierzu gehören z.b. Lehrwerkstätten, Schulungszentren, Lehrecken, Schulungsräume und Umschulungswerkstätten. Die im § 97 angesprochene Ausstattung bezieht sich nur auf die sachliche, also z.b. auf Maschinen, Werkzeuge, Lehr- und Anschauungsmaterial. Die persönliche Ausstattung derartiger Einrichtungen unterliegt dagegen dem Mitbestimmungsrecht des Betriebsrats nach § 98 Abs. 2. Der Betriebsrat kann bezüglich der sachlichen Ausstattung zwar Vorschläge machen, mit denen sich der Arbeitgeber auch auseinandersetzen muß, der Arbeitgeber ist jedoch nicht verpflichtet, diesen Vorschlägen zu folgen.

Der Betriebsrat hat also kein erzwingbares Mitbestimmungsrecht zur Schaffung derartiger Einrichtungen und zur Bereitstellung der entsprechenden finanziellen Mittel, Die Investitionsentscheidung verbleibt also allein beim Arbeitgeber.

b) bei der Einführung betrieblicher Berufsbildungsmaßnahmen (innerhalb oder außerhalb der Arbeitszeit), wie z.B. Fortbildungs- und Technikerkurse oder eines Berufsbildes im Sinne des Berufsausbildungsprogramms. Die Durchführung derartiger Maßnahmen unterliegt dem Mitbestimmungsrecht des Betriebsrates nach § 98 Abs. 1.

c) bei der Teilnahme an außerbetrieblichen Berufsbildungsmaßnahmen. Hierzu gehören z.B. auch Auswahl der Berufsausbildungskurse, die von einem Träger der Berufsbildung veranstaltet und durchgeführt werden. Unter § 97 fallen aber auch Auswahl der Arbeitnehmer, Zeitpunkt und Zeitdauer der Teilnahme.

Werden bestimmte Arbeitnehmer zur Teilnahme an einer außerbetrieblichen Berufsbildungsmaßnahme vom Arbeitgeber von der Arbeit freigestellt oder trägt der Arbeitgeber, wenn auch nur teilweise, hierfür die Kosten, so hat der Betriebsrat bezüglich der Auswahl darüber hinaus ein Mitbestimmungsrecht nach § 98 Abs. 3 und 4.

15.3 Durchführung betrieblicher Bildungsmaßnahmen

Nach § 98 hat der Betriebsrat bei der Durchführung von Maßnahmen der betrieblichen Berufsbildung mitzubestimmen. Mitbestimmungspflichtige Tatbestände sind z.B.
– Regelungen über einen Versetzungsplan für das Durchlaufen der einzelnen Abteilungen,
– Führung und Überwachung von Berichtsheften,

- Abhalten und Durchführung betrieblicher Zwischenprüfungen,
- Klärung von Zuständigkeiten und Kompetenzen bei mehreren Ausbildern,
- Anpassen der Ausbildung an die betrieblichen Gegebenheiten, wenn die Ausbildungsanordnungen des Berufsbildungsgesetzes eine Anpassung an die Ausbildungsmöglichkeiten im Betrieb offenlassen.

Bei betrieblichen Fort- und Weiterbildungsmaßnahmen im Betrieb sowie bei betrieblichen Umschulungsmaßnahmen im Sinne von § 98 Abs. 6 hat der Betriebsrat ein Mitbestimmungsrecht bezüglich Lehrstoff, Lehrplan, Lehrmethode, Dauer und Art der Fortbildung oder Umschulung sowie das Abhalten von Prüfungen.

Voraussetzung für das Bestehen des Mitbestimmungsrechts des Betriebsrats ist jedoch, daß die Kenntnisse und Fähigkeiten auf einem bestimmten Gebiet systematisch und in sich abgeschlossen vermittelt werden sollen. Daraus folgt, daß reine Informationsveranstaltungen mitbestimmungsfrei sind. Das Mitbestimmungsrecht des Betriebsrats entfällt auch dann, wenn leitende Angestellte im Sinne von § 5 Abs. 3 und 4 an Fort- und Weiterbildungskursen teilnehmen. Endlich besteht kein Mitbestimmungsrecht des Betriebsrats bei jeder konkreten Einzelmaßnahme gegenüber einem Auszubildenden, denn diese Einzelmaßnahmen gehören nicht zur Berufsausbildung als solcher.

Wenn es um Angelegenheiten der Berufsausbildung geht, hat die gesamte Jugendvertretung an den Betriebsratssitzungen Teilnahme-, Stimm- und Antragsrecht. Die Jugendvertreter sind auch zu den Besprechungen mit dem Arbeitgeber hinzuzuziehen und insoweit rechtzeitig vorher umfassend zu informieren. Die Vertretung der Anliegen der Jugendlichen im Rahmen der betrieblichen Berufsausbildung obliegt jedoch nicht den Jugendvertretern, sondern dem Betriebsrat.

Große praktische Bedeutung hat die Vorschrift des § 98 Abs. 2. Danach kann der Betriebsrat der Bestellung einer mit der Durchführung der betrieblichen Berufsausbildung beauftragten Person widersprechen oder ihre Abberufung verlangen, wenn diese die persönliche oder fachliche Eignung gem. §§ 20, 21 BBiG bzw. §§ 21, 22 HandwO oder die berufs- und arbeitspädagogische Eignung nach § 2 der Ausbilder-Eignungsverordnung v. 16.2.1999 nicht besitzt oder ihre Aufgaben vernachlässigt, d.h. schuldhaft so mangelhaft erfüllt, daß der Ausbildungszweck konkret gefährdet wird.

Führt der Arbeitgeber betriebliche Maßnahmen der Berufsbildung durch oder stellt er für außerbetriebliche Maßnahmen der Berufsbildung Arbeitnehmer frei oder trägt er die durch die Teilnahme von Arbeitnehmern an solchen Maßnahmen entscheidenden Kosten ganz oder teilweise, so kann der Betriebsrat Vorschläge für die Teilnahme von Arbeitnehmern oder Gruppen von Arbeitnehmern des Betriebes an diesen Maßnahmen der beruflichen Bildung machen.

Schlagen Arbeitgeber und Betriebsrat für die Teilnahme an Maßnahmen der Berufsbildung im Sinne von § 98 Abs. 3 mehr Arbeitnehmer vor als Teilneh-

merplätze zur Verfügung stehen, müssen Arbeitgeber und Betriebsrat alle vorgeschlagenen Arbeitnehmer in die Auswahl einbeziehen. Das gilt auch für die Einigungsstelle, wenn Arbeitgeber und Betriebsrat sich nicht einigen.
Der Betriebsrat hat dagegen nicht über die Eignung eines einzelnen Arbeitnehmers mitzubestimmen, wenn nur der Arbeitgeber den Arbeitnehmer für die Teilnahme an einer solchen Bildungsmaßnahme vorgeschlagen hat und der Betriebsrat sein Vorschlagsrecht nicht ausgeübt hat.
Kommt im Fall des § 98 Abs. 1 oder über die nach § 98 Abs. 3 vorgeschlagenen Teilnehmer eine Einigung nicht zustande, so entscheidet die Einigungsstelle. Der Spruch der Einigungsstelle ersetzt die Einigung zwischen Arbeitgeber und Betriebsrat.
Kommt im Fall des § 98 Abs. 2 eine Einigung nicht zustande, so kann der Betriebsrat nach § 98 Abs. 5 beim Arbeitsgericht beantragen, dem Arbeitgeber aufzugeben, die Bestellung zu unterlassen oder die Abberufung durchzuführen. Führt der Arbeitgeber die Bestellung einer rechtskräftigen gerichtlichen Entscheidung zuwider durch, so ist er auf Antrag des Betriebsrats vom Arbeitsgericht wegen der Bestellung nach vorheriger Strafandrohung zu einem Ordnungsgeld zu verurteilen; das Höchstmaß des Ordnungsgeldes beträgt DM 20.000,–. Führt der Arbeitgeber die Abberufung einer rechtskräftigen gerichtlichen Entscheidung zuwider nicht durch, so ist auf Antrag des Betriebsrats vom Arbeitsgericht zu erkennen, daß der Arbeitgeber zur Abberufung durch Zwangsgeld anzuhalten sei; das Höchstmaß des Zwangsgeldes beträgt für jeden Tag der Zuwiderhandlung DM 500,–. Die Vorschriften des Berufsbildungsgesetzes über die Ordnung der Berufsbildung bleiben hiervon unberührt.

16 Entfernung betriebsstörender Arbeitnehmer

Nach § 104 S. 1 kann der Betriebsrat vom Arbeitgeber die Entlassung oder Versetzung eines Arbeitnehmers verlangen, wenn dieser entweder durch gesetzwidriges Verhalten oder durch grobe Verletzung der in § 75 Abs. 1 enthaltenen Grundsätze den Betriebsfrieden wiederholt ernstlich gestört hat. Entspricht der Arbeitgeber dem Antrag des Betriebsrats auf Entlassung oder Versetzung nicht, so kann der Betriebsrat beim Arbeitsgericht beantragen, dem Arbeitgeber aufzugeben, die Entlassung oder Versetzung durchzuführen.
Gibt das Arbeitsgericht diesem Antrag des Betriebsrats statt und führt der Arbeitgeber die Entlassung oder Versetzung einer rechtskräftigen gerichtlichen Entscheidung zuwider nicht durch, so ist auf Antrag des Betriebsrats vom Arbeitsgericht zu erkennen, den Arbeitgeber zur Vornahme der Entlassung oder Versetzung durch Zwangsgeld anzuhalten.
Durch diese Vorschrift erhält der Betriebsrat das Recht, die Entfernung eines Arbeitnehmers aus dem Betrieb, aus der jeweiligen Betriebsabteilung oder sei-

nem konkreten Arbeitsplatz durch Kündigung oder Versetzung zu verlangen, wenn ein Arbeitnehmer durch sein Verhalten, durch gesetzwidriges Verhalten oder durch grobe Verletzung der in § 75 Abs. 1 enthaltenen Grundsätze den Betriebsfrieden wiederholt ernstlich gestört hat. Diese Vorschrift, die eine logische Ergänzung der §§ 75 Abs. 1 und 99 Abs. 2 Nr. 6 darstellt, bezieht sich nur auf Arbeitnehmer im Sinne des Betriebsverfassungsgesetzes, d.h. nach § 5 Abs. 1 und § 6; bei leitenden Angestellten im Sinne von § 5 Abs. 3 und 4 oder Organmitgliedern juristischer Personen hat der Betriebsrat nur das Antragsrecht nach § 80 Abs. 1 Nr. 2, d.h. er kann geeignete Maßnahmen, hier Kündigung oder Versetzung, die dem Betrieb und der Belegschaft dienen, beim Arbeitgeber beantragen. Streikandrohung mit dem Ziel, die Entlassung zu erzwingen, ist rechtswidrig.

Gesetzwidrig im Sinne von § 104 verhält sich derjenige Arbeitnehmer, der den Willen zur Mißachtung der gesetzlichen Ordnung bekundet, z.B. durch Verleumdungen, Beleidigungen, Mißachtung von Schutzgesetzen, Tätlichkeiten, Diebstählen, Betrügereien, Diffamierung ausländischer Arbeitnehmer allein wegen ihrer Nationalität, Anfang von Schlägereien oder unsittlicher Handlungen innerhalb des Betriebes. Eine Verletzung der Grundsätze des § 75 bedeutet insbesondere eine unterschiedliche Behandlung von Personen wegen ihrer Abstammung, Religion, Nationalität, Herkunft, politischen oder gewerkschaftlichen Betätigung oder Einstellung oder wegen ihres Geschlechts. Weiter ist darauf zu achten, daß eine Benachteiligung wegen Überschreitung bestimmter Altersstufen unterbleibt und daß nach der Grundregel des § 75 Abs. 1 S. 1 alle im Betrieb tätigen Personen nach den Grundsätzen von Recht und Billigkeit behandelt werden.

Weitere Voraussetzungen für die Geltendmachung dieses Initiativrechtes des Betriebsrats ist, daß die Störung wiederholt stattgefunden hat und daß es dadurch zu einer ernsthaften Störung des Betriebsfriedens gekommen ist. Wiederholt heißt mindestens zweimal. Weiter muß zwischen den Handlungen und den Störungen des Betriebsfriedens ein Kausalzusammenhang des Inhalts gegeben sein, daß die unmittelbare Auswirkung der Handlung die Störung des friedlichen Zusammenarbeitens der Arbeitnehmer untereinander oder mit dem Arbeitgeber war. Ausreichend ist dagegen nicht schon eine Handlung, die erst durch das Zutun anderer zum Anlaß von Störungen wurde oder die völlig außerhalb der Betriebssphäre liegt.

Eine ernstliche Störung im Sinne dieser Vorschrift liegt dann vor, wenn sie objektiv gesehen ernst zu nehmen, von gewisser Dauer und von nachteiliger betrieblicher Wirkung ist, wobei sich letztere auf das Verhältnis der Arbeitnehmer untereinander oder der Arbeitnehmer zum Arbeitgeber beziehen kann. Der Betriebsrat hat bei seinem Verlangen auf Entlassung oder Versetzung in jedem Fall den Grundsatz der Verhältnismäßigkeit zu beachten. Der Arbeitgeber ist verpflichtet, den Sachverhalt, der dem Antrag des Betriebsrats zugrundeliegt, in eigener Verantwortlichkeit zu prüfen; er allein trägt die Verantwortung und das Risiko eines sich evtl. anschließenden Kündigungsschutzprozesses. Darüber hinaus haftet er für etwaige Schadensersatzforderungen des Arbeitnehmers.

17 Kündigungen

Nach § 102 Abs. 1 S. 1 ist der Betriebsrat vor jeder Kündigung zu hören. Hören in diesem Sinne heißt, daß ihm der Arbeitgeber neben der Art der Kündigung und den Personalien des betroffenen Arbeitnehmers den Kündigungstermin und insbesondere die Kündigungsgründe mitzuteilen hat. Der Arbeitgeber muß dem Betriebsrat alle Kündigungsgründe mitteilen, die ihm bis zu diesem Zeitpunkt bekannt sind und auf die er die Kündigung stützen will. Wenn es bei betriebsbedingten Kündigungen, wie z.b. beim Wegfall von Arbeitsplätzen durch Auftragsmangel oder infolge von Rationalisierung oder Automation auch auf die soziale Auswahl unter mehreren Arbeitnehmern ankommt, so hat der Arbeitgeber dem Betriebsrat auch die hierfür wesentlichen Gesichtspunkte anzugeben, wie z.b. Alter, Dauer der Betriebszugehörigkeit, Familienstand und -verhältnisse, ggf. finanzielle Situationen/Chancen eines Berufswechsels.
Auch bei einer umfassenden Massenentlassung gem. § 17 KSchG ist eine konkrete Information des Betriebsrates über die sozialen Umstände, wie z.b. die Schwerbehinderteneigenschaft und über das Alter und die Betriebszugehörigkeit des einzelnen Arbeitnehmers schon deswegen erforderlich, damit der Betriebsrat in Würdigung der Person des einzelnen Arbeitnehmers und der für ihn geltenden Kündigungsfrist seine personenbezogenen Einwendungen und Bedenken gegenüber dem Arbeitgeber vorbringen kann.
Schwierig ist die Frage zu beurteilen, ob und ggf. unter welchen Voraussetzungen Kündigungsgründe im Prozeß noch nachgeschoben werden können. Grundsätzlich wird man davon ausgehen müssen, daß nur diejenigen Kündigungsgründe im Prozeß noch nachgeschoben werden können, die bereits zur Zeit der Kündigungserklärung bestanden haben, dem Arbeitgeber aber konkret noch nicht bekanntgewesen sind. Das folgt auch daraus, daß sein Kündigungswille dann durch diese Gründe auch noch nicht bestimmt war.
Ist in einem solchen Fall die vor Ausspruch der Kündigung erfolgte Anhörung des Betriebsrats ordnungsgemäß, so ist das für die Wirksamkeit dieser Kündigung ausreichend, der Betriebsrat braucht hier im Fall des Nachschiebens also nicht noch einmal gehört werden.
Wird die Kündigung jedoch auf andere als die dem Betriebsrat mitgeteilten Gründe gestützt, so ist sie ungültig. Dieses wird letztlich eine u.U. im Prozeß schwierig zu entscheidende Frage sein, insbesondere, wenn es darum geht, zu entscheiden, welche – der oft mehreren vorhandenen – Gründe letztlich für die Kündigung maßgeblich und entscheidend waren.

Sind neue Kündigungsgründe dagegen erst nach Ausspruch der Kündigung entstanden, so können sie nicht zur Stützung der Kündigung dienen und nicht nachgeschoben werden, sie rechtfertigen allenfalls den Ausspruch einer neuen – anderen – Kündigung. Eine erneute Anhörung des Betriebsrats nach § 102 ist hier also erforderlich.

Es handelt sich bei § 102 Abs. 1 S. 1 nicht – wie aus einigen Gesetzestextüberschriften entnommen werden könnte – um ein Mitbestimmungs-, sondern nur um ein Informationsrecht des Betriebsrats. Ob und wie der Betriebsrat sich zur Kündigung einläßt, ist nämlich für die Rechtswirksamkeit der Kündigung unerheblich; er kann also – zunächst ohne Rechtsfolgen – zustimmen, schweigen oder auch widersprechen. Unterläßt der Arbeitgeber es, den Betriebsrat zu informieren, so ist die ausgesprochene Kündigung jedoch nach § 102 Abs. 1 S. 3 jedoch unwirksam. Das Anhörungsverfahren ist Wirksamkeitsvoraussetzung jeder Kündigung.

Das gilt auch dann, wenn der Betriebsrat nicht ordnungsgemäß angehört worden ist.

Für die Anhörung des Betriebsrats vor Kündigungen und die Darlegungs- und Beweislast im Kündigungsschutzprozeß ist folgendes zu beachten:

1. Der Arbeitnehmer trägt die Darlegungs- und Beweislast dafür, daß der Arbeitgeber vor Ausspruch der Kündigung verpflichtet war, den Betriebsrat nach § 102 anzuhören. Seiner Darlegungslast kommt der Arbeitnehmer insoweit ausreichend nach, wenn er die fehlende oder fehlerhafte Anhörung des Betriebsrats rügt. Beruft sich der Arbeitgeber demgegenüber auf das Eingreifen einer Ausnahme von der Anhörungspflicht, so trägt er hierfür die Darlegungs- und Beweislast.
2. Für die ordnungsgemäße Durchführung des Anhörungsverfahrens trägt der Arbeitgeber die Darlegungs- und Beweislast. Zu einem entsprechenden Tatsachenvortrag ist der Arbeitgeber erst verpflichtet, wenn der Arbeitnehmer die fehlende oder fehlerhafte Anhörung des Betriebsrats rügt. Seiner Darstellungslast kommt der Arbeitgeber ausreichend nach, wenn er den äußeren Ablauf eines ordnungsgemäßen Anhörungsverfahrens substantiiert vorträgt.
3. Der Arbeitnehmer kann den Vortrag des Arbeitgebers hinsichtlich der ordnungsgemäßen Durchführung des Anhörungsverfahrens unter Umständen mit Nichtwissen (§ 138 Abs. 4 ZPO) prozessual wirksam bestreiten. Eine Beweisaufnahme ist bei prozessual wirksamem Bestreiten durch den Arbeitnehmer nur erforderlich, wenn sich das Bestreiten auf einen tatsächlichen Gesichtspunkt des Anhörungsverfahrens bezieht, der zur Unwirksamkeit der Kündigung nach § 102 Abs. 1 S. 3 führen kann.
4. Zu einer Erleichterung der Beweislast kann es für den Arbeitgeber kommen, wenn dieser den äußeren Ablauf eines ordnungsgemäßen Anhörungsverfahrens vorgetragen hat und dieser Sachverhalt unstreitig ist. Durch die nunmehr eingreifenden Grundsätze über den Beweis des ersten Anscheins ob-

liegt es dem Arbeitnehmer, diesen zu erschüttern. Über einen insoweit streitigen Tatsachenvortrag des Arbeitnehmers muß nur dann Beweis erhoben werden, wenn der behauptete Mangel die Unwirksamkeit der Kündigung nach § 102 Abs. 1 S. 3 bewirken kann.
Das Anhörungsrecht des Betriebsrats bezieht sich auf alle Arten von Kündigungen. Insbesondere fallen somit hierunter:

Ordentliche fristgemäße Kündigung
Außerordentliche (fristlose) Kündigung
Bedingte Kündigung (zulässig, wenn die Kündigung mit einer Bedingung ausgesprochen wird, deren Eintritt allein und ausschließlich vom Willen des Kündigungsempfängers abhängt)
Vorsorgliche Kündigung (der Arbeitgeber erklärt zwar die Kündigung, behält sich jedoch vor, das Arbeitsverhältnis fortzusetzen, wenn bestimmte Ereignisse eintreten)
Teilkündigung (die nur dann zulässig ist, wenn die Parteien des Arbeitsvertrages ausdrücklich die gesonderte Kündbarkeit von einzelnen Arbeitsbedingungen vereinbart haben und diese Vereinbarung nach den Besonderheiten des Einzelarbeitsvertrages nicht sittenwidrig ist)
Kündigung vor Dienstantritt
Kündigung während der Probezeit
Kündigung eines befristeten oder eines Aushilfsarbeitsverhältnisses
Kündigung eines Arbeitnehmers, der noch nicht den Kündigungsschutz nach § 1 KSchG hat und
Änderungskündigung.

Hierbei ist jedoch zu unterscheiden, ob der Arbeitnehmer das Arbeitsverhältnis fortsetzen will oder nicht. Will der Arbeitnehmer das Arbeitsverhältnis fortsetzen, wird er das Angebot des Arbeitgebers zur Änderung der Arbeitsbedingungen, die sich in Form von Umgruppierung oder Versetzung äußern werden, annehmen, und zwar entweder mit oder ohne Vorbehalt. Seine Klage richtet sich dann gegebenenfalls nur gegen die Änderung der Arbeitsbedingungen, gestützt auf die §§ 2, 4 S. 2 und 8 KSchG. Will der gekündigte Arbeitnehmer die angebotenen neuen Arbeitsbedingungen jedoch auch nicht unter Vorbehalt annehmen, sondern das Arbeitsverhältnis zu den bisherigen alten Bedingungen fortsetzen, wird er Kündigungsschutzklage nach den §§ 1 und 4 S. 1 KSchG erheben. Da hierbei der Fortbestand des Arbeitsverhältnisses als solcher gefährdet ist, liegt eine ordentliche Kündigung im Sinne von § 102 vor.
Der Betriebsrat kann in diesem Fall der Änderungskündigung nur aus den Gründen der Nr. 1 – 4 (§ 102 Abs. 3), nicht aber aus Nr. 5 widersprechen, da der gekündigte Arbeitnehmer nicht zu einer Weiterbeschäftigung unter geänderten Arbeitsbedingungen bereit ist.

In folgenden Fällen liegt dagegen keine Kündigung im Sinne von § 102 Abs. 1 vor:
Kündigung – welcher Art auch immer – durch den Arbeitnehmer, Widerruf bestimmter, vom Arbeitgeber gewährter zusätzlicher freiwilliger Leistungen, wie z.B. übertarifliche Zulagen oder Gratifikationen,
Beendigung eines befristeten Arbeitsverhältnisses, Aufhebungsvertrag,
Enden des befristeten Probearbeitsvertrages,
Berufung auf die Nichtigkeit eines Arbeitsvertrages,
Anfechtung des Arbeitsvertrages nach den §§ 119, 120 und 123 BGB,
Kündigung von leitenden Angestellten im Sinne von § 5 Abs. 3 und 4,
Mitteilung des Arbeitgebers gegenüber einem Auszubildenden, er werde nach Beendigung der Ausbildung nicht in ein ordentliches Arbeitsverhältnis übernommen,
Auflösende Aussperrung seitens des Arbeitgebers im Rahmen des Arbeitskampfes, da es sich hierbei nach der Rechtsprechung des Bundesarbeitsgerichts um einen kollektivrechtlichen Beendigungstatbestand eigener Art handelt,
Beendigung der Tätigkeit eines Leiharbeitnehmers im Entleiherbetrieb, obwohl der Leiharbeitnehmer im betriebsverfassungsrechtlichen Sinne sowohl im Verleiher- als auch im Entleiherbetrieb Arbeitnehmer ist,
Gerichtliche Entscheidung nach § 100 Abs. 3.

Für eine wirksame Anhörung des Betriebsrats gelten folgende Leitsätze:
1. Eine wirksame Anhörung nach Maßgabe des § 102 Abs. 1 setzt mindestens voraus, daß der Arbeitgeber dem Betriebsrat die Person des Arbeitnehmers, dem gekündigt werden soll, bezeichnet, die Art der Kündigung (z.B. ordentliche oder außerordentliche), ggf. auch den Kündigungstermin, angibt und die Gründe für die Kündigung mitteilt.
   Der Arbeitgeber ist verpflichtet, dem Betriebsrat die aus seiner Sicht tragenden Umstände für die Kündigung mitzuteilen. Nur pauschale Werturteile oder schlagwort- oder stichwortartige Mitteilungen genügen dagegen nicht. Die Anhörung des Betriebsrats ist auch dann fehlerhaft, wenn der Arbeitgeber den Sachverhalt bewußt irreführend und unvollständig mitgeteilt hat.
2. Zur Entgegennahme dieser Erklärungen ist im Grundsatz nicht jedes beliebige Betriebsratsmitglied berechigt, sondern nur der Betriebsratsvorsitzende und im Fall seiner Verhinderung der Stellvertreter.
3. Eine ausdrückliche Aufforderung an den Betriebsrat, zu der beabsichtigten Kündigung Stellung zu nehmen, ist nicht vorgeschrieben. Sie liegt regelmäßig in der Mitteilung der Kündigungsabsicht.
4. Der Betriebsrat als Gremium muß, bevor die Kündigung erklärt wird, die Möglichkeit zur Stellungnahme haben. Ein einzelnes Betriebsratsmitglied, auch der Vorsitzende oder sein Stellvertreter, kann nicht allgemein ermächtigt werden, die Stellungnahme des Betriebsrats zu einer Kündigung abzu-

geben. Teilt ein einzelnes Betriebsratsmitglied vor Ablauf der Erklärungsfristen des § 102 Abs. 2 dem Arbeitgeber seine Stellungnahme zu der vorgesehenen Kündigung zu einer Zeit mit, in der der Arbeitgeber weiß oder nach den Umständen annehmen muß, daß der Betriebsrat sich noch nicht mit der Angelegenheit befaßt hat, dann ist die Anhörung noch nicht vollzogen, eine daraufhin gleichwohl ausgesprochene Kündigung gem. § 102 Abs. 1 unwirksam.
5. Eine wirksame Anhörung kann nicht mehr erfolgen, nachdem die Kündigung erklärt ist. Eine gleichwohl (nachträglich) eingeholte Stellungnahme des Betriebsrats kann die Unwirksamkeit der ohne vorherige Anhörung erklärten Kündigung nicht verhindern.
6. Durch die nachträgliche Zustimmung des Betriebsrats zu einer ausgesprochenen Kündigung wird der Mangel der Anhörung nicht geheilt. Die Kündigung bleibt bei fehlender Anhörung unwirksam.
7. Die Unwirksamkeit gem. § 102 Abs. 1 ist eine „Rechtsunwirksamkeit aus anderen Gründen" im Sinne des § 13 Abs. 3 KSchG, für deren Geltendmachung die Klagefrist der §§ 4, 13 Abs. 1 KSchG nicht gilt.

Der Arbeitgeber kann ihm vor Ausspruch der Kündigung bekannte Kündigungsgründe, die er dem Betriebsrat vor Abgabe der Kündigungserklärung nicht mitgeteilt hat, im Kündigungsschutzprozeß selbst dann nicht nachschieben, wenn der Betriebsrat der Kündigung aufgrund der ihm mitgeteilten Gründe zugestimmt hat. Der Arbeitgeber kann den Betriebsrat wegen der nachzuschiebenden Gründe auch nicht nachträglich wirksam beteiligen. Andererseits ist die Kündigung gern. § 102 Abs. 1 nicht allein deshalb rechtsunwirksam, weil der Arbeitgeber Kündigungsgründe nachschiebt. Die Überprüfung im Kündigungsrechtsstreit beschränkt sich aber auf die dem Betriebsrat im Anhörungsverfahren mitgeteilten Kündigungsgründe.

Nach § 102 Abs. 3 kann der Betriebsrat einer ordentlichen Kündigung eines Arbeitnehmers innerhalb einer Woche widersprechen, wenn
1. der Arbeitgeber bei der Auswahl des zu kündigenden Arbeitnehmers soziale Gesichtspunkte nicht oder nicht ausreichend berücksichtigt hat,
2. die Kündigung gegen eine Richtlinie des § 95 verstößt (Auswahlgesichtspunkte bei Einstellungen, Versetzungen, Umgruppierungen und Kündigungen),
3. der zu kündigende Arbeitnehmer an einem anderen Arbeitsplatz im selben Betrieb oder in einem anderen Betrieb des Unternehmens weiterbeschäftigt werden kann,
4. die Weiterbeschäftigung des Arbeitnehmers nach zumutbaren Umschulungs- oder Fortbildunsmaßnahmen möglich ist oder
5. eine Weiterbeschäftigung des Arbeitnehmers unter geänderten Vertragsbedingungen möglich ist und der Arbeitnehmer sein Einverständnis hierzu erklärt hat.

Diese Aufzählung ist erschöpfend und nicht erweiterungsfähig. Andere Widerspruchsgründe kann der Betriebsrat nicht geltend machen.
§ 102 Abs. 3 Ziff. 1 ist inhaltsgleich mit § 1 Abs. 3 S. 1 KSchG. Danach ist eine aus dringenden betrieblichen Erfordernissen im Sinne von § 1 Abs. 2 KSchG ausgesprochene Kündigung trotzdem sozial ungerechtfertigt, wenn der Arbeitgeber bei der Auswahl des Arbeitnehmers soziale Gesichtspunkte nicht oder nicht ausreichend berücksichtigt hat. Dringende betriebliche Erfordernisse im Sinne von § 1 Abs. 2 KSCG sind z.B. Absatzschwierigkeiten, Automation, Rationalisierungsmaßnahmen, Stillegung einzelner Abteilungen oder Betriebsteile, Produktbereinigung, Änderung der Produktionsmethoden, Einführung neuer Herstellungs- und Verfahrenstechniken, Einführung arbeits- und zeitsparender Maschinen.
Diese betrieblichen Interessen und Gegebenheiten müssen mit den Interessen des betroffenen Arbeitnehmers abgewogen werden. Die Kündigung eines Arbeitnehmers ist nach dieser Abwägung nur dann gerechtfertigt, wenn sie ihn weniger hart trifft als andere. Dabei sind z.B. zu berücksichtigen: Lebensalter, Dauer der Betriebszugehörigkeit, Familienstand, wirtschaftliche Lage, Zahl der außer ihm verdienenden Familienanngehörigen, Berufsausbildung, gesetzliche Unterhaltspflichten, Vermögensverhältnisse, sonstiges Einkommen, Existenzsicherung durch ausreichenden Verdienst des Ehegatten.
Einzubeziehen in diesen Personenkreis sind auch Arbeitnehmer, die noch nicht unter das Kündigungsschutzgesetz fallen, was nicht heißt, daß diese Arbeitnehmer immer zuerst zu entlassen sind.
Der Widerspruch des Betriebsrats zugunsten des betroffenen Arbeitnehmers würde prozessual im Kündigungsschutzprozeß sich positiv für letzten auswirken, da bei erfolgtem Widerspruch der Beweis des ersten Anscheins für mangelnde soziale Auswahl sprechen soll.
Nach § 102 Abs. 3 Nr. 2 kann der Betriebsrat der ordentlichen Kündigung widersprechen, wenn die Kündigungsgründe gegen eine Richtlinie nach § 95 verstößt. Nach § 95 Abs. 1 bedürfen betriebliche Richtlinien über Kündigungen der Zustimmung des Betriebsrats und in Betrieben mit mehr als 1000 Arbeitnehmern kann der Betriebsrat die Aufstellung von Richtlinien über die bei Kündigungen zu beachtenden fachlichen und persönlichen Voraussetzungen sowie soziale Gesichtspunkte verlangen. Insbesondere wird es sich hierbei um Richtlinien für die Auswahl bei dringenden betrieblichen Erfordernissen handeln. § 99 Abs. 2 Nr. 2 gewinnt dadurch praktisch an Gewicht, daß im Fall des Widerspruchs seitens des Betriebsrats und der Klageerhebung durch den betroffenen Arbeitnehmer die Kündigung bereits dann sozial ungerechtfertigt ist, wenn sie gegen eine Auswahlrichtlinie verstößt. Deshalb wird die Kündigungsschutzklage des Arbeitnehmers in diesen Fällen meistens zum Erfolg führen, es sei denn, daß die Auswahlrichtlinie selbst gegen zwingendes Recht verstößt, z.B. bei Verletzung des Gleichbehandlungsgrundsatzes des § 75. Bei Auswahlrichtlinien,

die sich nicht im Rahmen des § 1 Abs. 3 KSchG halten, ist eine evtl. Kollision zwischen Beachtung der Auswahlrichtlinien und der Grundsätze des § 1 Abs. 3 KSchG zugunsten letzterer zu lösen; ein Widerspruch des Betriebsrats wäre insoweit unbegründet.

Nach § 102 Abs. 3 Nr. 3 kann der Betriebsrat der ordentlichen Kündigung widersprechen, wenn der zu kündigende Arbeitnehmer an einem anderen Arbeitsplatz im selben Betrieb oder in einem anderen Betrieb des Unternehmens weiterbeschäftigt werden kann. War schon nach bisheriger Rechtsprechung des Bundesarbeitsgerichts zu prüfen, ob der zu kündigende Arbeitnehmer an einem anderen Arbeitsplatz im selben Betrieb – ggf. auch unter zumutbaren Umschulungs- oder Fortbildungsmaßnahmen – weiter beschäftigt werden und damit die Entlassung vermieden werden kann, so ist dieser Tatbestand jetzt ausdrücklich als Widerspruchstatbestand in das Gesetz aufgenommen worden, im Fall der Nr. 3 im Gegensatz zu früher aber nicht auf den Betrieb beschränkt, sondern auf das gesamte Unternehmen (nicht auf den Konzern) ausgedehnt. Voraussetzung für die Realisierung der Weiterbeschäftigung ist das Vorhandensein eines tatsächlich freien Arbeitsplatzes. Der Betriebsrat kann deshalb seinen Widerspruch nicht auf die bloße Behauptung stützen, daß ein Arbeitsplatz frei sei; er muß vielmehr konkret einen solchen benennen.

Im allgemeinen wird die Möglichkeit der anderweitigen Beschäftigung nur bei betriebsbedingten, nicht bei personen- oder verhaltensbedingten Kündigungen zu erörtern sein, es sei denn, daß der zu kündigende Arbeitnehmer z.B. wegen seiner Konstitution oder wegen besonderer Unverträglichkeiten mit Vorgesetzten oder Kollegen von diesem Arbeitsplatz entfernt werden muß, sonst aber gegen seine Leistungen und sein Verhalten keine Einwendungen erhoben werden können.

Grundsätzlich ist bei dieser Weiterbeschäftigung davon auszugehen, daß die Arbeitsbedingungen unverändert bleiben, jedenfalls aber nicht verschlechtert werden. Ausnahmen hiervon lassen jedoch die Nr. 4 und 5 (§ 102 Abs. 3) zu.

Nach § 102 Abs. 3 Nr. 4 kann der Betriebsrat der ordentlichen Kündigung widersprechen, wenn die Weiterbeschäftigung des Arbeitnehmers nach zumutbaren Umschulungs- oder Fortbildungsmaßnahmen möglich ist. Diese Vorschrift ergänzt und erweitert in sinnvoller Weise die Nr. 3: ein Widerspruch seitens des Betriebsrats ist begründet, wenn nach zumutbaren Maßnahmen eine Weiterbeschäftigungsmöglichkeit besteht. Der Betriebsrat muß also in seiner Widerspruchsbegründung dartun, daß und in welcher Weise konkret eine Umschulung möglich ist, daß der betroffene Arbeitnehmer die Umschulung wünscht, daß dem Arbeitgeber im Rahmen der vorhandenen betrieblichen und außerbetrieblichen Umschulungs- und Fortbildungsmaßnahmen eine solche zugemutet werden kann und daß endlich nach Durchführung der Maßnahmen Aussicht auf weitere Verwendbarkeit des betroffenen Arbeitnehmers besteht.

Endlich kann der Betriebsrat nach § 102 Abs. 3 Nr. 5 der ordentlichen Kündi-

gung dann widersprechen, wenn eine Weiterbeschäftigung des Arbeitnehmers unter geänderten Vertragsbedingungen möglich ist und der Arbeitnehmer sein Einverständnis hiermit erklärt hat.
Nr. 5 schließt sowohl die betriebs- als auch die personenbedingte Kündigung ein. Will der Betriebsrat seinen Widerspruch begründen, muß er also vortragen, daß eine Weiterbeschäftigung zu veränderten Bedingungen möglich und der betroffene Arbeitnehmer mit diesen veränderten Bedingungen auch einverstanden ist. Insbesondere wird sich in der Praxis diese Widerspruchsmöglichkeit bei Änderungskündigungen anbieten.
Wenn schon der Betriebsrat den Widerspruch nach pflichtgemäßem Ermessen infolge seiner ihm gesetzlich zugewiesenen Aufgaben einzulegen hat, so hat doch der betroffene Arbeitnehmer keinen klagbaren Anspruch darauf, daß der Betriebsrat in dieser Hinsicht für ihn tätig wird. Allerdings kann sich ein wiederholtes Untätigbleiben trotz Vorliegen der materiellen Voraussetzungen des § 102 Abs. 3 Nr. 1 – 5 als eine grobe Pflichtverletzung für den Betriebsrat darstellen.
Die praktische Bedeutung des Widerspruches des Betriebsrats liegt darin, daß dieser zusätzlich zur Klageerhebung durch den Arbeitnehmer nach dem Kündigungsschutzgesetz Voraussetzung für den Weiterbeschäftigungsanspruch des gekündigten Arbeitnehmers nach § 102 Abs. 5 ist.
Im Gegensatz zum Informationsrecht des Betriebsrats nach § 102 Abs. 1 können Arbeitgeber und Betriebsrat nach § 102 Abs. 6 vereinbaren, daß Kündigungen der Zustimmung des Betriebsrats bedürfen und daß bei Meinungsverschiedenheiten über die Berechtigung der Nichterfüllung der Zustimmung die Einigungsstelle entscheidet.
Sollen ein Mitglied des Betriebsrats, der Jugendvertretung, der Bordvertretung und des Seebetriebsrats, des Wahlvorstandes sowie Wahlbewerber fristlos gekündigt werden, so bedarf eine derartige Kündigung nach § 103 Abs. 1 der Zustimmung des Betriebsrats als Gremium. Verweigert der Betriebsrat seine Zustimmung, so kann das Arbeitsgericht sie auf Antrag des Arbeitgebers nach § 103 Abs. 2 ersetzen, wenn die außerordentliche Kündigung unter Berücksichtigung aller Umstände des Einzelfalls gerechtfertigt ist.
Dies gilt auch dann, wenn das Betriebsratsmitglied im Verlauf des Verfahrens schwanger geworden ist.

18 Vorläufige Weiterbeschäftigung

Hat der Betriebsrat einer ordentlichen Kündigung aus den Gründen des § 102 Abs. 3 frist- und ordnungsgemäß widersprochen, und hat der betroffene Arbeitnehmer innerhalb von 3 Wochen nach Zugang der Kündigung gem. § 4 KSchG Klage auf Feststellung erhoben, daß das Arbeitsverhältnis durch die Kündigung nicht aufgelöst ist, so ist der Arbeitgeber nach § 102 Abs. 5 verpflichtet, den Arbeitnehmer auf dessen Verlangen auch nach Ablauf der Kündigungsfrist bis zum rechtskräftigen Abschluß des Rechtsstreits bei unveränderten Arbeitsbedingungen weiter zu beschäftigen. Ein Angebot des Arbeitgebers, Lohn bzw. Gehalt fortzuzahlen, ist nicht ausreichend. Eine diesbezügliche Vereinbarung ist jedoch möglich.

Die Beschäftigungspflicht kann ausnahmsweise dann entfallen, wenn zwingende dienstliche, organisatorische oder persönliche Gründe ihr entgegenstehen. Dieser mögliche Anspruch des Arbeitgebers kann ggf. im Wege der Klage und einstweiligen Verfügung nach § 85 Abs. 2 ArbGG durchgesetzt werden.

Der Weiterbeschäftigungsanspruch des gekündigten Arbeitnehmers entsteht also durch Gesetz; es begründet, wenn die o.g. drei Bedingungen erfüllt sind, ein Arbeitsverhältnis eigener Art. Das durch Gesetz begründete neue Arbeitsverhältnis entspricht inhaltlich dem alten, da der Arbeitnehmer bei unveränderten Arbeitsbedingungen weiterzubeschäftigen ist. Mithin kommt der Arbeitnehmer auch in den Genuß allgemeiner tariflicher oder betrieblicher Lohnerhöhungen, soweit diese tätigkeitsbezogen sind.

Dagegen stehen ihm Zuwendungen, die an ein nicht aufgekündigtes Arbeitsverhältnis oder die Betriebszugehörigkeit anknüpfen, nicht zu. Nach dem Sinn der Vorschrift ist der Arbeitnehmer bei einer Weiterbeschäftigung nicht besser, aber auch nicht schlechter zu stellen als bisher. Danach sind also Umsetzungen auf einen anderen, aber gleichwertigen Arbeitsplatz durchaus möglich.

Gehört der Arbeitnehmer dem Betrieb noch keine 6 Monate an, so findet das Kündigungsschutzgesetz keine Anwendung; damit entfällt auch die Möglichkeit der vorläufigen Weiterbeschäftigung.

Der Weiterbeschäftigungsanspruch entfällt weiter dann, wenn kein Betriebsrat gebildet worden ist, wenn der Betriebsrat weder ordnungs-, frist- und formgerecht tätig wird, wenn der Betriebsrat seinen Widerspruch zurücknimmt oder wenn der Arbeitnehmer seine Kündigungsschutzklage zurücknimmt.

Erhebt der Arbeitnehmer die Klage nach dem Kündigungsschutzgesetz erst verspätet, so entsteht der Weiterbeschäftigunsanspruch erst dann, wenn die Klage nachträglich zugelassen und diese Entscheidung des Arbeitsgerichts rechtskräftig geworden ist.

Für den Fall, daß der Arbeitnehmer vorläufig weiterbeschäftigt wird und daß er die Kündigungsschutzklage gewinnt, dauert sein Arbeitsverhältnis nahtlos fort. Hat er dagegen keine vorläufige Weiterbeschäftigung verlangt, den Kündigungsschutzprozeß jedoch trotzdem gewonnen, so kann er wahlweise entweder in den Betrieb zurückgehen oder aber nach § 12 KSchG ein inzwischen eingegangenes anderes Arbeitsverhältnis fortsetzen und gegenüber dem alten Arbeitgeber die Wiederaufnahme der Arbeit binnen einer Woche ablehnen.

Wird der Arbeitnehmer vorläufig weiterbeschäftigt und verliert er den Kündigungsschutzprozeß, so endet das fortbestehende faktische Arbeitsverhältnis mit der Rechtskraft des Urteils. Einer neuen Kündigung mit entsprechenden Fristen bedarf es in diesen Fällen nicht mehr.

Der Arbeitgeber kann demgegenüber jedoch durch einstweilige Verfügung beim Arbeitsgericht beantragen, ihn von der Verpflichtung zur vorläufigen Weiterbeschäftigung des Arbeitnehmers zu entbinden. Dieses ist nur aus den drei im Gesetz vorgesehen Gründen möglich, und zwar wenn

1. die Klage des Arbeitnehmers keine hinreichende Aussicht auf Erfolg bietet oder mutwillig erscheint. Das wird immer dann der Fall sein, wenn sich bereits aus dem Vorbringen des Klägers ergibt, daß die Klage keinen Erfolg haben kann.
2. die Weiterbeschäftigung des Arbeitnehmers zu einer unzumutbaren wirtschaftlichen Belastung des Arbeitgebers führen würde. Das könnte z.B. dann der Fall sein, wenn der Arbeitgeber infolge Auftragsrückgangs oder aus sonstigen konjunkturellen Gründen einen Teil seiner Belegschaft entlassen muß, denn dann wäre eine vorläufige Weiterbeschäftigung eines gekündigten Arbeitnehmers sinnwidrig.
3. der Widerspruch des Betriebsrats offensichtlich unbegründet war. Das könnte insbesondere dann der Fall sein, wenn die Kündigung eines Arbeitnehmers verhaltensbedingt war, denn hier steht dem Betriebsrat kein Widerspruch zu.

Die einstweilige Verfügung ist bei dem Arbeitsgericht, bei dem der Kündigungsschutzprozeß anhängig ist, zu beantragen. In dringenden Fällen kann die Entscheidung ohne mündliche Verhandlung ergehen, ggf. auch durch den Vorsitzenden allein (§§ 937 Abs. 2, 944 ZPO).

Erfolgt die Entscheidung ohne mündliche Verhandlung, ergeht ein Beschluß, im Fall einer mündlichen Verhandlung ein Urteil. Gegen dieses Urteil kann das Rechtsmittel der Berufung eingelegt werden.

Wird die einstweilige Verfügung auf Versagung der vorläufigen Weiterbeschäftigung durch Beschluß erlassen, so kann der Arbeitnehmer nach § 924 Abs. 1 ZPO hiergegen Widerspruch einlegen. Dann wird über diesen Widerspruch nach § 925 Abs. 1 ZPO durch Urteil entschieden. Eine Weiterbebeschäftigungspflicht des Arbeitgebers setzt jedoch erst ein, wenn die einstweilige Verfügung durch Urteil aufgehoben worden ist.

Wird der Antrag des Arbeitgebers durch Beschluß zurückgewiesen, so kann der Arbeitgeber nach §§ 576 ff. ZPO hiergegen einfache Beschwerde einlegen, über die das Landesarbeitsgericht entscheidet. Nach § 78 ArbGG ist hiergegen eine weitere Beschwerde ausgeschlossen.

19 Einsicht in die Personalakten

Nach § 83 Abs. 1 hat ein Arbeitnehmer das Recht, in die über ihn geführten Personalakten Einsicht zu nehmen. Nach § 83 Abs. 2 wird dieses Einsichtsrecht ergänzt durch das weitere Recht, eigene Erklärungen zum Inhalt der Personalakte zu geben; diese sind auf Verlangen des Arbeitnehmers der Personalakte beizufügen. Dieses Recht dient der Objektivierung der Personalführung; die Erklärungen müssen sich auf den Inhalt der Akten beziehen; dazu gehört auch das Fehlen eines bestimmten Vorganges. Dem Arbeitnehmer ist hierdurch die Möglichkeit gegeben, eine Richtigstellung von für ihn ungünstigen Eintragungen zu erreichen. Er hat einen Rechtsanspruch darauf, daß von ihm abgegebene Erklärungen im Zusammenhang mit der Unterlage, auf die sie sich beziehen, zum Inhalt der Personalakte gemacht werden. Derartige Erklärungen, wie sie das Gesetz bezeichnet, können z.B. Anmerkungen, kritische Äußerungen, Gegendarstellungen oder auch die Beifügung zu früheren Unterlagen, wie z.B. Bescheinigungen oder Zeugnisse, sein. Besondere Bedeutung erhält diese Vorschrift für das betriebliche Beurteilungswesen: hier erhält der Arbeitnehmer die Möglichkeit, zur Beurteilung seiner Person eine Gegendarstellung oder Ergänzung zu geben. Auch hier könnte er z.B. Bescheinigungen oder Zeugnisse über inzwischen erworbene Qualifikationen der Beurteilung hinzufügen.
Der Arbeitnehmer kann jedoch nicht verlangen, daß etwas aus der Personalakte entfernt wird; er darf auch von sich aus nichts entnehmen oder hinzufügen.
Dieses Akteneinsichtsrecht ist nur während des Bestehens des Arbeitsverhältnisses gegeben. Bei dem in § 83 festgelegten Recht handelt es sich um einen individuellen, im Urteilsverfahren einklagbaren Anspruch des Arbeitnehmers ohne Rücksicht auf die Größe des Betriebes und das Bestehen eines Betriebsrats.
Wesentlich ist, daß der Anspruch jederzeit und ohne besondere Begründung besteht. Die Personalakte ist dem Arbeitnehmer auf besonderes Verlangen vorzulegen. Er ist jedoch nicht berechtigt, sie ganz oder teilweise abzuschreiben oder zu fotokopieren; der Arbeitgeber kann ihm jedoch nicht verbieten, daß er sich einige für ihn bedeutende Notizen macht. Es besteht jedoch kein Rechtsanspruch darauf, die Personalakte ausgehändigt zu bekommen oder auf Überlassung von Fotokopien oder Abschriften.
Der Arbeitnehmer kann zur Akteneinsicht ein Mitglied des Betriebsrats hinzuziehen; dieses hat über den Inhalt der Personalakte Stillschweigen zu bewahren, soweit es vom Arbeitnehmer im Einzelfall nicht von dieser Verpflichtung entbunden wird. Das Recht auf Akteneinsicht steht jedoch primär nicht dem Betriebsrat, sondern dem Arbeitnehmer zu. Der Betriebsrat kann also nicht von sich aus dieses dem Arbeitnehmer zustehende Recht ausüben, sondern lediglich dem Arbeitnehmer auf dessen Bitte hin helfen.

V Mitwirkung des Betriebsrats in sozialen Angelegenheiten

Die §§ 87 bis 89, insbesondere der Katalog des § 87, führen an, was soziale Angelegenheiten im Sinne des Gesetzes sind, ohne eine Legaldefinition zu geben. Versteht man unter sozialen Angelegenheiten das gesamte Gebiet der Arbeitsbedingungen im weitesten Sinne, so ergeben sich insbesondere folgende Gruppen:
a) materielle Arbeitsbedingungen, die den Inhalt der einzelnen Arbeitsverhältnisse bestimmen, wie z.B. Arbeitszeit, Urlaub, Entlohnung, Auszahlung der Arbeitsentgelte
b) betriebliches Vorschlagswesen
c) Ordnung im Betrieb, wie z.B. Torkontrolle, Rauchverbote, Betriebsbußen
d) Form, Ausgestaltung und Verwaltung von Sozialeinrichtungen
e) Werkswohnungen
f) Arbeitsschutz, z.B. Unfallverhütung und Maßnahmen zur Verhütung von Gesundheitsschädigungen sowie
g) Maßnahmen zur Förderung der Vermögensbildung.

Nach § 87 Abs. 1 hat der Betriebsrat, soweit eine gesetzliche oder tarifliche Regelung nicht besteht, in den folgenden Angelegenheiten mitzubestimmen:
1. Fragen der Ordnung des Betriebes und des Verhaltens der Arbeitnehmer im Betrieb.
2. Beginn und Ende der täglichen Arbeitszeit einschließlich der Pausen sowie Verteilung der Arbeitszeit auf die einzelnen Wochentage.
3. Vorübergehende Verkürzung oder Verlängerung der betriebsüblichen Arbeitszeit.
4. Zeit, Ort und Art der Auszahlung der Arbeitsentgelte, z.B. bargeldlose Lohn- und Gehaltszahlung.
5. Aufstellung allgemeiner Urlaubsgrundsätze und des Urlaubsplans sowie die Festsetzung der zeitlichen Lage des Urlaubs für einzelne Arbeitnehmer, wenn zwischen dem Arbeitgeber und den beteiligten Arbeitnehmern kein Einverständnis erzielt wird sowie bei der Einführung von Betriebsferien.
6. Einführung und Anwendung von technischen Einrichtungen, die dazu bestimmt sind, das Verhalten oder die Leistung der Arbeitnehmer zu überwachen; hierunter fallen nicht Kontrolleinrichtungen, die nur den Produktionsablauf überwachen sollen.
7. Regelungen über die Verhütung von Arbeitsunfällen und Berufskrankheiten sowie über den Gesundheitsschutz im Rahmen der gesetzlichen Bestimmungen oder der Unfallverhütungsvorschriften.

8. Form, Ausgestaltung und Verwaltung von Sozialeinrichtungen, deren Wirkungsbereich auf den Betrieb, das Unternehmen oder den Konzern beschränkt ist. Nicht hierunter fallen die Errichtung von Sozialeinrichtungen, ihre Zweckbestimmung und die Zuweisung von Geld- oder Sachmitteln an sie.
9. Zuweisung und Kündigung von Wohnräumen, die dem Arbeitnehmer mit Rücksicht auf das Bestehen des Arbeitsverhältnisses vermietet werden, sowie die allgemeine Festlegung der Nutzungsbedingungen.
10. Fragen der betrieblichen Lohngestaltung, insbesondere die Aufstellung von Entlohnungsgrundsätzen (z.b. Akkord-, Zeit- oder Prämienlohn, Erfolgs- oder Gewinnbeteiligung), die Einführung und Anwendung von neuen Entlohnungsmethoden sowie deren Änderung (z.b. Stunden-, Wochen- oder Monatslohn, Zeit- oder Geldakkord, Mengen- oder Güteprämien sowie Anwendung arbeitswissenschaftlicher Verfahren).
11. Festsetzung der Akkord- und Prämiensätze und vergleichbarer leistungsbezogener Entgelte, z.B. Provisionen, einschließlich der Geldfaktoren.
12. Grundsätze über das betriebliche Vorschlagswesen.

Der Katalog des § 87 Abs. 1 ist für das Mitbestimmungsrecht des Betriebsrats erschöpfend.
Das Mitbestimmungsrecht des § 87 Abs. 1 besteht jedoch dann nicht, wenn und soweit die Angelegenheit in einem Tarifvertrag abschließend geregelt ist während der Laufzeit des Tarifvertrages.
Nach § 88 können durch freiwillige Betriebsvereinbarungen insbesondere geregelt werden:
1. zusätzliche Maßnahmen zur Verhütung von Arbeitsunfällen und Gesundheitsschädigungen;
2. die Errichtung von Sozialeinrichtungen, deren Wirkungsbereich auf den Betrieb, das Unternehmen oder den Konzern beschränkt ist;
3. Maßnahmen zur Förderung der Vermögensbildung.

In diesen sozialen Angelegenheiten ist das Mitbestimmungsrecht des Betriebsrats nur fakultativ, das bedeutet, daß der Arbeitgeber derartige Maßnahmen rechtswirksam auch ohne Zustimmung des Betriebsrats vornehmen kann. In den Fällen des § 88 bleibt es dem Arbeitgeber überlassen, ob er die Zustimmung des Betriebsrats einholen will oder nicht.
Der Katalog des § 88 ist im Gegensatz zu dem des § 87 nicht erschöpfend, sondern hebt nur die Hauptgebiete der faktultativen Mitbestimmung hervor. Nach § 88 können jedoch nicht über personelle, wirtschaftliche oder betriebsverfassungsrechtliche Angelegenheiten Betriebsvereinbarungen abgeschlossen werden, sondern nur solche über soziale Angelegenheiten.

Eine Einschränkung des Grundsatzes, daß praktisch alle sozialen Angelegenheiten durch freiwillige Betriebsvereinbarungen geregelt werden können, ergibt sich aus § 77 Abs. 3, wonach Arbeitsentgelte und sonstige Arbeitsbedingungen, die durch Tarifvertrag geregelt sind oder üblicherweise geregelt werden, nicht Gegenstand einer Betriebsvereinbarung sein können, es sei denn, daß der Tarifvertrag den Abschluß ergänzender Betriebsvereinbarungen ausdrücklich zuläßt. In der tariflichen Praxis sind die Mitbestimmungsrechte des Betriebsrats im Bereich der sozialen Angelegenheiten deshalb auch durch zahlreiche Tarifverträge erheblich erweitert worden.

1 Ordnung im Betrieb und Verhalten der Arbeitnehmer

Nach § 87 Abs. 1 Ziff. 1 hat der Betriebsrat, soweit eine gesetzliche oder tarifliche Regelung nicht besteht, mitzubestimmen bei Fragen der Ordnung des Betriebes und des Verhaltens der Arbeitnehmer im Betrieb. Die sehr weit gefaßte Vorschrift bezieht sich auf alle Fragen, die unter den Begriff der Arbeitsordnung zusammengefaßt werden. Es sind also alle Maßnahmen und Verhaltensweisen, die die äußere Ordnung des Betriebes und auch das Verhalten der Arbeitnehmer untereinander im Betrieb regeln. Im einzelnen gehören zu diesen Vorschriften z.B. Bestimmungen über die Durchführung von Torkontrollen, Leibesvisitationen, Einführung von Stechuhren, Verbot des Handelns, des Verkaufs und der Verteilung von Prospektmaterial innerhalb des Betriebes, Parken von Fahrzeugen, Benutzung der Kantine und Verkaufsräume, Sicherung der von Arbeitnehmern eingebrachten Sachen, Benutzung der Telefoneinrichtungen für private Zwecke, Inanspruchnahme der hygienischen und sozialen Einrichtungen des Betriebes, wie z.B. Werksarzt, Reihenuntersuchungen, Sanitätsstation, Bücherei, Unterstützungsfonds, Sport- und Duschanlagen, Badeeinrichtungen, Sauna, vorbeugende Impfungen, z.B. gegen Grippe, Aufenthaltsregelungen nach Beendigung der Dienstzeit sowie an Sonn- und Feiertagen, Werksausweiswesen, Besuchsregelungen, Fotografier- und Filmverbote, Freizeitgestaltungseinrichtungen, Kleiderordnungen, Erlaß von Rauchverboten und Betriebsbußordnungen sowie die Regelung der gegenseitigen Vertretung am Arbeitsplatz.
Der Einsatz von Detektiven, der dazu dienen soll, das Verhalten der Arbeitnehmer und damit verbunden ihrer Arbeitsleistung zu kontrollieren, fällt nicht unter das Mitbestimmungsrecht des Betriebsrats nach § 87 Abs. 1 Ziff. 1. Es ist vielmehr zwischen Ordnungsverhalten und Arbeitsverhalten zu unterscheiden. Liegt beim Einsatz von Detektiven nur letzteres vor, entfällt die Mitbestimmung des Betriebsrats aus Ziff. 1. Es läßt sich hier auch kein Mitbestimmungsrecht des Betriebsrats aus Ziff. 6 herleiten, denn dieses setzt eine Überwachung mit Hilfe technischer Einrichtungen voraus.

Darüber hinaus bestehen für den Bereich der Ordnung im Betrieb und der Regelung des Verhaltens der einzelnen Arbeitnehmer im Betrieb zahlreiche gesetzliche Bestimmungen und Vorschriften der Berufsgenossenschaften.
Nicht dem Mitbestimmungsrecht des Betriebsrats nach dieser Vorschrift unterliegen Fragen der unternehmerischen und arbeitstechnischen Leitung des Betriebes. Wie der vom Arbeitnehmer zu erledigende Arbeitsvorgang im einzelnen zu gestalten ist, entscheidet der Arbeitgeber, i.d.R. aufgrund seines Direktionsrechts.
Hierbei ist jedoch die Vorschrift des § 91 zu beachten, wonach bei einer Belastung der Arbeitnehmer in besonderer Weise durch Änderungen der Arbeitsplätze, des Arbeitsablaufs oder der Arbeitsumgebung, sofern sie den gesicherten arbeitswissenschaftlichen Erkenntnissen über die menschengerechte Gestaltung der Arbeit offensichtlich widersprechen, der Betriebsrat angemessene Maßnahmen zur Abwendung, Milderung oder zum Ausgleich der Belastung verlangen kann.
Endlich fallen unter das Mitbestimmungsrecht des Betriebsrats nach § 87 Abs. 1 Ziff. 1 nicht arbeitsnotwendige Anordnungen, ohne deren Beachtung der Arbeitnehmer seine Arbeitsleistung nicht ordnungsgemäß erbringen kann. Hierzu zählen z.B. Rauchverbote an feuergefährlichen Orten oder Arbeitskleidung, die aus hygienischen Gründen erforderlich ist.
Das zwingende Mitbestimmungsrecht des Betriebsrats besteht, soweit eine Angelegenheit gesetzlich oder tariflich geregelt ist. Lückenhafte Regelungen lassen ergänzende betriebliche Bestimmungen zu.
Um betriebliche Ordnungsvorschriften auch tatsächlich durchsetzen zu können, ist es nach überwiegender Ansicht zulässig, eine Bußgeldordnung zu erlassen. Eine solche unterliegt nach § 87 Abs, 1 Ziff. 1 ebenfalls dem Mitbestimmungsrecht des Betriebsrats.
Betriebsbußen dienen im wesentlichen vier Hauptzwecken, und zwar
– die Betriebssubstanz zu erhalten (z.B. Schutz des Unternehmereigentums gegen Beschädigung und Diebstahl)
– zum Schutz der Belegschaftsangehörigen eines Unternehmens (z.B. Verhinderung von Beleidigung, Körperverletzung, Diebstahl)
– der Erhaltung des Arbeitsfriedens und der Arbeitsmoral und
– der Ahndung von Verstößen gegen betriebliche Ordnungsvorschriften, die zum Funktionieren des Betriebes sowie dem Zusammenleben der Arbeitskollegen notwendig oder förderlich sind, wie z.B. Rauch- und Alkoholverbote, bestimmte Beschäftigungsverbote, Unfallverhütung, Sicherheitsmaßnahmen, Pünktlichkeit, Krankmeldungen, Verkehr auf dem Werksgelände u.ä.
Die Verhängung von Geldbußen nach einer derartigen Ordnung setzt voraus, daß
1. die Bußordnung wirksam geschaffen und bekannt gemacht ist,
2. in ihr die Verhängung von Bußen bedingenden Tatbestände festgelegt und zulässige Bußen normiert sind,

3. ein rechtsstaatliches, ordnungsgemäßes Verfahren vorgesehen ist und eingehalten wird,
4. rechtliches Gehör gewährt und eine Vertretung zugelassen wird,
5. auch bei Verhängung der einzelnen Buße der Betriebsrat im Sinne der Mitbestimmung eingeschaltet wird.

Typische Bußarten sind, je nach den betrieblichen Gegebenheiten und Erfordernissen des Einzelfalls z.B. Rügen, Verwarnungen (mündlich oder schriftlich), Verweise, Versetzungen, Um- und Rückgruppierungen, Änderung oder Entziehung des Status (Nichtbeförderung, Kompetenzbeschneidung, Nichterteilen oder Entziehen bereits bestehender Vollmachten, Vertretungsbefugnisse oder Zeichnungsberechtigungen), Abgabe von Ehrenerklärungen, Entzug der Parkerlaubnis, Kürzung oder sogar Fortfall bestimmter freiwilliger Sozialleistungen und Bußgeld.

2 Beginn und Ende von Arbeitszeit und Pausen

Nach § 87 Abs. 1 Ziff. 2 hat der Betriebsrat, soweit eine gesetzliche oder tarifliche Regelung nicht besteht, mitzubestimmen über Beginn und Ende der täglichen Arbeitszeit einschließlich der Pausen sowie die Verteilung der Arbeitszeit auf die einzelnen Wochentage. Nach § 87 Abs. 1 Ziff. 3 hat er darüber hinaus bei vorübergehender Verkürzung oder Verlängerung der betriebsüblichen Arbeitszeit mitzubestimmen.

Das Mitbestimmungsrecht beschränkt sich auf Beginn und Ende der täglichen Arbeitszeit einschließlich der Pausen, das heißt auf die zeitliche Lage. Hinsichtlich der Dauer von Arbeitszeit und Pausen besteht dagegen kein Mitbestimmungsrecht. Unter täglicher Arbeitszeit im Sinne von § 87 Abs. 1 Ziff. 2 ist, im Gegensatz zu § 87 Abs. 1 Ziff. 3, nicht nur die betriebsübliche, sondern jede Arbeitszeit zu verstehen. Daraus folgt, daß das Mitbestimmungsrecht des Betriebsrats auch bei nur einmaliger Verlegung, Veränderung, Verlängerung oder Kürzung besteht, denn dadurch wird Beginn und Ende der täglichen Arbeitszeit verändert. Häufig werden derartige Änderungen z.B. in Verbindung mit Feiertagen oder Betriebsfeiern durchgeführt. Weiter kommt die Vorschrift zur Anwendung, wenn Schichtarbeit eingeführt oder bestehende Schichtzeiten oder -folgen geändert werden sollen. Schichtarbeit ist gegeben, wenn eine bestimmte Arbeitsaufgabe über einen erheblichen, längeren Zeitraum als die wirkliche Arbeitszeit eines Arbeitnehmers hinaus anfällt und daher von mehreren Arbeitnehmern oder Arbeitnehmergruppen in einer geregelten zeitlichen Reihenfolge erbracht wird. Auch die Einführung gleitender Arbeitszeit sowie deren Ausgestaltung (Gleitspannen, Kernarbeitszeit, Ausgleich von Zeitrückständen, Ausgleichszeiträume, Zeitguthaben sowie Art der Kontrollbestimmungen über die geleisteten Arbeitsstunden) kann nur im Einvernehmen mit dem Betriebsrat erfolgen, ebenfalls die Einführung einer Sommer- und Winterarbeitszeit.

Mitbestimmungspflichtig sind auch Regelungen, die für Teilzeitkräfte eine tägliche Mindestarbeitszeit, eine Höchstzahl von Arbeitstagen in der Woche und einen zeitlichen Rahmen vorsehen, innerhalb dessen Teilzeitkräfte an den einzelnen Tagen zu beschäftigen sind.
Gleiches gilt für Regelungen, die die Lage der Pausen und deren Dauer betreffen und somit die tägliche Schichtzeit der Teilzeitkräfte berühren. In den Regelungen kann auch bestimmt werden, unter welchen Voraussetzungen von ihnen abgewichen werden kann.
Bei allen Arbeitszeitfragen ist zu beachten, daß eine Vielzahl gesetzlicher Vorschriften zu berücksichtigen sind, die als Schutzgesetze für die Arbeitnehmer gedacht sind und die deshalb durch eine Vereinbarung zwischen Arbeitgeber und Betriebsrat nicht zu ungunsten der Arbeitnehmer abgedungen werden können, so z.B. Vorschriften des Arbeitszeitgesetzes, der GewO, des MuSchG und JugArbSchG, des SBG und der Feiertagsgesetze des Bundes und der Länder.

3 Änderung der betriebsüblichen Arbeitszeit

Nach § 87 Abs. 1 Ziff. 3 hat der Betriebsrat, soweit eine gesetzliche oder tarifliche Regelung nicht besteht, bei vorübergehender Verkürzung oder Verlängerung der betriebsüblichen Arbeitszeit mitzubestimmen.
Hierunter fallen z.B. die zeitliche Lage bei Kurzarbeit sowie bei angeordneten Überstunden oder eine Verlängerung der Arbeitszeit und eine zeitliche Verteilung der vorübergehend geänderten Arbeitszeit auf die einzelnen Wochentage.
Unabhängig hiervon sind jedoch bei Vereinbarungen von Überstunden und Mehrarbeit die Grenzen zu beachten, die durch das Arbeitszeitgesetz gesetzt sind und die auch durch Zustimmung des Betriebsrats nicht zu ungunsten der Mitarbeiter geändert werden dürfen. Der Begriff der Betriebsüblichkeit ist nicht so zu verstehen, daß damit die im Betrieb häufigste Arbeitszeit gemeint wäre. Vielmehr ist auf die im Betrieb für bestimmte Arbeitsplätze und Arbeitnehmergruppen geltenden Arbeitszeiten abzustellen. Damit kann es in einem und demselben Betrieb mehrere betriebsübliche Arbeitszeiten geben.
Das Bundesarbeitsgericht hatte die Frage zu entscheiden, ob der Betriebsrat nach § 87 Abs. 1 Nr. 3 ein Mitbestimmungsrecht bei der vorübergehenden Verlängerung der Arbeitszeit von Teilzeitbeschäftigten hat.
Betriebsübliche Arbeitszeit der Teilzeitbeschäftigten ist deren regelmäßig verkürzte Arbeitszeit. Dies gilt auch dann, wenn nicht alle Teilzeitbeschäftigten mit einheitlicher Wochenstundenzahl arbeiten. Betriebsüblich sind dann diejenigen Arbeitszeiten, die jeweils individualrechtlich als die üblichen vereinbart wurden. Dem Betriebsrat steht daher grundsätzlich gem. § 87 Abs. 1 Nr. 3 ein Mitbestimmungsrecht zu bei der vorübergehenden Verlängerung der Arbeitszeit von Teilzeitbeschäftigten.

Inhalt des Mitbestimmungsrechts ist die Regelungsfrage, ob zusätzlicher Arbeitsbedarf durch eine vorübergehende Erhöhung der regelmäßigen Arbeitszeit abgedeckt werden soll und welche Arbeitnehmer bzw. Arbeitnehmergruppen zu welchen Zeiten und in welchem Umfang diese Arbeiten leisten sollen. Dieser Schutzzweck verlangt die Einbeziehung der Teilzeitbeschäftigten in gleicher Weise wie die Vollzeitbeschäftigten.

Der Beteiligung des Betriebsrats steht nicht entgegen, daß sich die Teilzeitbeschäftigten verpflichtet haben, „im Bedarfs- und Vertretungsfall (Krankheit, Urlaub usw.)" auch ganztags tätig zu sein. Diese einzelvertragliche Regelung schafft nur eine individualrechtliche Grundlage dafür, daß der Arbeitgeber einen zeitlich erweiterten Einsatz anordnen kann. Die Zulässigkeit einer erweiterten Beschäftigung ändert nichts daran, daß als betriebsüblich im Sinne der regelmäßigen Arbeitszeit diejenige gilt, die die Teilzeitbeschäftigten nach ihren Verträgen „normalerweise" erbringen müssen. Dieses Mitbestimmungsrecht wird nicht durch tarifliche Regelung ausgeschlossen, wonach Mehrarbeit der Teilzeitbeschäftigten nur diejenige Arbeitszeit sein soll, die über die regelmäßige Arbeitszeit vergleichbarer Vollzeitbeschäftigter hinausgeht.

Werden in einem Betrieb nicht alle Arbeitnehmer mit einer einheitlichen Wochenstundenzahl beschäftigt, so sind betriebsübliche Arbeitszeiten alle Arbeitszeiten, die die Arbeitnehmer aufgrund individualrechtlicher oder kollektivrechtlicher Regelung dem Arbeitgeber schulden.

Mitbestimmungsfrei ist die Dauer der betriebsüblichen Arbeitszeit.

Dem Mitbestimmungsrecht des Betriebsrats unterliegen dagegen weiter nicht die Einführung von Kurzarbeit oder Überstunden, soweit der Tarifvertrag hierüber konkrete Regelungen enthält. Auch hat der Betriebsrat bei der Einführung von Kurzarbeit dann kein Mitbestimmungsrecht, wenn Kurzarbeit in der Weise angeordnet und durchgeführt wird, daß ganze Tage ausfallen, die Arbeitszeit an den anderen Tagen jedoch unverändert bleibt. Etwas anderes gilt nach dem Wortlaut des § 87 Abs. 1 Ziff. 3 jedoch dann, wenn bei einer Arbeitsverkürzung der Beginn und/oder das Ende der täglichen Arbeitszeit in der Form verändert wird, daß die Verkürzung nicht anteilmäßig auf die einzelnen Arbeitstage verteilt wird und nicht ein Tag arbeitsfrei bleibt.

Der Mitbestimmung des Betriebsrats bei der Ausgestaltung von rollierenden Freizeitsystemen unterliegt auch die Frage, ob Freizeittage, die auf einen Wochenfeiertag fallen würden, auf einen anderen Tag gelegt werden sollen. Zur Ausgestaltung eines rollierenden Freizeitsystems im Einzelhandel gehört auch die Festlegung der Jahres-Soll- und der Jahres-Ist-Arbeitszeit. Urlaubstage sind Teil der effektiven Jahresarbeitszeit (Jahres-Ist-Arbeitszeit).

Wird in einem Betrieb im Schichtbetrieb gearbeitet, so unterliegt auch die Regelung der Frage, ob und unter welchen Voraussetzungen Arbeitnehmer von einer Schicht in die andere umgesetzt werden können, dem Mitbestimmungsrecht des Betriebsrats nach § 87 Abs. 1 Nr. 2.

Schichtarbeit ist gegeben, wenn eine bestimmte Arbeitsaufgabe über einen erheblichen, längeren Zeitraum als die wirkliche Arbeitszeit eines Arbeitnehmers hinaus anfällt und daher von mehreren Arbeitnehmern oder Arbeitnehmergruppen in einer geregelten zeitlichen Reihenfolge erbracht wird.
Das gleiche gilt bezüglich der Einführung von Überstunden und Mehrarbeit, und zwar insbesondere dann, wenn der Tarifvertrag konkrete Regelungen über deren Einführung enthält.
Mehrarbeit im Sinne dieser Vorschrift ist die über die regelmäßige betriebliche Arbeitszeit hinausgehende tägliche und/oder wöchentliche Arbeitszeit. Hier sind insbesondere die Arbeitszeitvorschriften des Arbeitszeitgesetzes und des geltenden Tarifvertrages zu beachten.
Eine Einschränkung des Mitbestimmungsrechts des Betriebsrats ergibt sich weiter daraus, daß er nur bei Änderungen der „betriebsüblichen Arbeitszeit" mitbestimmen kann, d.h. bei der im allgemeinen regelmäßigen täglichen Arbeitszeit. Einmalige Arbeitszeitverlegungen, die Anordnung von Mehr- oder Kurzarbeit bei einzelnen Arbeitnehmern oder eine kurzfristige Änderung der Arbeit kraft Direktionsrecht des Arbeitgebers aus dringenden betrieblichen Gründen fallen daher nicht unter das Mitbestimmungsrecht des Betriebsrats.
Das Mitbestimmungsrecht des Betriebsrats entfällt, wenn der Arbeitgeber aufgrund seines Direktionsrechts vorübergehend für einen oder mehrere Arbeitnehmer die Arbeitszeit aus dringenden betrieblichen Erfordernissen ändert, so z.B. beim Be- und Entladen eines LKW nach Arbeitsende.
Der Betriebsrat kann nach Änderung der betriebsüblichen Arbeitszeit die Initiative zur Wiederherstellung der regelmäßigen Arbeitszeit ergreifen.

4 Auszahlung des Arbeitsentgelts

Nach § 87 Abs. 1 Ziff. 4 hat der Betriebsrat, soweit eine gesetzliche oder tarifliche Regelung nicht besteht, mitzubestimmen über Zeit, Ort und Art der Auszahlung des Arbeitsentgelts. Unter Arbeitsentgelt im Sinne dieser Vorschrift sind nicht nur Lohn, Gehalt, Provisionen, Gratifikationen, Auslösungen und Urlaubsgeld, sondern auch alle Sachleistungen, wie z.B. freie oder verbilligte Unterkunft, Verpflegung und Deputate zu verstehen.
Zunächst bezieht sich das Mitbestimmungsrecht des Betriebsrats auf die Zeit der Auszahlung. Hier gilt nach § 614 BGB, daß der Lohnanspruch des Arbeitnehmers erst nach erbrachter Arbeitsleistung entsteht und damit der Lohn nachträglich zu zahlen ist. Diese Regelung ist jedoch abdingbar und durch freiwillige Betriebsvereinbarung kann zwischen Arbeitgeber und Betriebsrat vereinbart werden, daß der Lohn bereits zu einem vorherigen oder anderen Zeitpunkt zu zahlen ist. Weiter hat der Betriebsrat ein Mitbestimmungsrecht bezüglich der Festlegung der Lohn- bzw. Gehaltszahlungsräume, d.h. ob täglich, wöchentlich,

10tägig oder 14tägig oder monatlich gezahlt wird. Er hat endlich mitzubestimmen bei der Frage, an welchem Tag und zu welcher Stunde Lohn bzw. Gehalt zu zahlen ist, soweit diese Frage nicht bereits durch Gesetz oder Tarifvertrag bindend geregelt ist, wie z.B. § 19 HAG. Die Frage, an welchem Tag Lohn bzw. Gehalt zu zahlen ist, hat große praktische Bedeutung vor Feiertagen, insbesondere vor Weihnachten.

Weiter besteht auch bei beabsichtigter Verschiebung des Zeitpunktes der Lohnzahlung wegen eines Feiertages ein Mitbestimmungsrecht des Betriebsrats.

Nach § 87 Abs. 4 hat der Betriebsrat auch ein Mitbestimmungsrecht bezüglich der Festlegung des Ortes, also wo und wann der Arbeitnehmer sein Geld in Empfang nehmen kann, wie z.B. freitags zwischen 15 und 17 Uhr im Lohnbüro oder in einer besonders hierfür eingerichteten Zahlstelle oder jeweils am letzten Arbeitstag eines jeden Monats.

Im Rahmen der Mitbestimmung über die Art der Auszahlung des Arbeitsentgelt ist insbesondere die Frage der baren oder bargeldlosen Lohnzahlung bedeutend.

Wenn eine Einigung über eine bargeldlose Lohnzahlung zustandekommt, besteht eine Mitbestimmung darüber, den Arbeitnehmern gegebenenfalls die notwendige Zeit zum Abholen des Geldes zur Verfügung zu stellen und die Frage zu regeln, daß entsprechender Unfallversicherungsschutz besteht.

Einzelvertragliche Abreden über bargeldlose Lohn- oder Gehaltszahlungen unterliegen jedoch nicht dem Mitbestimmungsrecht des Betriebsrats.

5 Urlaubsfragen

Nach § 87 Abs. 1 Ziff. 5 hat der Betriebsrat, soweit eine gesetzliche oder tarifliche Regelung nicht besteht, mitzubestimmen bei der Aufstellung allgemeiner Urlaubsgrundsätze und des Urlaubsplanes sowie bei der zeitlichen Lage des Urlaubs für einzelne Arbeitnehmer, wenn zwischen dem Arbeitgeber und den beteiligten Arbeitnehmern kein Einverständnis erzielt wird (sog. sekundäres Mitbestimmungsrecht).

5.1 Aufstellung allgemeiner Urlaubsgrundsätze

Nach § 87 Abs. 1 Ziff. 5 hat der Betriebsrat, soweit eine gesetzliche oder tarifliche Regelung nicht besteht, mitzubestimmen bei der Aufstellung allgemeiner Urlaubsgrundsätze. Das Mitbestimmungsrecht des Betriebsrats bezieht sich nicht nur auf den Erholungsurlaub nach dem Bundesurlaubsgesetz, sondern auf jeden Urlaub überhaupt, wie z.B. Bildungsurlaub und unbezahlten Sonderurlaub, auf den kein Rechtsanspruch besteht.

Allgemeine Urlaubsgrundsätze im Sinne von § 87 Abs. 1 Ziff. 5 sind generelle Richtlinien, nach denen dem einzelnen Arbeitnehmer vom Arbeitgeber im Einzelfall unter Abwägung des Direktionsrechts des Arbeitgebers einerseits sowie der persönlichen Interessen des Arbeitnehmers andererseits Urlaub zu gewähren ist. Hierin werden neben Verfahrensvorschriften hauptsächlich geregelt sein Verteilung des Urlaubs innerhalb des Kalenderjahres unter Berücksichtigung sozialer und familiärer Gesichtspunkte, wie z.B. Alter, Betriebszugehörigkeit, Familienstand, Vorhandensein schulpflichtiger Kinder, Abwechslung der Urlaubsverteilung in günstigen und ungünstigen Jahreszeiten, Zusatzurlaub für Urlaubstage in ungünstigen Jahreszeiten, Rücksichtnahme auf die Urlaubstage bei berufstätigen Ehegatten, was dann besonders Bedeutung hat, wenn im Betrieb des Ehegatten Betriebsferien angeordnet worden sind, Festlegung von Urlaubsperioden, in denen der Urlaub zu nehmen ist, was insbesondere für sog. Saisonbetriebe von großer praktischer Bedeutung ist, Anordnung allgemeiner Betriebsferien, Richtlinien über die Teilbarkeit des Urlaubs im Rahmen von § 7 Abs. 2 und 3 BUrlG, über die Gewährung unbezahlten Urlaubs sowie Aufstellung allgemeiner Regeln über Urlaubsvertretungen.

Der Arbeitgeber ist an die Einhaltung dieser allgemeinen Urlaubsgrundsätze gebunden, nur in dringenden Eilfällen kann er hiervon abweichen, und zwar insbesondere dann, wenn dies zur Behebung einer betrieblichen Notlage unvermeidbar ist. Das Mitbestimmungsrecht des Betriebsrats bezieht sich nicht auf materielle Arbeitsbedingungen, wie z.B. die Länge des Urlaubs, da hierfür allein Tarifvertrag, Bundesurlaubsgesetz oder Einzelarbeitsvertrag maßgeblich sind.

Ebenfalls unterliegt dem Mitbestimmungsrecht des Betriebsrats nicht die Entscheidung reiner Rechtsfragen, z.B. ob und ggf. in welchem Umfang sich ein Arbeitnehmer eine nach einer Kur gewährte Schonzeit auf den Erholungsurlaub anrechnen lassen muß.

Entstehen zwischen Arbeitgeber und Arbeitnehmer Streitigkeiten über die konkrete Lage des Urlaubs, so ist trotz verbindlich festgelegter Urlaubsgrundsätze der gerichtlich durchsetzbare Anspruch des Arbeitnehmers nach § 7 Abs. 1 BUrlG auf Berücksichtigung seiner individuellen Wünsche nicht ausgeschlossen. Das gilt gem. § 76 Abs. 7 auch dann, wenn die Festlegung des Urlaubs durch den Spruch der Einigungsstelle erfolgt ist.

5.2 Aufstellung des Urlaubsplans

Urlaubsplan – auch häufig Urlaubsliste genannt – im Sinne dieser Vorschrift ist die Bestimmung und Verteilung der konkreten jährlichen Urlaubszeiten für die einzelnen Arbeitnehmer in Bezug auf Lage und Länge (nicht materiell-rechtlich, wohl aber betr. ev. Teilbarkeit) innerhalb des Urlaubsjahres, das nach dem Bundesurlaubsgesetz dem Kalenderjahr entspricht. Inhalt des Urlaubsplanes ist auch die Festlegung von Betriebsferien für die gesamte Belegschaft oder einen bestimmten Teil derselben sowie die Festlegung von Urlaubsvertretungen.

Grundsätzlich ist davon auszugehen, daß mit Abschluß des Urlaubsplans für den einzelnen Arbeitnehmer ein Rechtsanspruch entsteht, zum festgelegten Zeitpunkt seinen Urlaub auch wirklich zu erhalten. Eine endgültige Festlegung des Urlaubs ist damit jedoch noch nicht erfolgt; einmal kann der Arbeitgeber in dringenden betrieblichen Fällen - unter beiderseitiger Interessenabwägung - vom Urlaubsplan abweichen, zum anderen können Arbeitgeber und Arbeitnehmer nach § 87 Abs. 1 Ziff. 5 2. Halbsatz jederzeit eine vom Urlaubsplan abweichende Regelung vereinbaren, wozu es keiner Zustimmung seitens des Betriebsrats bedarf, da die Individualinteressen des einzelnen Arbeitnehmers vorrangig zu behandeln sind. Die individuelle Festlegung der zeitlichen Lage des Urlaubs zwischen Arbeitgeber und Arbeitnehmer ist mitbestimmungsfrei. Eine generelle Änderung des Urlaubsplanes wäre dagegen mitbestimmungspflichtig. Im Streitfall zwischen Arbeitgeber und Arbeitnehmer über die konkrete Länge und Lage des Urlaubs gilt auch hier, daß der Arbeitnehmer im Urteilsverfahren vor dem Arbeitsgericht auf Erteilung des Urlaubs für einen bestimmten anderen Zeitraum unter Berufung auf § 7 Abs. 1 BUrlG klagen kann. Der Arbeitnehmer wird mit dieser Klage jedoch regelmäßig dann keinen Erfolg haben, wenn Arbeitgeber und Betriebsrat bei Festlegung von Urlaubsgrundsätzen und dem Urlaubsplan die Grundsätze des § 7 Abs. 1 BUrlG berücksichtigt haben.

5.3 Festsetzung der zeitlichen Lage des Urlaub

Es handelt sich auch bei dieser Vorschrift um generelle Festsetzungen in Ausführung des Gesamturlaubsplans, wie z.B. die zeitliche Aufeinanderfolge des Urlaubs innerhalb einer arbeitsmäßig verbundenen oder gar abhängigen Arbeitsgruppe. Das Recht des Arbeitgebers, Urlaub etwa nach Belieben zu gewähren, ist insofern eingeschränkt, als der Arbeitnehmer ein individuelles über den Betriebsrat bzw. die Einigungsstelle durchsetzbares Mitspracherecht hat. Allerdings sind im Einzelfall bei Streitigkeiten über die zeitliche Lage des Urlaubs die berechtigten Interessen des Arbeitgebers, die z.B. produktions- oder saisonbedingt sein können, ebenfalls zu berücksichtigen. Es hat also auch hier wieder bei Interessenkollisionen eine Abwägung der widerstreitenden Auffassungen stattzufinden. Zu beachten ist in diesem Rahmen weiter das Direktionsrecht des Arbeitgebers.
Eine grundsätzliche Berücksichtigung der berechtigten Urlaubswünsche der einzelnen Arbeitnehmer ergibt sich schon aus § 7 Abs. 1 BUrlG, über die sich der Arbeitgeber ebenso nur hinwegsetzen kann, wenn entweder dringende betriebliche Belange oder Urlaubswünsche anderer Arbeitnehmer, die unter sozialen Gesichtspunkten Vorrang haben, entgegenstehen. § 87 Abs. 1 Ziff. 5 konkretisiert diese Rechtslage dadurch, daß im Fall der Nichteinigung die betriebliche Einigungsstelle festlegen kann, in welchem Zeitpunkt der Arbeitnehmer seinen

Urlaub antritt. Ist der betroffene Arbeitnehmer im Falle der Nichteinigung zwischen ihm und dem Arbeitgeber mit einer derartigen Entscheidung nicht einverstanden, bleibt es ihm unbenommen, das Arbeitsgericht anzurufen und auf Erteilung des Urlaubs für einen bestimmten anderen Zeitraum unter Berufung auf § 7 Abs. 1 BUrlG im Urteilsverfahren zu klagen. Er dürfte hier aber regelmäßig dann wenig Aussicht auf Erfolg haben, wenn die Betriebsverfassungsorgane von den Grundsätzen des § 7 Abs. 1 BUrlG ausgegangen sind.

6 Technische Einrichtungen zur Leistungsüberwachung

Nach § 87 Abs. 1 Ziff. 6 hat der Betriebsrat, soweit eine gesetzliche oder tarifliche Regelung nicht besteht, bei der Einführung und Anwendung von technischen Einrichtungen, die dazu bestimmt sind, das Verhalten oder die Leistung der Arbeitnehmer zu überwachen, mitzubestimmen.

Das Mitbestimmungsrecht des Betriebsrats bezieht sich nur auf Einrichtungen, die den Zweck haben, das Verhalten oder die Leistung der Arbeitnehmer zu überwachen. Dieses Recht bezieht sich also sowohl auf die Frage, ob derartige Einrichtungen eingeführt und, wenn ja, wie sie angewendet werden sollen. Negativ abzugrenzen ist diese Vorschrift insoweit, als andere Kontrolleinrichtungen, z.B. zur Überwachung der Arbeit oder der Sicherheit von Maschinen und Anlagen, nicht dem Mitbestimmungsrecht unterliegen, sofern ihr Zweck lediglich darin zu sehen ist, die Maschinenabläufe zu kontrolliere. Das ist z.B. der Fall bei Stückzählern, sog. Produktographen, Warnlampen, Druckmessern, Zeitmengenschreibern, Nutzungsschreibern, sonstigen Maschinenkontrollgeräten, wie z.B. Centralographen, Mikrofonen, Fernseh- und Tonbandgeräten. Entscheidend zur Beurteilung der Frage, ob bei Einführung dieser Geräte ein Mitbestimmungsrecht besteht oder nicht, ist jedoch immer der primäre Anwendungszweck dieser Geräte und Einrichtungen. Geht es lediglich darum, z.B. die Störanfälligkeit und ihre Ursachen zu ermitteln oder um arbeitstechnisch bedingte Kontroll- und sonstige Maßnahmen des Arbeitsablaufs und der Arbeitsplatzgestaltung, dann steht dem Betriebsrat gem. § 90 nur ein Unterrichtungs- und Beratungsrecht zu, verbunden mit dem Recht, angemessene Maßnahmen zur Abwendung, Milderung oder Ausgleich vom Arbeitgeber zu verlangen, wenn die Arbeitnehmer hierdurch offensichtlich entgegen den gesicherten Erkenntnissen der Arbeitswissenschaft über die menschengerechte Gestaltung der Arbeit oder deren funktionalen Ablauf in besonderer Weise belastet werden würden. Dieses Recht des Betriebsrats ergibt sich als Folge von § 87 Ziff. 6 aus § 91.

Weiter unterliegt nicht der Mitbestimmung des Betriebsrats nach § 87 Abs. 1 Ziff. 6 die Ermittlung der Normalleistung nach arbeitswissenschaftlichen Methoden, da hierdurch nicht die Leistung des einzelnen Arbeitnehmers über-

wacht, sondern nur objektiv festgestellt werden soll, soweit dies mit dem Verhalten oder der Leistung des einzelnen in keinerlei unmittelbarem Zusammenhang steht. Als Folge derartiger Ermittlungen wird sich jedoch ein Mitbestimmungsrecht des Betriebsrats aus § 87 Abs. 1 Ziff. 10 und 11 ergeben.
Endlich besteht bei der Einführung derartiger technischer Einrichtungen dann kein Mitbestimmungsrecht des Betriebsrats, wenn der Arbeitgeber eine gesetzlich vorgeschriebene Kontrolleinrichtung einführt, wie z.B. beim Fahrtenschreiber im LKW (anders im Dienst-PKW).
Problematisch ist die Entscheidung darüber, ob ein Mitbestimmungsrecht dann besteht oder nicht, wenn – was in der Praxis häufig der Fall ist – eine technische Einrichtung sowohl zur Überwachung von Maschinen als auch zur Überwachung von Arbeitnehmern bestimmt ist oder zumindest eine derartige Überwachung oder Kontrolle ermöglicht. In diesen Fällen muß die technische Einrichtung auf ihren primären Zweck untersucht werden. Erklärt der Arbeitgeber, er wolle mit der Einführung derartiger technischer Einrichtungen weder Leistung noch Verhalten der Arbeitnehmer kontrollieren, so ist dadurch allein das Mitbestimmungsrecht des Betriebsrats noch nicht ausgeschlossen.
Die technische Auswertung von Leistungsdaten, die nicht auf einzelne Arbeitnehmer, sondern auf eine Arbeitsgruppe in ihrer Gesamtheit bezogen sind, ist dann eine Überwachung i.S.v. § 87 Abs. 1 Nr. 6, wenn der Überwachungsdruck auf die einzelnen Gruppenmitglieder weitergeleitet wird.
Dazu genügt es, daß sich infolge der Gruppe und Organisation der Gruppe sowie der Art ihrer Tätigkeit für das einzelne Gruppenmitglied entsprechende Anpassungszwänge ergeben. Die Entlohnung (Gruppenakkord) ist nur eines von verschiedenen Mitteln, die solche Anpassungszwänge erzeugen können.
Abschließend ist festzuhalten, daß ein Mitbestimmungsrecht des Betriebsrats zwar grundsätzlich ein Initiativrecht einschließt. Im Fall des § 87 Abs. 1 Nr. 6 ist dieses aber nicht so zu verstehen, daß der Betriebsrat auch die Einführung einer technischen Kontrolleinrichtung verlangen kann: der Inhalt des Mitbestimmungsrechts ist der Schutz des Persönlichkeitsrechts der Arbeitnehmer. Das Mitbestimmungsrecht hat deshalb eine Abwehrfunktion. Die Abschaffung einer technischen Kontrolleinrichtung durch den Arbeitgeber bedarf auch nicht der Zustimmung des Betriebsrats.

7 Verhütung von Arbeitsunfällen und Berufskrankheiten

Nach § 87 Abs. 1 Ziff. 7 hat der Betriebsrat, soweit eine gesetzliche oder tarifliche Regelung nicht besteht, mitzubestimmen bei Regelungen über die Verhütung von Arbeitsunfällen und Berufskrankheiten sowie über den Gesundheitsschutz im Rahmen der gesetzlichen Vorschriften oder der Unfallverhütungsvorschriften.

Dieses Mitbestimmungsrecht des Betriebsrats kommt nur dann in Betracht, wenn die gesetzlichen, öffentlich-rechtlichen Schutzvorschriften und die Unfallverhütungsvorschriften noch Spielraum für besondere – zusätzliche – betriebliche Regelungen lassen.
Es handelt sich also um das Recht des Betriebsrats, Rahmenvorschriften auszufüllen. Zusätzliche Maßnahmen auf diesen Gebieten können nur gem. § 88 Ziff. 1 im Wege einer freiwilligen Betriebsvereinbarung getroffen werden.
Die Vorschrift ist im Zusammenhang zu sehen mit § 89 Abs. 2, nach der der Arbeitgeber die für den Arbeitsschutz zuständigen Behörden, die Träger der gesetzlichen Unfallversicherung und die sonstigen in Betracht kommenden Stellen und den Betriebsrat bei allen im Zusammenhang mit dem Arbeitsschutz oder der Unfallverhütung stehenden Besichtigungen und Fragen sowie bei Unfalluntersuchungen hinzuzuziehen und ihm die den Arbeitsschutz und die Unfallverhütung betreffenden Auflagen und Anordnungen der in § 89 Abs. 1 genannten Stellen mitzuteilen hat.
Außerdem hat der Betriebsrat insoweit auch ein Überwachungsrecht bezüglich der Einhaltung dieser Bestimmungen, wie sich aus § 80 Abs. 1 Nr. 1 in Verbindung mit § 89 Abs. 1 ergibt. Bezüglich der Gestaltung von Arbeitsplatz, Arbeitsablauf und Arbeitsumgebung wird auf §§ 90 und 91, wegen der Sicherheitsbelehrung des Arbeitnehmers auf § 81 Abs. 2 S. 2 verwiesen.
An gesetzlichen Vorschriften, die durch Regelungen ausgefüllt werden können, sind insbesondere zu nennen: Gewerbeordnung, Arbeitszeitgesetz, Mutterschutzgesetz, Jugendarbeitsschutzgesetz, Ladenschlußgesetz, Atomgesetz, Erste Strahlenschutzverordnung, Sicherheitsfilmgesetz, Gesetz über technische Arbeitsmittel (Maschinenschutzgesetz), Gesetz über die Arbeitszeit in Bäckereien und Konditoreien sowie zahlreiche Ausführungsverordnungen hierzu. Besondere Bedeutung hat das Mitbestimmungsrecht des Betriebsrats im Rahmen von § 87 Abs. 1 Nr. 7 bekommen durch das Gesetz über Betriebsärzte, Sicherheitsingenieure und andere Fachkräfte für Arbeitssicherheit (Arbeitssicherheitsgesetz). Nach diesem Gesetz werden alle Arbeitgeber verpflichtet, ihre Betriebe daraufhin zu überprüfen, ob der Einsatz von Betriebsärzten und Fachkräften für Arbeitssicherheit erforderlich ist und - falls dies zu bejahen ist - eine entsprechende Zahl von Personen zu bestellen. Die Verantwortung für die Durchführung des Arbeitsschutzes bleibt aber auch hiernach beim Arbeitgeber.
Unfallverhütungsvorschriften im Sinne dieser Vorschrift sind die von den verschiedenen Berufsgenossenschaften, den Gemeindeunfallversicherungsverbänden und den besonderen Trägern der Unfallversicherung der Feuerwehren nach § 708 RVO erlassenen Vorschriften, die Festlegung der Zahl der Sicherheitsbeauftragten nach § 719 Abs. 4 RVO sowie die speziellen, von den Berufsgenossenschaften herausgegebenen Bau-, Betriebs- und Bedienungsvorschriften.

Arbeitsunfall ist ein Unfall, den ein Arbeitnehmer bei einer in den §§ 539, 540, 543, 544, 545 RVO genannten Tätigkeiten erleidet.
Dazu gehören auch sog. Wegeunfälle gem. § 550 RVO und Unfälle bei einer mit der Tätigkeit zusammenhängenden Verwahrung, Beförderung, Instandhaltung und Erneuerung des Arbeitsgeräts gem. § 549 RVO. Erforderlich ist weiter, daß dieser Unfall ein körperlich schädigendes, zeitlich längstens auf eine Arbeitsschicht begrenztes Ereignis sein und mit der versicherten Tätigkeit des Arbeitnehmers im Kausalzusammenhang stehen muß.
Eine Berufskrankheit liegt dann vor, wenn eine Krankheit auftritt, die in der Anlage zur Berufs-Krankheiten-Verordnung (§ 551 Abs. 1 RVO) als solche bezeichnet ist und bei der ein ursächlicher Zusammenhang mit der Arbeitstätigkeit in der Form besteht, daß sie durch diese entweder entstanden oder wesentlich verschlimmert worden ist.
Der Gesundheitsschutz im Sinne dieser Vorschrift umfaßt alle sonstigen neben der Verhütung von Arbeitsunfällen und Berufskrankheiten vorbeugenden Maßnahmen.
Die Entscheidung über die Art der konkreten Schutzeinrichtungen an einer bestimmten Maschine oder maschinellen Anlage obliegt allein dem Arbeitgeber, da dieser auch für die Einhaltung der gesetzlichen Vorschriften verantwortlich ist, und zwar im straf- wie auch zivilrechtlichen Sinne; der Betriebsrat hat hier kein Mitbestimmungsrecht.

8 Sozialeinrichtungen

Nach § 87 Abs. 1 Ziff. 8 hat der Betriebsrat, soweit eine gesetzliche oder tarifliche Regelung nicht besteht, mitzubestimmen über Form, Ausgestaltung und Verwaltung von Sozialeinrichtungen, deren Wirkungsbereich auf den Betrieb, das Unternehmen oder den Konzern beschränkt ist. Unter Sozialeinrichtungen im Sinne dieser Vorschrift sind Einrichtungen zu verstehen, die der Arbeitgeber errichtet, um den Arbeitnehmern im Sinne des Betriebsverfassungsgesetzes, also nicht den leitenden Angestellten des Betriebes und ggf. ihren Angehörigen, zusätzliche Vorteile zu gewähren.
Typische Beispiele für derartige Sozialeinrichtungen im Sinne dieser Vorschrift sind z.B. Werksküchen, Kantinen, Kindergärten, Sport- und Freizeiteinrichtungen, Erholungsheime der verschiedenen Art, Bibliotheken sowie Unterstützungs- und Pensionskassen.
Wesentlich ist, daß sich das Mitbestimmungsrecht des Betriebsrats nur auf Form, Ausgestaltung und Verwaltung von bereits bestehenden Sozialeinrichtungen bezieht.
Daraus folgt, daß die Errichtung von noch nicht bestehenden Einrichtungen durch den Betriebsrat über § 87 Abs. 1 Ziff, 8 nicht erzwungen, eine vom Ar-

beitgeber beabsichtigte Schließung oder Stillegung einer bereits vorhandenen Sozialeinrichtung von ihm nicht verhindert werden kann.
Der Arbeitnehmer bestimmt auch den finanziellen Rahmen allein, wenn er eine Sozialeinrichtung schaffen will.
Ausgestaltung ist die nähere Bestimmung der Organisation der Verwaltung, die Aufstellung der Grundsätze der Geschäftsordnung sowie der Benutzung und die entsprechende Verteilung der vom Arbeitgeber bereitgestellten finanziellen Mittel.
Es kann zur Ausgestaltung weiter gehören die Bestimmung der konkreten Rechtsform, der Abschluß oder die Kündigung von Pachtverträgen sowie die Aufstellung einer internen Haus- und Benutzungsordnung. Endlich unterliegt auch die Frage, ob die Sozialeinrichtung juristisch unselbständig oder eine eigene Sozialeinrichtung sein soll, dem Mitbestimmunsrecht des Betriebsrats.
Die Verwaltung von Sozialeinrichtungen kann ganz in die Hände des Betriebsrats gelegt werden. Allerdings hat er hierauf keinen Rechtsanspruch. Es käme hier der Abschluß einer freiwilligen Betriebsvereinbarung nach § 88 Ziff. 2 in Betracht. Auch für den Fall, daß dem Betriebsrat die Verwaltung ganz übertragen worden ist, bleibt das Eigentumsrecht des Arbeitgebers an den derart gebundenen Vermögenswerten unberührt.

9 Zuweisung und Kündigung von Wohnräumen

Nach § 87 Abs. 1 Ziff. 9 hat der Betriebsrat, soweit eine gesetzliche oder tarifliche Regelung nicht besteht, bei der Zuweisung und Kündigung von Wohnräumen mitzubestimmen, die den Arbeitnehmern mit Rücksicht auf das Bestehen eines Arbeitsverhältnisses vermietet werden sowie bei der allgemeinen Festlegung der Nutzungsbedingungen.
Das Mitbestimmungsrecht des Betriebsrats bezieht sich auf Werks- oder Dienst-Mietwohnungen (§§ 565b-d BGB), über die zwischen Arbeitgeber und Arbeitnehmern ein normaler Mietvertrag abgeschlossen wird sowie auf sog. werksfördernde Wohnungen, sofern und solange dem Arbeitgeber das Belegungsrecht dafür zusteht und auf Räume in betrieblichen Wohnheimen, nicht jedoch auf sog. Werksdienstwohnungen, bei denen kein Mietverhältnis im o.g. Sinne besteht, sondern bei denen das Wohnrecht Teil des Arbeitsverhältnisses ist (§ 565e BGB), d.h. bei Wohnungen, die der Arbeitnehmer im Interesse des Arbeitgebers beziehen muß (Pförtner, Hausmeister).
Dem Mitbestimmungsrecht des Betriebsrats unterliegen letztlich nicht Wohnungen leitender Angestellter und bereits ausgeschiedener Arbeitnehmer, da diese keine Arbeitnehmer im Sinne von § 5 Abs. 1 sind: für die Wohnungen leitender Angestellter gilt das auch dann, wenn diese vorher an andere Arbeitnehmer vermietet waren.

Zuweisung im Sinne des Gesetzes heißt Zuteilung oder Vergabe der Wohnungen. Der Abschluß des Mietvertrages obliegt allein dem Arbeitgeber.
Mitbestimmungspflichtig ist nach dem Gesetz aber die Festlegung der Nutzungsbedingungen. Hierbei handelt es sich um allgemeine Richtlinien, wie z.B. Aufstellung einer Hausordnung, Festlegung der Grundsätze der Mietzinsbildung sowie der Entwurf eines Mustermietvertrages. Nicht mitbestimmungspflichtig sind die konkreten Vertragsbedingungen im Einzelfall sowie die Festlegung der Höhe des Mietpreises. Letzteres ist vielmehr Sache des Arbeitgebers bzw. des sonstigen Verfügungsberechtigten. Ebenso unterliegt nicht dem Mitbestimmungsrecht des Betriebsrats eine abweichende Festlegung von bestimmten Mietklauseln im Hinblick auf Besonderheiten des Einzelfalls.
Beim Mitbestimmungsrecht des Betriebsrats bei Kündigungen ist zunächst zu unterscheiden, ob es sich um Werksmietwohnungen mit funktionsgebundenem Wohnraum oder um Wohnungen mit normalem Mietvertrag handelt.
Bei funktionsgebundenem Wohnraum hängt die Kündigung der Wohnung so eng mit der Kündigung des Arbeitsverhältnisses zusammen, daß bei gekündigtem Arbeitsverhältnis auch die Wohnung für den neuen, diese Funktion ausfüllenden Arbeitnehmer freigemacht werden muß. Eine derartige Kündigung fällt nicht unter das oben genannte Mitbestimmungsrecht des Betriebsrats, da es praktisch materielle Arbeitsbedingungen betrifft. Der Betriebsrat hat hierbei jedoch insofern mittelbar ein Mitbestimmungsrecht, als er bei der Kündigung des Mietverhältnisses gem. § 102 seinen Einfluß ausüben kann.
Stimmt der Betriebsrat oder im Fall der Versagung seiner Zustimmung die betriebliche Einigungsstelle einer Kündigung zu, so ist der Arbeitnehmer trotzdem nicht daran gehindert, Klage beim Amtsgericht zu erheben (vgl. § 76 Abs. 7). Haben sich die Organe der Betriebsverfassung an die Grundsätze des Mieterschutzrechts gehalten, so dürfte die Klage allerdings wenig Aussicht auf Erfolg haben.
Vom Arbeitgeber ausgesprochene Änderungskündigungen, die lediglich die Höhe des Mietpreises betreffen, unterliegen nicht dem Mitbestimmungsrecht des Betriebsrats.
Bei der Kündigung nicht funktionsbezogenen Wohnraums wird es entscheidend darauf ankommen, ob der Arbeitnehmer das Arbeitsverhältnis ohne gesetzlich begründeten Anlaß gekündigt hat oder ob ihm wegen eines Verhaltens aus gesetzlich begründeten Anlaß gekündigt worden ist.

10 Lohn- und Gehaltsfragen

Nach § 87 Abs. 1 Ziff. 10 und 11 hat der Betriebsrat, soweit eine gesetzliche oder tarifliche Regelung nicht besteht, mitzubestimmen über Fragen der betrieblichen Lohngestaltung, insbesondere bei der Aufstellung von Entlohnungsgrundsätzen und der Einführung und Anwendung von neuen Entlohnungsmethoden sowie deren Änderung, außerdem bei der Festsetzung der Akkord- und Prämiensätze und vergleichbarer leistungsbezogener Entgelte, einschließlich der Geldfaktoren. Mitbestimmen heißt nicht nur, daß der Betriebsrat ein Vetorecht hat, wenn der Arbeitgeber eine der o.g. Angelegenheiten ein- oder durchführen will, der Begriff „Mitbestimmung" umfaßt vielmehr auch das Ergreifen der Initiative. Letzteres bedeutet jedoch nicht, daß er die Ein- und Ausführung bestimmter Maßnahmen erzwingen kann. Die Festlegung der Vergütung im Einzelfall unterliegt nicht der Mitbestimmung.

Unter dem Begriff betriebliche Lohngestaltung ist das Festlegen kollektiver Regelungen zu verstehen, nach denen die Entlohnung im Betrieb erfolgen soll. Der Begriff Lohn ist hierbei nicht technisch derart zu verstehen, daß nur Regelungen für die gewerblichen Arbeitnehmer hierunter fallen; Ziff. 10 erfaßt vielmehr auch die Grundsätze über die Bemessung der Gehalts- und anderer Entlohnungsformen; Lohn ist also im Sinne von Arbeitsentgelt zu verstehen.

Grundsätzlich ist davon auszugehen, daß sich das Mitbestimmungsrecht des Betriebsrats auf die Entscheidung kollektiver Regelungsfragen bezieht. Dagegen unterliegt die individuelle Lohngestaltung, die mit Rücksicht auf besondere Umstände des einzelnen Arbeitsverhältnisses getroffen wird und bei der kein innerer Zusammenhang zur Entlohnung anderer Arbeitnehmer besteht, nicht der Mitbestimmung. Dabei richtet sich die Abgrenzung zwischen den das Mitbestimmungsrecht auslösenden kollektiven Tatbeständen und Einzelfallgestaltungen danach, ob es um Strukturformen des Entgelts einschließlich ihrer näheren Vollzugsformen geht. Hierfür ist die Anzahl der betroffenen Arbeitnehmer nicht allein maßgeblich. Sie kann aber ein Indiz dafür sein, ob ein kollektiver Tatbestand vorliegt oder nicht. Es widerspräche nämlich dem Zweck des Mitbestimmungsrechts, wenn es dadurch ausgeschlossen werden könnte, daß der Arbeitgeber mit einer Vielzahl von Arbeitnehmern jeweils „individuelle" Vereinbarungen über eine bestimmte Vergütung trifft, ohne sich zu allgemeinen Regeln bekennen zu wollen.

Entgeltdifferenzierungen, mit denen der Arbeitgeber auf Gegebenheiten des Arbeitsmarktes reagiert, lassen sich nicht generell als kollektiver oder individueller Regelungsgegenstand einordnen. Sie können individuell bedingt sein, beispielsweise dann, wenn ein Arbeitnehmer nur gegen ein Gehalt, das über demjenigen vergleichbarer Arbeitskollegen liegt, zum Eintritt in den Betrieb oder zum Verbleib bereit ist und der Arbeitgeber ihn aus bestimmten Gründen keinesfalls verlieren will. Einem solchermaßen individuell ausgehandelten Gehalt fehlt der kollektive Bezug. Arbeitsmarktgesichtspunkte wirken sich aber nicht ausschließlich in dieser Weise aus. Sie spielen vielmehr in der Regel, allerdings mit unterschiedlichem Gewicht, eine Rolle auch bei der kollektiven Bestimmung des Arbeitsentgelts. Dies gilt schon für die Höhe der Tariflöhne und -gehälter und wird besonders deutlich an der weiten Verbreitung übertariflicher Arbeitsentgelte, die ganzen Belegschaften gezahlt werden. Die Notwendigkeit, durch Sonderzahlungen eine erwünschte Betriebsbindung herzustellen, ergibt sich keineswegs nur aus Anlaß individueller Forderungen, sondern vielfach als personalwirtschaftliches Erfordernis bezogen auf bestimmte Arbeitnehmergruppen oder gar ganze Belegschaften. Hier besteht das Mitbestimmungsrecht des Betriebsrats.

Zu der Frage, ob und ggf. unter welchen Voraussetzungen der Betriebsrat bei der Anrechnung von Tariferhöhungen auf bestehende Zulagen mitzubestimmen hat, führt das Bundesarbeitsgericht zunächst aus, daß der Arbeitgeber nach § 315 Abs. 1 BGB seine Verpflichtung zur Leistung von Vergütungsbestandteilen nur im Rahmen billigen Ermessens widerrufen kann. Voraussetzung hierfür ist, daß er die wesentlichen Umstände des Falles abgewogen und die beiderseitigen Interessen angemessen berücksichtigt hat. Dies ist regelmäßig zu bejahen, wenn eine Tariferhöhung auf eine allgemeine übertarifliche Zulage angerechnet wird. In diesem Fall bleibt das Arbeitsentgelt nominal unverändert. Die Absenkung der Zulage findet ihre Rechtfertigung darin, daß die Tariferhöhung den vorher mit der Zulage verfolgten Zweck erfüllt, das für den Arbeitnehmer verfügbare Einkommen ohne Bindung an besondere Voraussetzungen zu erhöhen, und insoweit die Zulage ersetzen kann. Diese Wertung liegt auch der ständigen Rechtsprechung des Bundesarbeitsgerichts zugrunde, nach der eine allgemeine übertarifliche Zulage regelmäßig unter einem entsprechenden Anrechnungsvorbehalt steht, selbst wenn das nicht ausdrücklich geregelt war.

Weiter geht das Gericht davon aus, daß ein Mitbestimmungsrecht des Betriebsrats nach § 87 Abs. 1 Nr. 10 nur dann eingreift, wenn sich durch die Anrechnung der Tariflohnerhöhung die bisherigen Verteilungsrelationen ändern, wenn sich also das Verhältnis der Zulagenbeträge zueinander verschiebt. Dementsprechend ist eine Anrechnung einer Tariflohnerhöhung auf eine bestehende Zulage dann mitbestimmungsfrei, wenn die Tariferhöhung im Rahmen der rechtlichen und tatsächlichen Möglichkeiten vollständig und gleichmäßig auf die übertariflichen Zulagen angerechnet würden. Auch der Umfang der insgesamt vom Arbeitgeber zur Verfügung stehenden Mittel ist mitbestimmungsfrei.

Das Bundesarbeitsgericht hat zu dieser Rechtsfrage folgende Leitsätze aufgestellt:

1. Beabsichtigt der Arbeitgeber eine Tariferhöhung auf übertarifliche Zulagen teilweise anzurechnen, so hat der Betriebsrat bei den Verteilungsgrundsätzen ein Mitbestimmungsrecht nach § 87 Abs. 1 Nr. 10. Dieses Mitbestimmungsrecht sowie der Grundsatz vertrauensvoller Zusammenarbeit (§ 2 Abs. 1) werden verletzt, wenn der Arbeitgeber eigene Verteilungsgrundsätze vorgibt, über die er keine Verhandlungen zuläßt, sondern für den Fall abweichender Vorstellungen des Betriebsrats von vornherein eine mitbestimmungsfreie Vollanrechnung vorsieht.

2. Widerspricht der Betriebsrat hingegen in einem solchen Fall nicht der Verteilung, sondern der Kürzung des Leistungsvolumens, so überschreitet er sein Mitbestimmungsrecht nach § 87 Abs. 1 Nr. 10. Reagiert der Arbeitgeber darauf mit einer vollständigen Anrechnung, um eine Blockade seiner Maßnahme auszuweichen, so ist das nicht zu beanstanden.

10.1 Aufstellung von Entlohnungsgrundsätzen

Entlohnungsgrundsätze i.S. von § 87 Abs. 1 Ziff. 10 sind die übergeordneten allgemeinen Vorschriften und Systeme, nach denen die gesamte Entgeltfindung vorgenommen und auch durchgeführt wird. Sie sind deutlich zu unterscheiden von den Entlohnungsmethoden. Diese regeln das technische Verfahren und die Art und Weise der Aus- und Durchführung der Entlohnungsgrundsätze. Zu den Entlohnungsgrundsätzen gehören im einzelnen z.B. die Festlegung von Zeit-, Akkord- und Prämienlohn – jeweils für den ganzen Betrieb, bestimmte Betriebsabteilungen oder Arbeitnehmergruppen – deren Unterscheidung, die Aufstellung von Mischformen (wie kombinierte Prämienlohnsysteme), die Festlegung von Leistungszulagen und Provisionen als eine Art Erfolgsbeteiligung einschließlich der Modalitäten (wie Bemessungsgrundlagen, Gewichtungsfaktoren und Progressionsstufen bei erfolgsabhängigen Vergütungen), die Erarbeitung von Grundsätzen für Abschlagszahlungen (z.B. Zeitpunkt, Höhe, Selbsteinschätzung), Zeitpunkt und Grundsätze für die Verteilung der Weihnachtsgratifikation – sofern hierauf ein Rechtsanspruch besteht – sowie einer Ergebnisbeteiligung im Rahmen der vom Arbeitgeber hierfür zur Verfügung gestellten Mittel sowie Festlegung der Grundsätze für eingeführte vermögenswirksame Leistungen; die Einführung einer vermögenswirksamen Leistung unterliegt nicht der Mitbestimmung.

Nach der Rechtsprechung des Bundesarbeitsgerichts besteht das Mitbestimmungsrecht des Betriebsrats im Interesse der innerbetrieblichen Lohngerechtigkeit auch dann, wenn zum tariflichen Entgelt dem Arbeitnehmer eine Zulage gezahlt werden soll. Der Vorrang der tariflichen Regelung vor einer mitbestimmungspflichtigen betrieblichen Regelung greift nur dann ein, wenn der Tarifvertrag die mitbestimmungspflichtige Angelegenheit abschließend regelt, wie dies bei dem tariflichen Entgelt der Fall ist. Anders verhält es sich bei Zulagen, die neben dem tariflichen Entgelt gewährt werden. Die tarifliche Entgeltregelung kann die innerbetriebliche Lohngerechtigkeit im übertariflichen Bereich nicht gewährleisten. Wenn auch die Gewährung von Zulagen durch den Arbeitgeber in solchen Fällen freiwillig erfolgt, so wird damit das Mitbestimmungsrecht des Betriebsrats nicht ausgeschlossen. Nach § 87 Abs. 1 Nr. 10 ist das Mitbestimmungsrecht des Betriebsrats zwar auf generelle Regelungen begrenzt. Es gilt also nicht im Einzelfall, doch ist nach Auffassung des Bundesarbeitsgerichts das Mitbestimmungsrecht des Betriebsrats gegeben, wenn wie in dem zu entscheidenden Fall nahezu alle Arbeitnehmer des Betriebs eine Zulage zum tariflichen Entgelt erhalten. Es ist jedoch nach Auffassung des Bundesarbeitsgerichts unbedenklich, wenn der Arbeitgeber im Rahmen einer mitbestimmenden Regelung das einem Arbeitnehmer gewährte Entgelt noch erhöhen will.

Das Bundesarbeitsgericht hatte die Frage zu entscheiden, ob der Betriebsrat bei einem Ausgleich für Nachtarbeit mitzubestimmen hat.

Nach § 6 Abs. 5 ArbZG hat der Arbeitgeber dem Nachtarbeitnehmer, soweit keine tarifvertraglichen Ausgleichsregelungen bestehen, für die während der Nachtzeit geleisteten Arbeitsstunden eine angemessene Zahl bezahlter freier Tage oder einen angemessenen Zuschlag auf das ihm hierfür zustehende Bruttoarbeitsentgelt zu gewähren.

Das Bundesarbeitsgericht hat zunächst festgesellt, daß die Art des Ausgleichs dem Arbeitgeber nicht vorgeschrieben ist. Entgegen der im Schrifttum z.T. vertretenen Auffassung ergibt sich aus dem Gesetz keine rechtliche Verpflichtung des Arbeitgebers, den Ausgleich in erster Linie in Form von Freizeit zu gewähren. Zwar ist nicht zu verkennen, daß diese Form der Kompensation dem nach § 1 Nr. 1 ArbZG verfolgten Ziel des Gesundheitsschutzes in höherem Maße entspricht als die Zahlung von Lohnzuschlägen. Das Gesetz enthält aber keine Anhaltspunkte dafür, daß der Gesetzgeber aus einer solchen Erwägung rechtliche Konsequenzen gezogen hätte. Nach dem Wortlaut sind beide Ausgleichsmöglichkeiten gleichrangig. Es fehlt auch jeder gesetzliche Maßstab, nach dem entschieden werden könnte, wann ein Lohnzuschlag an die Stelle eines eigentlich vorrangigen Freizeitausgleichs treten sollte. Die Gesetzesmaterialien sprechen dafür, daß der Gesetzgeber beide Kompensationsformen als gleichrangig angesehen hat.

Das Mitbestimmungsrecht des Betriebsrats bei der Auswahlentscheidung des Arbeitgebers ergibt sich zunächst aus § 87 Abs. 1 Nr. 7.

§ 6 Abs. 5 ArbZG ist eine Vorschrift über den Gesundheitsschutz (§ 1 Nr. 1 ArbZG). Der dort vorgeschriebene Ausgleich soll die Nachtarbeit verteuern und damit zurückdrängen. Nachtarbeit ist nämlich gesundheitsschädlich, wie inzwischen allgemein anerkannt wird.

Es ist allerdings nicht zu verkennen, daß der Ausgleichsanspruch nach § 6 Abs. 5 ArbZG nicht unmittelbar dem Gesundheitsschutz dient wie etwa die zeitliche Beschränkung der Nachtarbeit. Die gesetzlich vorgeschriebenen Ausgleichsleistungen nehmen der Nachtarbeit nicht ihre spezifische Gesundheitsgefährdung. Soweit § 6 Abs. 5 ArbZG einen Anspruch auf bezahlten Freizeitausgleich begründet, dient er zwar auch der Erholung und mag damit wenigstens in geringem Umfang die mit der Nachtarbeit verbundenen gesundheitlichen Belastungen kompensieren. Soweit jedoch ein Lohnzuschlag vorgesehen ist, wirkt sich dieser auf die Gesundheit des betroffenen Arbeitnehmers gar nicht aus. Im We-

sentlichen dient der Ausgleichsanspruch danach dem Gesundheitsschutz lediglich mittelbar, in der er die Nachtarbeit mit Zusatzkosten belastet und so für den Arbeitgeber weniger attraktiv macht.
Für die Anwendung des § 87 Abs. 1 Nr. 7 ist es indessen unerheblich, ob eine Vorschrift dem Gesundheitsschutz unmittelbar oder mittelbar dient. Es ist im Arbeitsschutzrecht nicht ungewöhnlich, daß Ziele der Arbeitssicherheit und des Gesundheitsschutzes durch lediglich mittelbar wirkende Maßnahmen verfolgt werden. Beispiele hierfür sind die ausdrücklich dem Arbeitsschutz dienenden Vorschriften des Arbeitssicherheitsgesetzes über die Bestellung von Betriebsärzten und Fachkräften für Arbeitssicherheit sowie über die Bildung von Arbeitsschutzausschüssen. So hat der Senat ein Mitbestimmungsrecht nach § 87 Abs. 1 Nr. 7 bei der Entscheidung darüber bejaht, ob der Arbeitgeber seiner Verpflichtung nach § 2 Abs. 1 ASiG durch die Bestellung eines angestellten oder eines freiberuflich tätigen Betriebsarztes oder durch die Inanspruchnahme eines überbetrieblichen Dienstes von Betriebsärzten erfüllt. Für die Subsumtion einer gesetzlichen Vorschrift unter § 87 Abs. 1 Nr. 7 ist nach dessen Wortlaut ihr Ziel maßgebend. Soll eine betriebliche Regelung der „Verhütung von Arbeitsunfällen und Berufskrankheiten" oder dem „Gesundheitsschutz" dienen, so muß die gesetzliche Rahmenvorschrift, die sie ausfüllt, ebenfalls diesen Zweck verfolgen. Welchen Weg und welches Mittel sie hierfür vorsieht, kann dabei keine entscheidende Rolle spielen.
§ 6 Abs. 5 ArbZG ist auch, wie in § 87 Abs. 1 Nr. 7 gefordert, eine Rahmenvorschrift. Sie macht noch betriebliche Regelungen notwendig, die festlegen, ob das im Gesetz vorgegebene Ziel des Ausgleichs für Nachtarbeit durch bezahlte Freizeit, durch einen Lohnzuschlag oder durch eine Kombination aus beidem erreicht werden soll.
Darüber hinaus ergibt sich das Mitbestimmungsrecht des Betriebsrats bei der Auswahlentscheidung aus § 87 Abs. 1 Nr. 10. Insoweit geht es auch um eine Frage der betrieblichen Lohngestaltung, denn es müssen abstrakt-generelle Grundsätze festgelegt werden, welche die Lohnfindung betreffen. Diese Bewertung folgt aus dem Zweck des Mitbestimmungsrechts nach § 87 Abs. 1 Nr. 10, der nach ständiger Rechtsprechung darin besteht, die Arbeitnehmer von einer einseitig an den Interessen des Arbeitgebers orientierten Lohngestaltung zu schützen. Die Angemessenheit und Durchsichtigkeit des innerbetrieblichen Lohngefüges sollen gesichert und die innerbetriebliche Lohngerechtigkeit gewahrt werden. Eine solche Frage der innerbetrieblichen Lohngerechtigkeit stellt sich, wenn zu entscheiden ist, ob die mit Nachtarbeit verbundenen Belastungen durch Lohnzuschläge oder, bei unverändertem Entgelt, durch freie Tage ausgeglichen werden sollen. Einer Anwendung von § 87 Abs. 1 Nr. 10 steht hier nicht entgegen, daß die Auswahlentscheidung auch zu mehr bezahlter Freizeit führen kann. In diesem, Fall wird nämlich wirtschaftlich ebenfalls die Lohngestaltung betroffen, da sich das Entgelt für die tatsächlich geleistete Arbeitszeit verändert.

Die Entscheidung darüber, wieviele bezahlte freie Tage oder in welcher Höhe Entgeltzuschläge nach § 6 Abs. 5 ArbZG zu beanspruchen sein sollen, ist nach § 87 Abs. 1 Eingangshalbsatz mitbestimmungsfrei. Die Ermittlung des angemessenen Umfangs der Kompensation ist nicht der betrieblichen Regelung überlassen, sondern eine Rechtsfrage der Billigkeit.

Das Bundesarbeitsgericht hat zu diesen Rechtsfragen folgende Leitsätze aufgestellt:

1. Bei der Entscheidung des Arbeitgebers darüber, ob ein Ausgleich für Nachtarbeit nach § 6 Abs. 5 ArbZG durch bezahlte freie Tage oder durch Entgeltzuschlag zu gewähren ist, hat der Betriebsrat nach § 87 Abs. 1 Nr. 7 und Nr. 10 mitzubestimmen.
2. Die Zahl der freien Tage und die Höhe des Zuschlags sind hingegen eine Frage der Billigkeit. Da der Arbeitgeber insoweit rechtlich gebunden ist, besteht hier kein Mitbestimmungsrecht.
3. Die Regelungsfrage entfällt nach § 6 Abs. 5 ArbZG, insoweit eine tarifvertragliche Ausgleichsregelung besteht. Ein tariflicher Ausgleich kann auch ohne ausdrückliche Bezeichnung in Leistungen enthalten sein, die Nachtarbeitern zustehen. Dafür müssen aber besondere Anhaltspunkte bestehen.

Endlich gehört zu den Entlohnungsgrundsätzen auch die Beteiligung der Arbeitnehmer am wirtschaftlichen Ertrag des Unternehmens, an leistungsbedingten Kostenersparnissen (Prämien) und am Produktivitätszuwachs. Der Arbeitgeber ist in seinem Entschluß, eine derartige Beteiligung einzuführen, frei; ist sie aber eingeführt, dann hat der Betriebsrat bei der Festlegung der Grundsätze nach § 87 Abs. 1 Ziff. 10 ein Mitbestimmungsrecht.

10.2 Einführung, Anwendung und Änderung von neuen Entlohnungsmethoden

Entlohnungsmethode ist das technische Verfahren sowie die Art und Weise der speziellen Aus- und Durchführung der Entlohnungsgrundsätze des Betriebes. Im einzelnen zählen zu den Entlohnunsmethoden z.B. verschiedene Arbeitsbewertungsmethoden (Punktsysteme, Leistungsgruppensysteme, Kleinstzeitverfahren nach den Methoden Work-Factor oder Methods-Time-Measurement), Refa-, Bedaux-System, Zeitvorgabe bei Zeitakkorden, Einsatz von Produktographen als Mittel der Leistungslohnberechnungen und die Bildung von Gehaltsgruppen bei außertariflich Angestellten, nicht jedoch die überbetriebliche Bezahlung aufgrund des Einzelarbeitsvertrages. Soweit es sich um die Durchführung von Leistungslöhnen (Akkord- oder Prämienlöhnen) handelt, kommt als Sondervorschrift § 87 Abs. 1 Ziff. 11 zur Anwendung, so daß sich die Mitbestimmung des Betriebsrats bei den Entlohnungsmethoden nach Ziff. 10 nur noch auf den Zeitlohn und sonstige – Akkord und Prämie nicht vergleichbare – leistungsbezogene Entgelte erstreckt. Anwendung in diesem Sinne heißt ständige Fortentwicklung der Entlohungsmethoden unter Verwendung zusätzlicher neuer Erkenntnisse; zeitlich gesehen liegt die Anwendung zwischen Einführung und Änderung.

10.3 Festsetzung von Akkord- und Prämiensätzen, einschließlich der Geldfaktoren

Während § 87 Abs. 1 Ziff. 10 dem Betriebsrat ein Mitbestimmungsrecht bei der Frage einräumt, ob im Zeit- oder im Leistungslohn gearbeitet wird, legt Ziff. 11 die Mitbestimmung des Betriebsrats bei der Ausgestaltung der Entlohnungsgrundsätze und -methoden leistungsbezogener Entgelte fest.
Zunächst bezieht sich das Mitbestimmungsrecht auf die Festsetzung von Akkordsätzen. Akkord ist der Oberbegriff für eine nicht nach der Arbeitszeit (Gegensatz: Zeitlohn), sondern ausschließlich nach der Arbeitsleistung erfolgende Lohnregelung. Dabei wird zwischen sog. Zeit- und Geldakkord unterschieden. Beiden gemeinsam ist die Festlegung des sog. Akkordrichtsatzes, d.h. des Verdienstes, den ein Akkordarbeiter bei normaler Leistung in der Stunde erzielen soll. In diesem Punkt ist das Mitbestimmungsrecht des Betriebsrats praktisch ausgeschlossen bzw. erheblich eingeengt, da der Akkordrichtsatz in den meisten Fällen durch Tarifvertrag festgelegt ist. Nach § 77 Abs. 3 S. 1 können Arbeitsentgelte, die durch Tarifvertrag ausdrücklich geregelt sind oder üblicherweise geregelt werden, nicht Gegenstand einer Betriebsvereinbarung sein. Das gilt nach § 77 Abs. 3 S. 2 lediglich dann nicht, wenn ein Tarifvertrag den Abschluß ergänzender Betriebsvereinbarungen ausdrücklich zuläßt.
Beim Zeitakkord ergibt sich die Entlohnung für das einzelne Stück (Akkordsatz) aus der Multiplikation des pro Minute zu zahlenden Arbeitsentgelts (Geldfaktor) mit der Zeit, die dem Arbeitnehmer für den einzelnen Arbeitsvorgang vorgegeben wird. Dies bezeichnet man als sog. Zeitfaktor. Diese Zeitvorgabe erfolgt i.d.R. durch Zeitstudien unter Verwendung arbeitswissenschaftlicher Erkenntnisse, z.B. nach den Methoden Refa oder Bedaux. Dazu kommen insbesondere durch den speziellen Tarifvertrag festgelegte zusätzliche Zeiten, z.B. in Form von Erhol- und Verteilzeiten. Ausgegangen wird bei der Ermittlung des Zeitfaktors nicht von der Durchschnittsleistung, sondern von der sog. Normalleistung. Das ist eine Leistung, die ein hinreichend geeigneter und geübter Arbeitnehmer auf Dauer in zumutbarer Weise erbringen kann.
Beim Zeitakkord besteht das Mitbestimmungsrecht des Betriebsrats bei Festlegung der Akkordsätze darin, daß mit ihm die Regeln zu vereinbaren sind, nach denen die Zeitfaktoren zu ermitteln sind. Gegenstand einer derartigen Vereinbarung zwischen Arbeitgeber und Betriebsrat werden z.B. sein: Regeln über die organisatorische Durchführung der Akkordentlohnung nach der vereinbarten

Methode (z.B. Refa oder Bedaux), Bekanntgabe der Vorgabezeit, der Lohn- bzw. Arbeitswertgruppen oder des Geldfaktors, die Gewährung von Akkorddurchschnittsverdiensten bei Unterbrechung der Akkordarbeit, Richtlinien für die Durchführung von Arbeits- und Zeitstudien, Formularwesen für die Zeitaufnahmen und Verfahren für Akkordbeanstandungen.

Unter Festsetzung von Akkordsätzen ist jede Bestimmung und Änderung der Akkordsätze zu verstehen, die sich abstrakt auf ein bestimmtes Arbeitsvorhaben oder einen bestimmten Arbeitsplatz bezieht. Unter § 87 Abs. 1 Ziff. 11 fällt dagegen nicht die individuelle Lohnberechnung für den einzelnen Akkordarbeiter und die Zuweisung eines anderen Arbeitsplatzes, an dem nach einem anderen Entlohnungssystem gearbeitet wird (z.B. Zeitlohn oder nach einem anderen Akkordsatz). Hier käme aber aus dem Gesichtspunkt der Versetzung ein Mitbestimmungsrecht des Betriebsrats aus § 99 zum Zuge.

Unter Prämienlohn im Sinne dieser Vorschrift sind verschiedene selbständige Formen der Leistungsentlohnung zu verstehen, bei denen – abweichend vom Akkord – neben der Arbeitsmenge andere Bezugsmerkmale bzw. auch eine Kombination mehrerer anderer Bezugsmerkmale Grundlage für die Lohnberechnung sind. Danach unterliegen z.B. dem Mitbestimmungsrecht des Betriebsrats Prämienart, leistungsbezogene Bezugsmerkmale, Anknüpfungspunkte, Prämiensätze, Prämienausgangsleistung, Verteilungsschlüssel, Prämienkurven, Prämienlohn- und Prämienfunktionslinien. Nicht dem Mitbestimmungsrecht des Betriebsrats nach § 87 Abs. 1 Ziff. 11 unterliegen dagegen Anwesenheitsprämien, Pünktlichkeitsprämien, Treue- und Jahresabschlußprämien, die sogenannte Antrittsgebühr im graphischen Gewerbe, Umsatzprämien, sonstige freiwillige Leistungen sowie Prämien für Verbesserungsvorschläge, da deren Zahlung regelmäßig nicht unmittelbar von einer bestimmten persönlich zu erbringenden Leistung des einzelnen Arbeitnehmers abhängt. Für letztere besteht – je nach Art und Wertigkeit des betrieblichen Verbesserungsvorschlages – ein Mitbestimmungsrecht des Betriebsrats nach § 87 Abs. 1 Ziff. 12. Schließlich wird in § 87 Abs. 1 Ziff. 11 dem Betriebsrat ein Mitbestimmungsrecht bei der Festlegung von Akkord- und Prämiensätzen vergleichbarer anderer leistungsbezogener Entgelte eingeräumt. Unter vergleichbaren leistungsbezogenen Entgelten im Sinne dieser Bestimmung sind solche zu verstehen, deren Leistungs- und Entgelteinheiten nach dem konkreten, vom Arbeitnehmer mit beeinflußbaren Arbeitsergebnis berechnet, bemessen oder bewertet werden. Hierzu gehören z.B. Leistungszulagen (für Arbeitsergebnis, Arbeitsausführung, Arbeitseinsatz, Arbeitssorgfalt, Arbeitssicherheit), die zum Zeitlohn gewährt werden, und Provisionen (Abschlußprovisionen), bei denen es auf den persönlichen Einsatz des betreffenden Arbeitnehmers ankommt. Die Wahl der Entlohnungsform unterliegt dagegen dem Mitbestimmungsrecht nach § 87 Abs. 1 Ziff. 10.

Unter Ziff. 11 fallen jedoch nicht diejenigen Zulagen, die ohne besondere Anforderungen an die Leistungen des einzelnen Arbeitnehmers gewährt werden, wie Gratifikationen der verschiedenen Art, Jahresabschlußvergütungen, Zulagen für die Erfüllung ohnehin bestehender vertraglicher Verpflichtungen, Überstundenvergütungen oder -prämien sowie Nachtschicht und diverse Erschwerniszulagen, z.B. für Beeinträchtigungen durch Hitze, Kälte, Gase, Dämpfe, Zug, Schmutz, Höhe oder besondere Gefahren. Jedoch kann für die Regelung und Festsetzung derartiger Vergütungsbestandteile – soweit hierzu nicht die Sperrklausel in § 87 Abs. 1 zur Anwendung kommt – ein Mitbestimmungsrecht des Betriebsrats aus § 87 Abs. 1 Ziff. 10 gegeben sein.

Endlich bezieht sich das Mitbestimmungsrecht des Betriebsrats nach § 87 Abs. 1 Nr. 11 auch auf die Frage, ob Lohn oder Gehalt bargeldlos gezahlt werden sollen. Sollen Löhne oder Gehälter auf Bankkonten der Arbeitnehmer überwiesen werden, erstreckt sich das Mitbestimmungsrecht des Betriebsrats auch auf die Frage, ob und in welchem Umfang die hierfür entstehenden Kosten vom Arbeitgeber zu erstatten sind.

11 Betriebliches Vorschlagswesen

Nach § 87 Abs. 1 Ziff. 12 hat der Betriebsrat, soweit eine gesetzliche oder tarifliche Regelung nicht besteht, mitzubestimmen über die Grundsätze des betrieblichen Vorschlagswesens.

Als Verbesserungsvorschlag gilt jede aus eigenem Antrieb ohne besonderen Auftrag der Geschäftsleitung gegebene Anregung aus dem Kreis der Belegschaft, die geeignet ist, die im folgenden genannten Gebiete zu beeinflussen, zu verbessern, zu vereinfachen, zu erleichtern, um- oder neu zu organisieren. Eine bloße kritische Beschreibung des Ist-Zustandes genügt nicht. Es muß vielmehr eine Lösung des behandelten Problems gegeben werden.

Erwartet werden im allgemeinen vorwiegend kleine Beiträge zur Verlustquellenforschung und technische Änderungen in der Serienfertigung, zu Materialeinsparungen, Ersetzung von Werkstoffen durch andere sowie zur Verbesserung des Arbeitsplatzes, zur Arbeitserleichterung, Arbeitssicherheit und Unfallverhütung. Im allgemeinen ist daher unter einem Verbesserungsvorschlag eine technische Änderung zur Erhöhung der Rentabilität des Unternehmens oder der Sicherheit des Arbeitsplatzes anzusehen.

Im Gegensatz zur Erfindung braucht die Idee des Verbesserungsvorschlages nicht absolut neu zu sein; entscheidend ist und es genügt vielmehr, daß die Anregung für den speziellen Verwendungsbereich in diesem Betrieb für dieses bestimmte Verfahren neu ist. Auf die Schutzfähigkeit der Erfindung kommt es ebenfalls nicht an.

Abzugrenzen sind die Verbesserungsvorschläge daher auch von den Erfindungen im Sinne des Gesetzes über Arbeitnehmererfindungen vom 25.7.1957. Erfindungen im Sinne dieses Gesetzes sind nur solche, die patent- oder

gebrauchsmusterfähig sind. Das Verbesserungsvorschlagswesen umfaßt jedoch keineswegs nur technische Verbesserungsvorschläge nach § 20 Abs. 1 des Arbeitnehmererfindergesetzes. Insbesondere gehören auch folgende andere Gebiete zum betrielichen Vorschlagswesen:
- Verbesserung der Arbeitssicherheit und Unfallverhütung sowie Aufdeckung der diesbezüglichen Gefahren,
- Verbesserung des Gesundheitsschutzes, Arbeitserleichterung und -vereinfachung, Vereinfachung in der Verwaltung,
- Verschiedene Kostensenkungsmaßnahmen, z.B. durch Einsparung von Material, Werk- und Kraftstoffen, Arbeitszeit und Arbeitskräften,
- Organisatorische und technische Verbesserungen des Arbeitsablaufs,
- Verbesserung der Arbeitsmethoden,
- Verringerung von Leerlauf in Produktion und Verwaltung, Vereinfachung komplizierter Konstruktionen,
- Typenbereinigung,
- Verbesserung der Qualität,
- Steigerung der produzierten Menge,
- Bessere Ausnutzung, Schonung und Erhaltung der vorhandenen Einrichtungen und Anlagen,
- Verbesserungen der Organisation und des organisatorischen Ablaufs in Produktion und Verwaltung,
- Bessere und schönere Gestaltung des Arbeitsplatzes und der Betriebsanlagen,
- Förderung der Betriebssauberkeit und Betriebshygiene,
- Verbesserung an Arbeitsmitteln, insbesondere an Werkzeugen, Maschinen und maschinellen Anlagen,
- Vereinfachung des innerbetrieblichen Transportwesens,
- Verbesserung der Lagerhaltung und Lagermöglichkeiten,
- Zügigere Bereitstellung von Material, Werkzeugen und Werkstücken,
- Verringerung oder gar Verhütung des Ausschusses,
- Senkung der Gemeinkosten in Produktion und Verwaltung,
- Verfahren zur Sicherung der Einhaltung der Termine und Lieferverbindlichkeiten,
- Förderung der zwischenmenschlichen Beziehungen, Verbesserung des Betriebsklimas,
- Förderung der Arbeitsmoral und der Arbeitsfreudigkeit,
- Verbesserung des innerbetrieblichen Informationswesens, Verbesserung der Sozialeinrichtungen,
- Hinweise für eine erfolgreiche Einführung neuer Mitarbeiter,
- Hinweise für eine erfolgreiche Ausbildung kaufmännischer und technischer Auszubildender und Anlernlinge,
- Hinweise für eine erfolgreiche Weiterbildung (extern und intern) von Belegschaftsmitgliedern,

- Entwicklung neuer Erzeugnisse,
- Werbeideen,
- Verkaufsideen.

Unberührt von § 87 Abs. 1 Ziff. 12 bleibt die Beteiligung des Betriebsrats nach den §§ 20 Abs. 2 und 21 des Arbeitnehmererfindergesetzes.

Zu den Grundsätzen des betrieblichen Vorschlagswesens gehören insbesondere: Festlegung des teilnahmeberechtigten Personenkreises, Verfahrensfragen und Organisationsprobleme, Zusammensetzung des Prüfungsgremiums, Art und Höhe der Prämien, insbesondere Mindest- und Höchstprämien sowie gestaffelte Prämienhöhe unter Berücksichtigung der Stellung des betreffenden Arbeitnehmers im Betrieb sowie der Höhe des betrieblichen Nutzens, Einführung einer Anerkennungsprämie für wertlose Verbesserungsvorschläge und Beschwerdemöglichkeiten.

Die Einrichtung bzw. Einführung und auch die Beendigung des betrieblichen Vorschlagswesens ist jedoch allein eine unternehmerische Entscheidung. Sie unterliegt also nicht der Mitbestimmung des Betriebsrats. Der Arbeitgeber kann also allein entscheiden, ob er ein organisiertes betriebliches Vorschlagswesen einführen will oder nicht bzw. ein vorhandenes System abschaffen will.

Weiter folgt aus dem o.g. Mitbestimmungsrecht, daß die im Einzelfall konkrete Durchführung nicht der Mitbestimmung seitens des Betriebsrats unterliegt; er hat dagegen bei der Aufstellung der allgemeinen Richtlinien, nach denen es sich zu vollziehen hat, mitzubestimmen.

Weiter besteht keine Mitbestimmung bei jeglichen Entgeltregelungen als materielle Arbeitsbedingungen für die eingereichten Verbesserungsvorschläge, insbesondere bei der Frage der Art und Höhe der zu gewährenden Prämien. Diese werden vielmehr allein vom Arbeitgeber, und zwar auf freiwilliger Basis, bestimmt. Der Arbeitgeber kann hierüber allerdings nach § 88 eine freiwillige Betriebsvereinbarung abschließen.

Das Mitbestimmungsrecht des Betriebsrats bezieht sich im Einzelfall auch nicht auf die Entscheidung über Annahme, Ablehnung und Durchführung eines Verbesserungsvorschlages, sondern vielmehr nur auf die Erarbeitung und Aufstellung der diesbezüglichen (Verfahrens-) Grundsätze.

Darüber hinaus ergeben sich bei der Aus- und Durchführung von Verbesserungsvorschlägen Maßnahmen und Konsequenzen, die unter die allgemeinen Aufgaben des Betriebsrats sowie unter sein spezielles Mitwirkungsrecht in sozialen und personellen Angelegenheiten fallen. Hierzu ist insbesondere auf folgende Tatbestände hinzuweisen:

1. Nach § 80 Abs. 1 Ziff. 1 hat der Betriebsrat darüber zu wachen, daß die zu Gunsten der Arbeitnehmer geltenden Gesetze, Verordnungen, Unfallverhütungsvorschriften, Tarifverträge und Betriebsvereinbarungen durchgeführt werden. Hier kann es sich insbesondere um Betriebsvereinbarungen über das Verfahren und die Vergütung für Verbesserungsvorschläge handeln.

2. Nach § 80 Abs. 1 Ziff. 2 hat der Betriebsrat Maßnahmen, die dem Betrieb oder der Belegschaft dienen, was in den meisten Fällen bei Verbesserungsvorschlägen der Fall sein wird, beim Arbeitgeber zu beantragen. Dabei dürfen allerdings nicht einseitig die Interessen der Belegschaft berücksichtigt werden, was z.B. bei Arbeitserleichterungen häufig der Fall sein könnte.
3. Nach § 80 Abs. 1 Ziff. 3 hat der Betriebsrat Anregungen von Arbeitnehmern und der Jugendvertretung entgegenzunehmen und, falls sie berechtigt erscheinen, durch Verhandlungen mit dem Arbeitgeber auf eine Erledigung hinzuwirken.
4. Nach § 87 Abs. 1 Ziff. 10 hat der Betriebsrat mitzubestimmen bei Fragen der betrieblichen Lohngestaltung, insbesondere bei der Aufstellung von Entlohnungsgrundsätzen und der Einführung und Anwendung von neuen Entlohnungsmethoden sowie deren Änderung. Das gilt insbesondere dann, wenn durch Verbesserungsvorschläge neue Grundsätze oder Methoden eingeführt oder bereits bestehende abgeändert werden sollen.
5. Nach § 87 Abs. 1 Ziff. 11 hat der Betriebsrat mitzubestimmen bei der Festsetzung der Akkord- und Prämiensätze und vergleichbarer leistungsbezogener Entgelte einschließlich der Geldfaktoren.
6. Nach § 88 Ziff. 1 gehören die Maßnahmen zur Verhütung von Arbeitsunfällen und Gesundheitsschädigungen zu einem wesentlichen Tätigkeitsgebiet des Betriebsrats.
7. Nach § 89 hat der Betriebsrat bei der Bekämpfung von Unfall- und Gesundheitsfragen die für den Arbeitsschutz zuständigen Behörden, die Träger der gesetzlichen Unfallversicherung und die sonstigen in Betracht kommenden Stellen durch Anregung, Beratung und Auskunft zu unterstützen sowie sich für die Durchführung der Vorschriften über den Arbeitsschutz und die Unfallverhütung im Betrieb einzusetzen.
8. Nach § 99 Abs. 1 hat der Betriebsrat mitzubestimmen bei Einstellungen, Eingruppierungen, Umgruppierungen und Versetzungen.
9. Gem. § 102 Abs. 1 ist der Betriebsrat vor jeder Kündigung zu hören.

Kommt über Fragen der Grundsätze über das betriebliche Vorschlagswesen zwischen Arbeitgeber und Betriebsrat eine Einigung nicht zustande, so können beide Seiten die Einigungsstelle anrufen. Ihre Entscheidung ersetzt die fehlende Einigung zwischen den Parteien und ist deshalb für beide unmittelbar verbindlich.

12 Arbeitsschutz

§ 89 legt die Mitwirkung des Betriebsrats auf dem Gebiet des Arbeitsschutzes fest. Im einzelnen ist auf folgendes hinzuweisen:
1. Der Betriebsrat hat bei der Bekämpfung von Unfall- und Gesundheitsgefahren die für den Arbeitsschutz zuständigen Behörden, die Träger der gesetzlichen Unfallversicherung und die sonstigen in Betracht kommenden Stellen durch Anregung, Beratung und Auskunft zu unterstützen sowie sich für die Durchführung der Vorschriften über den Arbeitsschutz und die Unfallverhütung im Betrieb einzusetzen.
2. Der Arbeitgeber und die in § 89 Abs. 1 genannten Stellen sind verpflichtet, den Betriebsrat oder die von ihm bestimmten Mitglieder des Betriebsrats bei allen im Zusammenhang mit dem Arbeitsschutz oder der Unfallverhütung stehenden Besichtigungen und Fragen und bei Unfalluntersuchungen hinzuzuziehen. Der Arbeitgeber hat dem Betriebsrat unverzüglich die den Arbeitsschutz und die Unfallverhütung betreffenden Auflagen und Anordnungen der in § 89 Abs. 1 genannten Stellen mitzuteilen.
3. An den Besprechungen des Arbeitgebers mit den Sicherheitsbeauftragten oder dem Sicherheitsausschuß nach § 719 Abs. 4 RVO nehmen vom Betriebsrat beauftragte Betriebsratsmitglieder teil.
4. Der Betriebsrat erhält aufgrund § 89 Abs. 4 die Niederschriften über Untersuchungen, Besichtigungen und Besprechungen, zu denen er nach § 89 Abs. 2 und 3 hinzuzuziehen ist.
5. Der Arbeitgeber hat dem Betriebsrat eine Durchschrift der von ihm nach § 1552 Abs. 3 RVO mit zu unterzeichnenden Unfallanzeige auszuhändigen.

Für den Arbeitsschutz zuständige Behörden im Sinne dieser Vorschrift sind vor allem die Gewerbeaufsichtsbehörden, Gesundheitsbehörden, Baubehörden, Bergaufsichtsbehörden, technische Überwachungsvereine, sonstige allgemeine Polizeibehörden sowie die Vollzugspolizei. Träger der gesetzlichen Unfallversicherung sind die gewerblichen Berufsgenossenschaften nach § 646 Abs. 1 RVO, der Bund (§ 653 RVO), die Bundesanstalt für Arbeit (§ 654 RVO), die Gemeinden und die Gemeindeunfallversicherungsverbände nach § 656 RVO. Sonstige, daneben in Betracht kommende Stelle im Sinne von § 89 ist vor allem der Arbeitgeber.
§ 89, der die Beteiligung des Betriebsrats bei der unmittelbaren Durchführung der Vorschriften des Arbeitsschutzes und der Unfallverhütung regelt, steht in engem Zusammenhang mit § 80 Abs. 1 Ziff. 1, § 87 Abs. 1 Ziff. 7 und § 88 Ziff. 1. § 87 Abs. 1 Ziff. 7 regelt ein zwingendes Mitbestimmungsrecht über die Verhütung von Arbeitsunfällen und Berufskrankheiten sowie über den Gesundheitsschutz im Rahmen der gesetzlichen Vorschriften und Unfallverhütungsvor-

schriften, und § 88 empfiehlt zusätzliche Regelungen, wovon die allgemeine Überwachungspflicht des § 80 Abs. 1 Ziff. 1 zu trennen ist.

Die Vorschrift des § 89 ergänzt und konkretisiert den § 80 Abs. 1, nach der der Betriebsrat darüber zu wachen hat, daß die zugunsten der Arbeitnehmer geltenden Unfallverhütungsvorschriften und Betriebsvereinbarungen durchgeführt werden. Im Umfang geht § 89 insofern über § 80 hinaus, als hiernach dem Betriebsrat ausdrücklich auferlegt wird, sich für die Durchführung der Vorschriften über den Arbeitsschutz und die Unfallverhütung im Betrieb einzusetzen; der Betriebsrat hat hiernach also ein selbständiges Überwachungsrecht und auch eine entsprechende Überwachungspflicht. Diese Rechte und Pflichten ermächtigen ihn, alle zur Erfüllung dieser Aufgaben erforderlichen Maßnahmen zu ergreifen. Insbesondere gehören hierzu eine allgemeine Besichtigung des Betriebes zum Zwecke der Überprüfung, ob die Arbeitsschutz- und Unfallverhütungsvorschriften auch tatsächlich eingehalten werden sowie die Durchführung entsprechender Stichproben. Wesentlich ist, daß die Ausübung dieser Befugnisse seitens des Betriebsrats nicht vom Vorliegen konkreter Anhaltspunkte abhängig ist.

Bestehen in einem Unternehmen mehrere Betriebsräte und ist deshalb gem. § 47 Abs. 1 ein Gesamtbetriebsrat zu errichten, so ist unter den Voraussetzungen des § 50, d.h. wenn das Gesamtunternehmen oder mehrere Betriebe davon betroffen werden und die Angelegenheiten nicht durch die einzelnen Betriebsräte innerhalb ihrer Betriebe geregelt werden können, für Fragen des Arbeitsschutzes anstelle des Betriebsrats der Gesamtbetriebsrat zuständig.

13 Bildschirmarbeitsplätze

Von einem Bildschirmarbeitsplatz im rechtlichen Sinne spricht man dann, wenn die Arbeitsaufgabe und die Arbeitszeit am Bildschirmgerät bestimmend für die gesamte Tätigkeit sind. Ist die Bildschirmfunktion nicht dominierend, so spricht man von bildschirmunterstützten Arbeitsplätzen.

Nach der Rechtsprechung des Bundesarbeitsgerichts kann der Betriebsrat keine generelle Regelung darüber verlangen, wie Bildschirmarbeitsplätze auszugestalten sind, daß die Arbeit an Bildschirmen zeitlich beschränkt und durch bestimmte – bezahlte – Unterbrechungen aufgelockert wird und daß Augenuntersuchungen als Maßnahme des vorbeugenden Gesundheitsschutzes durchgeführt werden.

Sehr wohl können sich aber als Folge der Einrichtung von Bildschirmarbeitsplätzen und Datensichtgeräten Mitwirkungsrechte des Betriebsrats ergeben, und zwar
– Informationsrechte
– Unterrichtungsrechte

- Überwachungsrechte
- korrigierende Mitbestimmungsrechte und
- Mitbestimmungsrechte.

13.1 Informationsrechte

Der Arbeitgeber muß den Betriebsrat informieren und mit ihm beraten über grundlegende Änderungen der Betriebsanlagen sowie über die Einführung grundlegend neuer Arbeitsmethoden und Fertigungsverfahren.
Ob ein für den Betriebsrat mitbestimmungspflichtiger Tatbestand vorliegt oder nicht, ist Tatfrage; i.d.R. wird der Einsatz von Bildschirmgeräten nicht als Betriebsänderung gewertet werden können, wie auch, wenn Bildschirmgeräte eingesetzt werden, im allgemeinen nicht von einer grundlegenden Änderung der Betriebsorganisation oder der Betriebsanlagen gesprochen werden kann.

13.2 Unterrichtungsrechte

Würde durch die Planung bzw. Einführung von Bildschirmarbeitsplätzen die Personalplanung – kurz-, mittel- und langfristig – in quantitativer und/oder qualitativer Hinsicht betroffen, so wäre der Arbeitgeber verpflichtet, den Betriebsrat über den gegenwärtigen und künftigen Personalbedarf sowie über die sich daraus ergebenden personellen Maßnahmen und Maßnahmen der Berufsbildung anhand von Unterlagen rechtzeitig und umfassend zu unterrichten.

13.3 Überwachungsrechte

Der Betriebsrat ist verpflichtet, darüber zu wachen, daß die zugunsten der Arbeitnehmer geltenden Gesetze, Verordnungen, Unfallverhütungsvorschriften, Tarifverträge und Betriebsvereinbarungen durchgeführt werden.

13.4 Korrigierende Mitbestimmungsrechte

Werden die Arbeitnehmer durch Änderung der Arbeitsplätze, des Arbeitsablaufs oder der Arbeitsumgebung, die den gesicherten arbeitswissenschaftlichen Erkenntnissen über die menschengerechte Gestaltung der Arbeit offensichtlich widersprechen, in besonderer Weise belastet, so kann der Betriebsrat angemessene Maßnahmen zur Abwendung, Milderung oder zum Ausgleich der Belastung verlangen. Meist wird jedoch von vornherein eine vernünftige einvernehmliche Regelung zwischen Geschäftsleitung und Betriebsrat getroffen.

13.5 Mitbestimmungsrechte

Ergeben sich durch die Einführung von Bildschirmarbeitsplätzen Lohn- bzw. Gehaltsumgruppierungen, so hat der Betriebsrat nach § 99 Abs. 1 zunächst ein Informationsrecht gegenüber dem Arbeitgeber und für den Fall, daß ein in § 99 Abs. 2 Ziff. 1 – 6 bezeichneter Fall vorliegt, ein Zustimmungsverweigerungsrecht zu der vom Arbeitgeber geplanten personellen Einzelmaßnahme.
Wird durch die Einführung von Bildschirmarbeitsplätzen eine Versetzung notwendig, so ergibt sich hieraus ein Mitbestimmungsrecht des Betriebsrats. Zu prüfen ist hierbei nach § 95 Abs. 3, ob bei der Zuweisung eines anderen Arbeitsplatzes entweder voraussichtlich die Dauer von einem Monat überschritten wird oder ob eine erhebliche Änderung der Umstände vorliegt, unter denen die Arbeit zu leisten ist. Dies kann, muß aber bei der Schaffung von Bildschirmarbeitsplätzen nicht zwingend der Fall sein; zur Entscheidung dieser Frage ist vielmehr auf die Umstände des Einzelfalles abzustellen.
Ein Mitbestimmungsrecht des Betriebsrats könnte weiter aus § 87 Abs. 1 Ziff. 7 zu begründen sein: Danach hat er mitzubestimmen bei Regelungen über die Verhütung von Arbeitsunfällen und Berufskrankheiten sowie über den Gesundheitsschutz im Rahmen der gesetzlichen Vorschriften oder der Unfallverhütungsvorschriften. Zu beachten hierbei ist jedoch, daß es zunächst Aufgabe des Gesetzgebers und der Berufsgenossenschaft ist, Vorschriften für den Gesundheitsschutz zu erlassen; dem Betriebsrat steht lediglich eine sogenannte Ausfüllunskompetenz zu.
Der Arbeitgeber muß dem Betriebsrat vor jeder Kündigung die Gründe hierfür mitteilen. Unterbleibt diese Mitteilung, so ist die Kündigung unwirksam. Einer ordentlichen Kündigung kann der Betriebsrat aus den Gründen des § 102 Abs. 3 widersprechen. Darüber hinaus können Arbeitgeber und Betriebsrat nach § 102 Abs. 6 vereinbaren, daß Kündigungen der Zustimmung des Betriebsrats bedürfen und daß bei Meinungsverschiedenheiten über die Berechtigung der Nichterteilung der Zustimmung die betriebliche Einigungsstelle entscheidet.
Zusammenfassend hat das Bundesarbeitsgericht zu diesem Fragenkomplex folgende Leitsätze aufgestellt:
1. Verlangt der Betriebsrat anläßlich der Einführung von Bildschirmarbeitsplätzen die Regelung einer Vielzahl von Gegenständen, so kann der Arbeitgeber hinsichtlich eines jeden Gegenstandes die Feststellung beantragen, daß das Regelungsverlangen des Betriebsrats nicht begründet ist.
2. Nach § 91 kann der Betriebsrat auch dann nicht generell die bestimmte Ausgestaltung von Arbeitsplätzen und Arbeitsabläufen verlangen, wenn einzelne Arbeitsplätze gesicherten arbeitswissenschaftlichen Erkenntnissen über die menschengerechte Gestaltung der Arbeit offensichtlich widersprechen und Arbeitnehmer dadurch besonders belastet werden.

3. Das Verlangen des Betriebsrats, die Arbeit an Bildschirmgeräten zeitlich zu beschränken und durch bezahlte Pausen zu unterbrechen, hält sich als Maßnahme des Gesundheitsschutzes nicht im Rahmen gesetzlicher Vorschriften i.S. von § 87 Abs. 1 Ziff. 7.
4. Die Vorschriften des Arbeitssicherheitsgesetzes geben dem Betriebsrat kein Mitbestimmungsrecht des Inhalts, daß dieser Augenuntersuchungen der an Bildschirmgeräten beschäftigten Arbeitnehmer verlangen kann.
5. Der Schutz werdender Mütter vor gesundheitsgefährdenden Strahlen ist durch § 4 MuSchG abschließend gesetzlich geregelt, so daß ein Mitbestimmungsrecht des Betriebsrats bei dieser Frage nicht gegeben ist.
6. Datensichtgeräte in Verbindung mit einem Rechner sind dann zur Überwachung von Verhalten und Leistung der Arbeitnehmer bestimmt i.S. von § 87 Abs. 1 Ziff. 6, wenn aufgrund vorhandener Programme Verhaltens- und Leistungsdaten ermittelt und aufgezeichnet werden, die bestimmten Arbeitnehmern zugeordnet werden können, unabhängig davon, zu welchem Zweck diese Daten erfaßt werden.
7. Ob die Einführung von Datensichtgeräten eine Betriebsänderung i.S. von § 111 S. 2 darstellt, ist auch dann für jeden Betrieb gesondert zu prüfen, wenn die Geräte unternehmenseinheitlich eingeführt werden.
8. Der Betriebsrat kann keine Regelung erzwingen, die ihm bestimmte Auskunfts-, Überwachungs- und Kontrollrechte einräumt.

VI Mitwirkung des Betriebsrats in wirtschaftlichen Angelegenheiten

1 Wirtschaftliche Angelegenheiten

In allen Betrieben mit i.d.R. mehr als 100 ständig beschäftigten Arbeitnehmern ist ein Wirtschaftsausschuß zu bilden, dessen Aufgabe es nach § 106 Abs. 1 ist, wirtschaftliche Angelegenheiten mit dem Unternehmer zu beraten und den Betriebsrat zu unterrichten. Nach § 106 Abs. 2 hat der Unternehmer diesen Wirtschaftsausschuß rechtzeitig und umfassend über die wirtschaftlichen Angelegenheiten des Unternehmens unter Vorlage der erforderlichen Unterlagen zu unterrichten, soweit dadurch nicht die Betriebs- und Geschäftsgeheimnisse des Unternehmens gefährdet werden. Weiter hat der Unternehmer dem Betriebsrat die sich aus den wirtschaftlichen Angelegenheiten ergebenden Auswirkungen auf die Personalplanung darzustellen. In § 106 Abs. 3 ist beispielhaft aufgeführt, was zu den wirtschaftlichen Angelegenheiten im Sinne dieser Vorschrift gehört. Dazu rechnen:
1. die wirtschaftliche und finanzielle Lage des Unternehmens
2. die Produktion- und Absatzlage
3. das Produktions- und Investitionsprogramm
4. Rationalisierungsvorhaben
5. Fabrikations- und Arbeitsmethoden, insbesondere die Einführung neuer Arbeitsmethoden
6. die Einschränkung oder Stillegung von Betrieben oder von Betriebsteilen
7. die Verlegung von Betrieben oder Betriebsteilen
8. der Zusammenschluß von Betrieben
9. die Änderung der Betriebsorganisation oder des Betriebszwecks sowie
10. sonstige Vorgänge oder Vorhaben, welche die Interessen der Arbeitnehmer wesentlich berühren können.

Diese Aufzählung ist, wie sich insbesondere aus der Ziff. 10 ergibt, nicht erschöpfend.
Die wohl umfassendste wirtschaftliche Angelegenheit ist die wirtschaftliche und finanzielle Lage des Unternehmens. Sie hat der Vorlage und Erläuterung des Jahresabschlusses zeitlich voranzugehen. Im einzelnen gehören zu diesem Begriff vor allem Erläuterung von Gewinn, Verlust, Kreditschwierigkeiten und Risikolage, Marktverhältnisse, Fragen des Konkurrenzverhaltens, allgemeine Wirtschaftslage, Finanzpolitik, interne und externe Finanzierungsmöglichkeiten, Außenstände, lang- und kurzfristige Forderungen und Verbindlichkeiten,

Rohstoffkosten und -beschaffung, Fragen der Energieversorgung und deren Kosten, steuerliche Belastung, Lohn- und Lohnnebenkosten, gesetzliche und freiwillige Sozialleistungen, Preissituation innerhalb und außerhalb der Branche, verbunden mit allgemeinen Konjunkturfragen sowie Auftragsbestand und allgemeine Kostensituation.

Zur Produktions- und Absatzlage gehören außer den sich teilweise mit Ziff. 1 überschneidenden Informations- und Beratungspflichten Informationen über Fragen der Kapazität, der tatsächlichen im Verhältnis zur Soll-Produktion, Typen, Warenarten, Produktionsschwierigkeiten und -hemmnisse und deren Folgen sowie Möglichkeiten deren Beseitigung mit evtl. finanziellen und personalpolitischen Konsequenzen betreffend Lohn, Zuschläge, Versetzung, Überzeitarbeit, Umschulung, Umgruppierung, Ausbildung und Schulung, Absatzaussichten in bezug auf allgemeine Marktlage und allgemeine Wirtschaftspolitik.

Der Begriff des Produktionsprogrammes umfaßt die ganze Breite von der Planung, Werbung, PR, Herstellung und des Vertriebs einschließlich des dazu gehörenden Investitionsprogrammes eines Produktes bzw. einer Produktgruppe. Er hat mithin auch Auswirkungen auf den personellen Bereich.

Die Unterrichtung über Rationalisierungsvorhaben hat den Zweck, den Wirtschaftsausschuß über die vielen personalpolitischen Konsequenzen zu informieren, da sich aus der Automation und Rationalisierung zahlreiche quantitative und qualitative Anforderungsänderungen an den arbeitenden Menschen ergeben. Rationalisierung im Sinne dieser Vorschrift sind u.a. organisatorische Maßnahmen, Normierung, Typisierung, Einführung neuer Verfahrens- und Herstellungstechniken, Typenbereinigung, Ersetzung von Menschen durch Maschinen und Änderungen im Anforderungsprofil des einzelnen Arbeitsplatzes.

Unter Fabrikations- oder Fertigungsmethoden ist die organisatorische und auch technologische Bestimmung der Herstellungsprozesse einschließlich deren technischen Herstellungsmethoden zu verstehen. Unter Arbeitsmethoden dagegen versteht man die Art des Einsatzes der menschlichen Arbeitskraft bei der Produktion. Im einzelnen sind hier, soweit nicht schon die §§ 87 Abs. 1 Ziff. 6, 90 Ziff. 2–4, 111 Ziff. 5 und 87 Ziff. 6 zur Anwendung kommen, Fragen der Fließband- und Gruppenarbeit und der aus dieser folgenden Problematik der Entlohnung zu besprechen.

Die Vorschriften des § 106 Ziff. 6, 7, 8 und 9 entsprechen den Bestimmungen des § 111 Ziff. 1–4. Die Unterrichtungspflicht bei Änderung der Betriebsorganisation oder des Betriebszweckes weicht insofern von der Vorschrift des § 111 Nr. 4 ab, als es sich hier nicht um eine grundlegende Änderung der Betriebsorganisation oder des Betriebszwecks handeln muß, sondern daß jede Änderung genügt.

Die Generalklausel der Ziff. 10 bietet die Gewähr dafür, daß der Wirtschaftsausschuß über alle Vorgänge und Vorhaben unterrichtet und auf dem laufenden gehalten werden muß, die die Interessen der Arbeitnehmer des Unternehmens wesentlich berühren können. Hierher gehören außer den in den vorgenannten

Ziffern enthaltenen Tatbeständen z.B. Rechtsstreitigkeiten, die für das Unternehmen oder die Arbeitnehmer von grundlegender Bedeutung sind, Auswirkungen der Steuer- und Wirtschaftspolitik des Staates und des Auslandes, Zusammenarbeit mit anderen Firmen oder Verbänden und geplante Fusionen oder sonstige Konzentrationsvorgänge.

Die Vorschrift des § 106 kann auf kleinere Unternehmen, in denen kein Wirtschaftsausschuß zu bilden ist, nicht entsprechend auf den Betriebsrat selbst angewandt werden. Das Betriebsverfassungsgesetz regelt die Beteiligung der Arbeitnehmer in wirtschaftlichen Angelegenheiten bewußt in unterschiedlicher und von der jeweiligen Betriebs- und Unternehmensgröße abhängigen Weise. Die Unterrichtung über wirtschaftliche Angelegenheiten und deren Beratung in dem sachverständigen Gremium des Wirtschaftsausschusses soll danach nur in größeren Unternehmen erfolgen. Dem Gesetzgeber war bei dieser Regelung bewußt, daß es kleinere Unternehmen ohne Wirtschaftsausschuß gibt, wie auch § 110 ausweist, in deen die unmittelbare Unterrichtung der Belegschaft durch den Unternehmer geregelt wird.

Betreiben jedoch mehrere Unternehmen gemeinsam einen einheitlichen Betrieb mit in der Regel mehr als einhundert ständig beschäftigten Arbeitnehmern, so ist ein Wirtschaftsausschuß auch dann zu bilden, wenn keines der beteiligten Unternehmen für sich allein diese Beschäftigungszahl erreicht.

Das Bundesarbeitsgericht bejaht aber in Betrieben mit weniger als 100 ständig beschäftigten Arbeitnehmern das Bestehen eines Informationsanspruchs aus § 80 Abs. 2 neben dem aus § 106 Abs. 2, da im ersten Fall der Betriebsrat, im zweiten Fall aber der Wirtschaftsausschuß Träger des Rechtes sei und damit ein Konkurrenzverhältnis nicht vorliege. Der Anspruch aus § 80 Abs. 2 sei auch nicht insoweit eingeschränkt, als dadurch Betriebs- oder Geschäftsgeheimnisse des Arbeitgebers gefährdet werden könnten. Gleichwohl verneint der Senat die Anwendbarkeit des § 80 Abs. 2 dann, wenn ein konkreter Bezug zu einer Betriebsratsaufgabe fehle. Denn soweit sich für den Betriebsrat Aufgaben erst dann stellen, wenn der Arbeitgeber eine Maßnahme ergreift oder plant, die Beteiligungsrechte des Betriebsrats auslöst, kann dieser die Vorlage von Unterlagen, welche zur Erfüllung seiner Aufgaben nötig sind, auch erst dann verlangen, wenn der Arbeitgeber tätig wird.

2 Betriebsänderungen

Nach § 111 hat der Unternehmer in Betrieben mit i.d.R. mehr als 20 wahlberechtigten Arbeitnehmern den Betriebsrat über geplante Betriebsänderungen, die wesentliche Nachteile für die Belegschaft oder erhebliche Teile der Belegschaft zur Folge haben können, rechtzeitig zu unterrichten und die geplanten Betriebsänderungen mit dem Betriebsrat zu beraten.

Als Betriebsänderungen in diesem Sinne gelten:
1. Einschränkung und Stillegung des ganzen Betriebs oder von wesentlichen Betriebsteilen;
2. Verlegung des ganzen Betriebs oder von wesentlichen Betriebsteilen;
3. Zusammenschluß mit anderen Betrieben;
4. Grundlegende Änderungen der Betriebsorganisation, des Betriebszwecks oder der Betriebsanlagen;
5. Einführung grundlegender neuer Arbeitsmethoden und Fertigungsverfahren.

Diese Aufzählung ist im Gegensatz zu § 106 Abs. 3 erschöpfend und nicht nur beispielhaft.

Die Veräußerung und Verpachtung eines Betriebsteils ist i.d.R. keine Einschränkung oder Stillegung im Sinne von § 111 Ziff. 1. Entscheidend ist die Frage, ob der Erwerber den Betrieb bei unverändertem Betriebszweck mit im wesentlichen gleicher Belegschaft fortführt. Bei einer Betriebsnachfolge kommt es wegen § 613a BGB auch nicht mehr darauf an, ob diese für die betreffenden Arbeitnehmer mit wesentlichen Nachteilen im Sinne von § 111 S. 1 verbunden ist.

Unter Stillegung ist die Aufgabe des Betriebszwecks unter gleichzeitiger Auflösung der Betriebsorganisation aufgrund eines ernstlichen Willensentschlusses des Unternehmens für unbestimmte, nicht nur vorübergehende Zeit zu verstehen. Daraus folgt auch, daß ein Betriebsübergang keine Stillegung im Sinne von § 111 ist. Bei einer Betriebsstillegung muß es sich vielmehr um eine vom Unternehmer gewollte und durch Auflösung der betrieblichen Organisation auch tatsächlich durchgeführte Maßnahme handeln, wobei die Gründe, die den Unternehmer zu dieser Entscheidung veranlaßt haben, unerheblich sind. Werden nur noch wenige Arbeitnehmer mit Abwicklungsarbeiten weiterbeschäftigt, so ist dies einer Betriebsstillegung gleichzusetzen. Das Bundesarbeitsgericht versteht unter einer Betriebsstillegung die Auflösung der zwischen Arbeitgeber und Arbeitnehmer bestehenden Betriebs- und Produktionsgemeinschaft, die ihre Veranlassung und zugleich ihren unmittelbaren Ausdruck darin findet, daß der Unternehmer die bisherige wirtschaftliche Betätigung in der ernstlichen Absicht einstellt, die Weiterverfolgung des bisherigen Betriebszwecks dauernd oder für eine ihrer Dauer nach unbestimmte, wirtschaftlich nicht unerhebliche Zeitspanne aufzuheben,

Bei einer Betriebseinschränkung wird der Betriebszweck zwar weiter verfolgt, die Leistung der Betriebsanlagen wird jedoch herabgesetzt, oder es erfolgt unter Beibehaltung der sachlichen Betriebsmittel ein Personalabbau.

Unter dem Begriff der Verlegung ist jede wesentliche Veränderung der örtlichen Lage des gesamten Betriebes oder von wesentlichen Betriebsteilen bei gleichzeitiger Weiterbeschäftigung des größeren Teils der Belegschaft zu verstehen. Werden dagegen wesentliche Teile der Belegschaft am neuen Arbeitsort nicht weiterbeschäftigt, liegt eine Betriebsstillegung im o.g. Sinne vor.

Ein Zusammenschluß mit anderen Betrieben im Sinne dieser Vorschrift kann vorliegen, wenn entweder aus mehreren vorhandenen Betrieben ein neuer gebildet wird mit der Folge, daß der neue Betrieb mit keinem identisch ist oder aber ein Betrieb einen anderen unter Aufgabe von dessen arbeitstechnischer Selbständigkeit in sich aufnimmt. Ein Zusammenschluß liegt auch dann vor, wenn selbständige Betriebsabteilungen mit dem eigenen Hauptbetrieb zusammengelegt werden.

Ist bei einem Verkauf der Fall des Zusammenschlusses mit anderen Betrieben gegeben, so besteht die Informationspflicht des Unternehmers nach § 111 nur dann, wenn dadurch wesentliche Nachteile für die Belegschaft oder wesentliche Teile der Belegschaft entstehen können.

Wesentliche Nachteile im Sinne dieser Bestimmung sind nicht nur der Verlust des Arbeitsplatzes, sondern auch z.B. Erschwerung der Arbeit, Schichtarbeit, Sonn- und Feiertagsarbeit, verlängerter Anmarschweg, ungünstige Verkehrsverhältnisse und doppelte Haushaltsführung.

Diese erheblichen Nachteile müssen für die Belegschaft im ganzen oder doch für einen erheblichen Teil zu befürchten sein.

Werden davon nur wenige Arbeitnehmer betroffen, so liegt diese Voraussetzung nicht vor. Nachteile für einen erheblichen Teil der Belegschaft sind aber auch dann vorhanden, wenn ein nicht unerheblicher Teil der Belegschaft durch die Veräußerung Vorteile erwirbt. Eine Aufrechnung von Vor-und Nachteilen findet also nicht statt.

Ist bei der bloßen Veräußerung oder beim Zusammenschluß mit anderen Betrieben die Informationspflicht des Unternehmers nur deshalb zu verneinen, weil dadurch keine wesentlichen Nachteile für erhebliche Teile der Belegschaft zu befürchten sind, so ist zu prüfen, ob nicht trotz Ablehnung des Mitbestimmungsrechts nach § 111 der Wirtschaftsausschuß des Betriebsrats über eine Veräußerung und einen geplanten Zusammenschluß zu informieren ist, denn das Mitbestimmungsrecht des Betriebsrats in wirtschaftlichen Angelegenheiten besteht völlig unabhängig neben dem Aufgabenbereich des Wirtschaftsausschusses.

Eine grundlegende Änderung der Betriebsorganisation liegt vor bei einer vollständigen Änderung des Betriebsaufbaus bzw. der Gliederung des Betriebes oder der Zuständigkeiten, wie z.B. Änderung der Zahl, Gliederung und Aufbau der einzelnen Betriebsabteilungen, Aufteilung eines bisher einheitlichen Betriebes in mehrere selbständige Betriebe, sofern dabei die einzelnen Arbeitsverhältnisse nicht nach § 6113a BGB auf diese neuen selbständigen Betriebe übergehen, bei der Änderung der Unterstellungsverhältnisse, insbesondere durch Zentralisierung oder Dezentralisierung gegenüber der bisherigen Organisation sowie bei der Einführung von Großraumbüros oder Datenverarbeitungsanlagen.

Eine grundlegende Änderung des arbeitstechnischen Zwecks des Betriebes ist gegeben bei einer völligen Umstellung der Produktion oder des Gegenstandes der Betriebstätigkeit.

Eine grundlegende Änderung der Betriebsanlagen ist z.B. anzunehmen bei technischer Rationalisierung und fortschreitender Automation, Einführung bzw. Erweiterung von EDV, Einsatz von Mikroprozessoren, NC- oder CNC-Maschinen, Bildschirmarbeitsplätzen und Datensichtgeräten sowie des computerunterstützten Konstruierens (CAD), generell beim Einsatz völlig neuer Maschinen oder maschineller Anlagen oder eines neuen Produktionsverfahrens sowie bei völliger Umgestaltung der Büroeinrichtung einschließlich der Büromaschinen.

Die Einführung von grundlegend neuen Arbeitsmethoden und Fertigungsverfahren beinhaltet für den Fall, daß dadurch die bisherigen Arbeitsbedingungen des Arbeitnehmers geändert werden, weitere Mitbestimmungsrechte des Betriebsrats. Insbesondere ist in diesem Zusammenhang auf § 87 Abs. 1 Ziff. 6, 10 und 11 und die §§ 90, 91 und 102 hinzuweisen.

VII Die betriebliche Einigungsstelle

Die betriebliche Einigungsstelle ist nach den §§ 76 ff eine innerbetriebliche Einrichtung zur Beilegung von Meinungsverschiedenheiten zwischen Arbeitgeber und Betriebsrat, Gesamt- und Konzernbetriebsrat, die bei Bedarf zu bilden ist und die durch Betriebsvereinbarung aber auch als ständige betriebliche Einigungsstelle errichtet werden kann.

Zu den Hauptaufgaben der Einigungsstelle gehören Schlichtungen bei Streitigkeiten über Abschluß und Inhalt von Betriebsvereinbarungen und Mitbestimmungsfragen im Bereich der sozialen Angelegenheiten gem. §§ 87 und 88, bei Streit über Änderungen der Arbeitsplätze, des Arbeitsablaufes oder der Arbeitsumgebung, die den gesicherten arbeitswissenschaftlichen Erkenntnissen über die menschengerechte Gestaltung der Arbeit offensichtlich widersprechen (§ 91), bei Streitigkeiten über die Auswahlrichtlinien für Einstellungen, Versetzungen, Umgruppierungen und Kündigungen (§ 95 Abs. 1) sowie bei Streitigkeiten über die Durchführung betrieblicher Bildungsmaßnahmen (§ 98).

Die Einigungsstelle ist gem. § 76 Abs. 2 mit einem unparteiischen Vorsitzenden, auf dessen Person sich Arbeitgeber und Arbeitnehmer einigen müssen und einer gleichen Anzahl von Beisitzern, die vom Arbeitgeber und Betriebsrat bestellt werden, besetzt. Vorsitzender und Beisitzender können auch Personen sein, die nicht dem Betrieb angehören, wie z.B. Vertreter von Arbeitgeberverbänden oder Gewerkschaften. Kommt eine Einigung über die Personen, die der Einigungsstelle angehören sollen, den Vorsitzenden oder über die Anzahl der Beisitzer nicht zustande, so entscheidet hierüber das Arbeitsgericht.

Gem. § 78 dürfen die Mitglieder der Einigungsstelle in der Ausübung ihrer Tätigkeit nicht gestört oder behindert und wegen ihrer Tätigkeit nicht benachteiligt oder begünstigt werden; dies gilt auch für ihre weitere berufliche Entwicklung. Nach § 79 Abs. 2 dürfen die Mitglieder der Einigungsstelle Betriebs- oder Geschäftsgeheimnisse, die ihnen wegen ihrer Zugehörigkeit zur Einigungsstelle bekanntgeworden und vom Arbeitgeber ausdrücklich als geheimhaltungsbedürftig bezeichnet worden sind, nicht offenbaren und verwerten. Dies gilt auch noch nach ihrem Ausscheiden aus der Einigungsstelle.

Die Mitglieder der Einigungsstelle dürfen aus Anlaß ihrer Tätigkeit keinen Lohnausfall erleiden; alle Kosten der Einigungsstelle, insbesondere Vergütungen für den Vorsitzenden oder betriebsfremde Beisitzer, trägt der Arbeitgeber gem. § 76a.

Die Einigungsstelle wird nur auf Antrag tätig.

Das Verfahren vor der Einigungsstelle wird im Gesetz nur unvollkommen geregelt. § 76 Abs. 3 schreibt lediglich die mündliche Beratung, die Abstimmung durch den Spruchkörper, den Abstimmungsmodus und die Niederlegung sowie Zuleitung der Beschlüsse vor. Nach § 76 Abs. 4 können weitere Einzelheiten in einer Betriebsvereinbarung geregelt werden. Damit gewährt das Einigunsstellenverfahren im Interesse einer effektiven Schlichtung der Einigungsstelle einen Freiraum, der jedoch nicht unbeschränkt ist, sondern durch allgemein anerkannte elementare Verfahrensgrundsätze begrenzt ist. Diese Grundsätze ergeben sich aus dem Rechtsstaatsgebot des Grundgesetzes (Art. 20 Abs. 1 und 3, Art. 28 Abs. 1) und andererseits der Funktion der Einigungsstelle als eines Organs, das normative Regelungen erzeugt.

Zu den elementaren Verfahrensgrundsätzen gehört, daß die Einigungsstelle ihre Beschlüsse aufgrund nichtöffentlicher mündlicher Beratung faßt. Dieses Ergebnis folgt nicht unmittelbar aus dem Wortlaut von § 76 Abs. 3. Allerdings spricht schon der Wortlaut „die Einigungsstelle faßt ihre Beschlüsse nach mündlicher Beratung mit Stimmenmehrheit" eher dafür, daß die mündliche Beratung und Beschlußfassung in Abwesenheit der Beteiligten zu erfolgen hat; nach dem Gesetzeswortlaut berät die Einigungsstelle und nicht die Einigungsstelle zusammen mit Arbeitgeber und Betriebsrat. Soweit ihr Spruch die Einigung zwischen Arbeitgeber und Betriebsrat ersetzt, hat er grundsätzlich keinen anderen Rechtscharakter als eine entsprechende Vereinbarung der Betriebspartner. Die Einigungsstelle soll die Einigung zwischen Arbeitgeber und Betriebsrat ersetzen. Deshalb ist es nicht nur sinnvoll, sondern notwendig, daß die Beteiligten vor der Einigungsstelle selbst zu Wort kommen und ihre Positionen darlegen können. Soweit die Einigungsstelle die Einigung der Parteien ersetzt, ist es von besonderer Bedeutung, daß die Betriebsparteien die Möglichkeit haben, ihre unterschiedlichen Auffassungen zu der Regelungsfrage und Lösungsvorschläge zunächst ungefiltert selber darstellen zu können, damit der unparteiische Vorsitzende sich ein Bild über den Streitstoff und die Lösungsmöglichkeiten machen kann. Das ist von besonderer Bedeutung, wenn die von beiden Seiten benannten Beisitzer in der Einigungsstelle betriebsfremd sind. Dementsprechend ist es so gut wie einhellige Meinung, daß die mündliche Verhandlung vor der Einigungsstelle parteiöffentlich ist.

Beim Verfahren ist zu unterscheiden zwischen dem sog. erzwingbaren Einigungsverfahren nach § 76 Abs. 5 und dem sog. freiwilligen Einigungsverfahren nach § 76 Abs. 6. Beim erzwingbaren Einigungsverfahren ersetzt der Spruch der Einigungsstelle die Einigung zwischen den Parteien, wogegen beim freiwilligen Einigungsverfahren der Spruch der Einigungsstelle nur dann verbindlich ist, wenn beide Seiten sich der Entscheidung im voraus unterwerfen oder sie nachträglich angenommen haben.

Fälle des erzwingbaren Einigungsverfahrens nach § 76 Abs. 5 sind insbesondere Meinungsverschiedenheiten zwischen Arbeitgeber und Betriebsrat über Schu-

lung von Betriebsratsmitgliedern nach § 37 Abs. 6 und 7 und von Jugendvertretern nach § 65 Abs. 1, Freistellung von Betriebsratsmitgliedern nach § 38 Abs. 2, Sprechstunden des Betriebsrats nach § 39 Abs. 1 und der Jugendvertretung nach § 69 Abs. 1, Herabsetzung der Zahl der Mitglieder des Gesamtbetriebsrats nach § 47 Abs. 6, des Konzernbetriebsrats nach § 55 Abs. 4 und der Gesamtjugendvertretung nach § 76 Abs. 6, die Entscheidung von Beschwerden der Arbeitnehmer, soweit es sich nicht um Rechtsansprüche handelt, nach § 85 Abs. 2, die Mitbestimmung und der Abschluß von Betriebsvereinbarungen nach § 87 Abs. 1, Ausgleichsmaßnahmen bei Änderung von Arbeitsablauf oder Arbeitsumgebung nach § 91 S. 2, Personalfragebogen nach § 94 Abs. 1, persönliche Angaben in Formularverträgen und bei Beurteilungsgrundsätzen nach § 94 Abs. 2, Auswahlrichtlinien für Einstellungen, Versetzungen, Umgruppierungen und Kündigungen von Arbeitnehmern nach § 95 Abs. 1 und 2, Durchführung betrieblicher Bildungsmaßnahmen und bei der Auswahl von Teilnehmern nach § 98 Abs. 3 und 4, Ausspruch von Kündigungen, soweit diese nach § 102 Abs. 6 der Zustimmung des Betriebsrats bedürfen, Auskunftserteilung in wirtschaftlichen Angelegenheiten im Sinne von § 106 Abs. 3 nach § 109 sowie über die Aufstellung eines Sozialplanes bei Betriebsänderungen nach § 112 Abs. 4. Die Anrufung der Einigungsstelle schließt die spätere Anrufung des Arbeitsgerichts nicht aus, wenn ein Rechtsschutzinteresse dafür besteht. Auch wird gem. § 76 Abs. 7 durch den Spruch der Einigungsstelle ein nach anderen Rechtsvorschriften gegebener Rechtsweg nicht ausgeschlossen.
Nach § 76 Abs. 3 faßt die Einigungsstelle ihre Beschlüsse nach mündlicher Beratung mit Stimmenmehrheit. Bei der Beschlußfassung hat sich der Vorsitzende zunächst seiner Stimme zu enthalten. Erst wenn eine Stimmenmehrheit nicht zustandekommt, nimmt der Vorsitzende nach weiterer Beratung an der erneuten Beschlußfassung teil. Die Beschlüsse der Einigungsstelle sind schriftlich niederzulegen, vom Vorsitzenden zu unterschreiben und dem Arbeitgeber und Betriebsrat zuzuleiten.
Nach § 76 Abs. 4 können durch Betriebsvereinbarung weitere Einzelheiten des Verfahrens vor der Einigungsstelle geregelt werden.
Der Betriebsrat ist berechtigt, einen Rechtsanwalt seines Vertrauens mit der Wahrnehmung seiner Interessen vor der Einigungsstelle zu beauftragen, wenn der Regelungsgegenstand der Einigungsstelle schwirige Rechtsfragen aufwirft, die zwischen den Betriebspartnern umstritten sind, und kein Betriebsratsmitglied über den zur sachgerechten Interessenwahrnehmung notwendigen juristischen Sachverstand verfügt.
Für die Frage der Hinzuziehung eines Rechtsanwalts als Verfahrensbevollmächtigten des Betriebsrats vor der Einigungsstelle ist es rechtlich unbeachtlich, ob der Vorsitzende der Einigungsstelle die schriftliche Vorbereitung und die Darlegung der Standpunkte der Beteiligten vor der Einigungsstelle verlangt hat.

Der Betriebsrat ist berechtigt, einem Rechtsanwalt für die Wahrnehmung seiner Interessen vor der Einigungsstelle ein Honorar in Höhe der Vergütung eines betriebsfremden Beisitzers zuzusagen, wenn der von ihm ausgewählte Rechtsanwalt seines Vertrauens nur gegen eine derartige Honorarzahlung zur Mandatsübernahme bereit ist, und sich das Erfordernis einer derartigen Honorarvereinbarung daraus ergibt, daß der Gegenstandswert der anwaltlichen Tätigkeit nach billigem Ermessen zu bestimmen wäre.

Weiter ist der Betriebsrat grundsätzlich berechtigt, einem in einem anderen Betrieb des Unternehmens beschäftigten Betriebsratsmitglied für die Tätigkeit als Beisitzer in einer Einigungsstelle eine Honorarzusage zu machen, sofern seine Mitarbeit in der Einigungsstelle erforderlich ist, weil es hinsichtlich des Regelungsgegenstandes der Einigungsstelle über besondere Erfahrungen oder Erkenntnisse verfügt, und der Betriebsrat keinen betriebsangehörigen Arbeitnehmer, der sein Vertrauen genießt, mit vergleichbaren Erfahrungen und Kenntnissen findet.

VIII Wiederholungsfragen und Antworten[1]

1 Fragen

(§§ ohne nähere Bezeichnung sind solche des Betriebsverfassungsgesetzes)

1. Auf welchen Gebieten hat der Betriebsrat Mitwirkungsrechte?
2. Welche Gebiete zählen zu den wirtschaftlichen Angelegenheiten?
3. Welche Arten der Mitwirkung des Betriebsrats werden unterschieden?
4. Welche Gebiete können durch freiwillige Betriebsvereinbarungen geregelt werden?
5. Welche Unterrichtungsrechte des Betriebsrats gibt es hauptsächlich?
6. Wo ist definiert, was soziale Angelegenheiten im Sinne des Betriebsverfassungsgesetzes sind?
7. Was versteht man unter Fabrikations- und Fertigungsmethoden im Sinne von § 106 Abs. 3?
8. Was versteht man unter Produktionsprogramm im Sinn von § 106 Abs. 3?
9. Was versteht man unter Betriebsänderungen im Sinne von § 111 ?
10. Wer ist Arbeitnehmer im Sinne des Betriebsverfassungsgesetzes?
11. Wo findet sich eine Definition, wer Arbeiter und Angestellter im Sinne des Betriebsverfassungsgesetzes ist?
12. Wo findet sich eine Aufstellung, welche Personen zu den Angestellten gehören?
13. Wer ist leitender Angestellter im Sinne des Betriebsverfassungsgesetzes?
14. Welche Rechtswirkung hat es, wenn der Betriebsrat vor einer Kündigung nicht gehört wird?
15. Was versteht man unter „Allgemeine Aufgaben" des Betriebsrats?
16. Was sind typische Schutzbestimmungen für den Betriebsrat?
17. Was versteht man unter Betriebs- und Geschäftsgeheimnissen?
18. Welche Maßnahmen können bei Pflichtverletzungen des Betriebsrats getroffen werden?
19. Welche Ausschlußgründe bestehen für den Betriebsrat aus seinem Amt?
20. Wie ist die betriebliche Einigungsstelle besetzt?

---

[1] Ergänzend wird auf das vom gleichen Autor im gleichen Verlag erschienene Buch „600 Fragen und Antworten aus dem Arbeits- und Betriebsverfassungsrecht" verwiesen (3. Aufl. 1995).

21. Was versteht man unter einem sog. erzwingbaren Einigungsverfahren?
22. Wie lange erstreckt sich die Geheimhaltungspflicht des Betriebsrats über Dinge, die er kraft seines Amtes erfährt?
23. Welche Bedeutung hat es für einen Arbeitnehmer, wenn der Betriebsrat einer ordentlichen Kündigung seitens des Arbeitgebers frist- und formgerecht widerspricht?
24. Beeinträchtigt die Zustimmung des Betriebsrats zu einer fristgemäßen Kündigung seitens des Arbeitgebers die Klagemöglichkeit des Arbeitnehmers nach dem Kündigungsschutzgesetz?
25. Ergeben sich unterschiedliche Rechtsfolgen in Bezug auf eine vom Arbeitgeber ausgesprochene Kündigung, wenn der Betriebsrat
    a) der Kündigung ausdrücklich zustimmt oder
    b) der Kündigung ausdrücklich widerspricht?
26. Welche Bedeutung hat es, wenn der Betriebsrat im Anhörungsverfahren zu einer Kündigung seitens des Arbeitgebers schweigt?
27. Welche beiden Voraussetzungen müssen gegeben sein, damit ein Arbeitnehmer seinen Weiterbeschäftigungsanspruch gegen den Arbeitgeber nach § 102 Abs. 5 geltend machen kann?
28. Was heißt hören des Betriebsrats im Sinne von § 102 Abs. 1 S. 1?
29. Wann hat der Betriebsrat bei Kündigungen seitens des Arbeitgebers ein echtes Mitbestimmungsrecht?
30. Kann der Betriebsrat generell seine Zustimmung zu einer personellen Einzelmaßnahme im Sinne von § 99 Abs. 1 verweigern?
31. Was versteht man unter personellen Einzelmaßnahmen im Sinne des Betriebsverfassungsgesetzes?
32. Wann liegt eine Versetzung im Sinne des Betriebsverfassungsgesetzes vor?
33. Bei welchen Arbeitnehmern liegt bei einer erheblichen Veränderung der Arbeitsbedingungen keine Versetzung im Sinne von § 95 Abs. 3 vor?
34. In welchen Betrieben kann der Betriebsrat die Aufstellung von Richtlinien über die personelle Auswahl bei Einstellungen, Versetzungen, Umgruppierungen und Kündigungen verlangen?
35. Welches Recht hat der Betriebsrat, wenn der Arbeitgeber trotz seines Verlangens eine innerbetriebliche Stellenausschreibung nach § 93 nicht vornimmt?
36. Welches sind wesentliche Initiativrechte des Betriebsrats?
37. Welches sind wesentliche Überwachungsrechte des Betriebsrats?
38. Welches sind wesentliche Mitbestimmungsrechte des Betriebsrats?
39. Kann der Betriebsrat die Errichtung einer Sozialeinrichtung im Sinne von § 87 Abs. 1 Ziff. 8 erzwingen oder ihre Abschaffung verhindern?
40. Bei welchen Personen hat der Betriebsrat kein Einsichtsrecht in die Bruttolohn- und Gehaltslisten?

41. Wann entscheidet die betriebliche Einigungsstelle verbindlich, wenn zwischen Arbeitgeber und Betriebsrat keine Einigung erzielt werden kann?
42. Welche Arbeitnehmer haben das aktive, welche das passive Wahlrecht zum Betriebsrat?
43. Welchen Schutz hat der Betriebsrat gegenüber einer vom Arbeitgeber ausgesprochenen fristgemäßen Kündigung?
44. Unter welchen Voraussetzungen kann bei Vorliegen eines Grundes nach § 626 BGB einem Mitglied des Betriebsrats fristlos gekündigt werden?
45. Wann ist die Zuständigkeit des Gesamtbetriebsrats gegeben?
46. Unter welchen Voraussetzungen kann ein Konzernbetriebsrat errichtet werden?
47. Wie lange ist die regelmäßige Amtszeit des Betriebsrats?
48. In weicher Vorschrift sind die sog. „Allgemeinen Aufgaben" des Betriebsrats enthalten?
49. Wann haben die Jugendvertreter in den Sitzungen des Betriebsrats Stimmrecht?
50. Was ist entscheidend zur Beantwortung der Frage, ob der Betriebsrat bei der Einführung und Anwendung von technischen Einrichtungen im Sinne von § 87 Abs. 1 Ziff. 6, die dazu bestimmt sind, das Verhalten oder die Leistung der Arbeitnehmer zu überwachen, ein Mitbestimmungsrecht hat oder nicht?

2 Antworten

(§§ ohne nähere Bezeichnung sind solche des Betriebsverfassungsgesetzes)

1. Der Betriebsrat hat Mitwirkungsrechte auf den Gebieten:
   Personelle Angelegenheiten
   Fragen der Berufsbildung
   Soziale Angelegenheiten
   Wirtschaftliche Angelegenheiten.
2. Zu den wirtschaftlichen Angelegenheiten im Sinne von § 106 Abs. 3 gehören:
   1. die wirtschaftliche und finanzielle Lage des Unternehmens
   2. die Produktions- und Absatzlage
   3. das Produktions- und Investitionsprogramm
   4. Rationalisierungsvorhaben
   5. Fabrikations- und Arbeitsmethoden, insbesondere die Einführung neuer Arbeitsmethoden
   6. die Einschränkung oder Stillegung von Betrieben oder von Betriebsteilen
   7. die Verlegung von Betrieben oder Betriebsteilen
   8. der Zusammenschluß von Betrieben
   9. die Änderung der Betriebsorganisation oder des Betriebszwecks sowie

10. sonstige Vorgänge oder Vorhaben, welche die Interessen der Arbeitnehmer wesentlich berühren können.
3. Die Mitwirkung des Betriebsrats gliedert sich in:
   1. Unterrichtungsrechte
   2. Beratungsrechte und Ansprüche auf Hinzuziehung
   3. Anhörungsrechte
   4. Vetorechte
   5. Initiativrechte
   6. Überwachungsrechte
   7. Mitbestimmungsrechte.
4. Nach § 88 können durch freiwillige Betriebsvereinbarungen geregelt werden:
   1. Zusätzliche Maßnahmen zur Verhütung von Arbeitsunfällen und Gesundheitsschädigungen
   2. die Errichtung von Sozialeinrichtungen, deren Wirkungsbereich auf den Betrieb, das Unternehmen oder den Konzern beschränkt ist;
   3. Maßnahmen zur Förderung der Vermögensbildung.
5. Personalplanung (§ 92) Wirtschaftliche Angelegenheiten (§ 106), Planung von Arbeitsplätzen (§ 90 Ziff. 4), Förderung der Berufsbildung (§ 96 Abs. 1) und Planung von technischen Anlagen (§ 90 Ziff. 2).
6. Die sozialen Angelegenheiten im Sinne des Betriebsverfassungsgesetzes sind definiert in § 87 Abs. 1.
7. Unter Fabrikations- und Fertigungsmethoden im Sinne von § 106 Abs. 3 versteht man die organisatorische und technologische Bestimmung der Herstellungsprozesse einschließlich deren technische Herstellungsmethoden.
8. Unter Produktionsprogramm im Sinne von § 106 Abs. 3 versteht man die ganze Breite von der Planung, Werbung, PR, Herstellung und des Vertriebs einschließlich des dazu gehörenden Investitionsprogramms eines Produktes bzw. einer Produktgruppe.
9. Unter Betriebsänderungen im Sinne von § 111 versteht man: Einschränkung und Stillegung des ganzen Betriebs oder von wesentlichen Betriebsteilen; Verlegung des ganzen Betriebs oder von wesentlichen Betriebsteilen; Zusammenschluß mit anderen Betrieben; Grundlegende Änderungen der Betriebsorganisation, des Betriebszwecks oder der Betriebsanlagen; Einführung grundlegend neuer Arbeitsmethoden und Fertigungsverfahren.
10. Arbeitnehmer im Sinne des Betriebsverfassungsgesetzes sind gem. § 5 Abs. 1 Arbeiter und Angestellte einschließlich der zu ihrer Berufsausbildung Beschäftigten.
11. Eine Definition, wer Arbeiter und Angestellter im Sinne des Betriebsverfassungsgesetzes ist, findet sich in § 6 Abs. 1 (Arbeiter) und § 6 Abs. 2 (Angestellter).

12. Eine Aufstellung von Personen, die zu den Angestellten gehören, findet sich in § 133 Abs.2 SGB VI.
13. Leitender Angestellter im Sinne des Betriebsverfassungsgesetzes ist nach § 5 Abs. 3, wer
    1. zur selbständigen Einstellung und Entlassung von im Betrieb oder in der Betriebsabteilung beschäftigten Arbeitnehmern berechtigt ist oder
    2. Generalvollmacht oder Prokura hat und die Prokura auch im Verhältnis zum Arbeitgeber nicht unbedeutend ist oder
    3. regelmäßig sonstige Aufgaben wahrnimmt, die für den Bestand und die Entwicklung des Unternehmens oder eines Betriebs von Bedeutung sind und deren Erfüllung besondere Erfahrungen und Kenntnisse voraussetzt, wenn er dabei entweder die Entscheidungen im wesentlichen frei von Weisungen trifft oder sie maßgeblich beeinflußt; dies kann auch bei Vorgaben insbesondere aufgrund von Rechtsvorschriften, Plänen oder Richtlinien sowie bei Zusammenarbeit mit anderen leitenden Angestellten gegeben sein.

    Leitender Angestellter nach Abs. 3 Nr. 3 ist gem. § 5 Abs. 4 im Zweifel, wer
    1. aus Anlaß der letzten Wahl des Betriebsrats, des Sprecherausschusses oder von Aufsichtsratsmitgliedern der Arbeitnehmer oder durch rechtskräftige gerichtliche Entscheidung den leitenden Angestellten zugeordnet worden ist oder
    2. einer Leitungsebene angehört, auf der in dem Unternehmen überwiegend leitende Angestellte vertreten sind, oder
    3. ein regelmäßiges Jahresarbeitsentgelt erhält, das für leitende Angestellte in dem Unternehmen üblich ist, oder,
    4. falls auch bei der Anwendung der Nummer 3 noch Zweifel bleiben, ein regelmäßiges Jahresarbeitsentgelt erhält, das das Dreifache der Bezugsgröße nach § 18 des Vierten Buches Sozialgesetzbuch überschreitet.
14. Die Kündigung ist nach § 102 Abs. 1 S. 3 unwirksam.
15. Zu den „Allgemeinen Aufgaben" des Betriebsrats gehört es, nach § 80 Abs. 1 Ziff. 1 darüber zu wachen, daß die zugunsten der Arbeitnehmer geltenden Gesetze, Verordnungen, Unfallverhütungsvorschriften, Tarifverträge und Betriebsvereinbarungen durchgeführt werden.
16. Typische Schutzbestimmungen für den Betriebsrat sind z.B. das Verbot der Beeinträchtigung seiner Tätigkeit, z.B. nach den §§ 76, 78 und 86, die Sicherung seiner Unabhängigkeit sowie der erschwerte Kündigungsschutz (§ 15 KSchG in Verbindung mit § 103).
17. Betriebs- und Geschäftsgeheimnisse sind Tatsachen, die im Zusammenhang mit dem Geschäftsbetrieb stehen, nicht offenkundig und nach dem Willen des Betriebsinhabers geheimzuhalten sind und an deren Geheimhaltung ein begründetes Interesse besteht.

18. Bei Pflichtverletzungen des Betriebsrats kann nach § 23 Abs. 1 sein Ausschluß aus dem Betriebsrat beantragt werden.
19. Ausschlußgründe sind z.B. Aufruf zu einem Streik, Verletzung der Schweigepflicht, Mißbrauch des Betriebsratsamts zu Lasten des Betriebes, Nichtbeachtung von Schutzvorschriften und Abschluß einer Betriebsvereinbarung entgegen § 77 Abs. 3.
20. Die betriebliche Einigungsstelle besteht nach § 76 Abs. 2 aus einem unparteiischen Vorsitzenden und einer gleichen Zahl von Beisitzern, die vom Arbeitgeber und Betriebsrat bestellt werden.
21. Beim erzwingbaren Einigungsverfahren ersetzt der Spruch der Einigungsstelle die Einigung zwischen den Parteien.
22. Die Geheimhaltungspflicht des Betriebsrats endet weder mit der Beendigung seines Amtes noch mit dem Ausscheiden aus dem Betrieb.
23. Wenn der Betriebsrat einer ordentlichen Kündigung durch den Arbeitgeber frist- und ordnungsgemäß widersprochen und der Arbeitnehmer nach dem Kündigungsschutzgesetz Klage auf Feststellung erhoben hat, daß das Arbeitsverhältnis durch die Kündigung nicht aufgelöst ist, so muß der Arbeitgeber auf Verlangen de Arbeitnehmers diesen nach Ablauf der Kündigungsfrist bis zum rechtskräftigen Abschluß des Rechtsstreits bei unveränderten Arbeitsbedingungen weiterbeschäftigen.
24. Die Klagemöglichkeit eines Arbeitnehmers nach dem Kündigungsschutzgesetz gegen eine vom Arbeitgeber ausgesprochene Kündigung wird durch die Zustimmung des Betriebsrats zur Kündigung weder ausgeschlossen noch eingeschränkt.
25. Ob der Betriebsrat einer vom Arbeitgeber ausgesprochenen Kündigung ausdrücklich zustimmt oder ihr widerspricht, ist in Bezug auf die Rechtswirksamkeit der Kündigung ohne Bedeutung.
26. Schweigt der Betriebsrat im Anhörungsverfahren auf eine vom Arbeitgeber ausgesprochene Kündigung, so gilt nach § 102 Abs. 2 S. 2 seine Zustimmung zur Kündigung als erteilt.
27. Wenn ein Arbeitnehmer seinen Weiterbeschäftigungsanspruch aus § 102 Abs. 5 gegen den Arbeitgeber geltend machen will, muß der Betriebsrat der Kündigung durch den Arbeitgeber frist- und formgemäß widersprochen und der Arbeitnehmer nach dem Kündigungsschutzgesetz Klage auf Feststellung erhoben haben, daß das Arbeitsverhältnis durch die Kündigung nicht aufgelöst ist.
28. „Hören" im Sinne von § 102 Abs. 1 S. 1 heißt, daß der Arbeitgeber dem Betriebsrat die Person des Arbeitnehmers, dem gekündigt werden soll, bezeichnet, die Art der Kündigung (z.B. ordentliche oder außerordentliche), ggf. auch den Kündigungstermin, angibt und ihm die Gründe für die Kündigung mitteilt (§ 102 Abs. 1 S. 2).

29. Der Betriebsrat hat bei Kündigungen seitens des Arbeitgebers nur dann ein echtes Mitbestimmungsrecht, wenn nach § 102 Abs. 6 durch Betriebsvereinbarung vereinbart ist, daß Kündigungen der Zustimmung des Betriebsrats bedürfen.
30. Der Betriebsrat kann seine Zustimmung zu einer personellen Einzelmaßnahme im Sinne von § 99 Abs. 1 nur verweigern, wenn einer der in § 99 Abs. 2 genannten sechs Gründe vorliegt.
31. Personelle Einzelmaßnahmen im Sinne des Betriebsverfassungsgesetzes (§ 99 Abs. 1) sind Einstellungen, Eingruppierungen, Umgruppierungen und Versetzungen.
32. Eine Versetzung im Sinne des Betriebsverfassungsgesetzes liegt nach § 95 Abs. 3 dann vor, wenn die Zuweisung eines anderen Arbeitsbereichs voraussichtlich die Dauer von einem Monat überschreitet oder diese mit einer erheblichen Änderung der Umstände verbunden ist, unter denen die Arbeit zu leisten ist.
33. Eine erhebliche Änderung der Arbeitsbedingungen ist bei denjenigen Arbeitnehmern keine Versetzung im Sinne von § 95 Abs. 3, die nach der Eigenart ihres Arbeitsverhältnisses üblicherweise nicht ständig an einem bestimmten Arbeitsplatz beschäftigt werden.
34. Der Betriebsrat kann nach § 95 Abs. 2 in Betrieben mit mehr als 1000 Arbeitnehmern die Aufstellung von Richtlinien über die personelle Auswahl bei Einstellungen, Versetzungen, Umgruppierungen und Kündigungen verlangen.
35. Unterläßt der Arbeitgeber eine innerbetriebliche Stellenausschreibung, obwohl der Betriebsrat dies ausdrücklich verlangt hat, so kann der Betriebsrat nach § 99 Abs. 2 Ziff. 5 seine Zustimmung zur Einstellung verweigern.
36. Initiativrechte des Betriebsrats sind z.B. enthalten in § 93 (Verlangen der innerbetrieblichen Stellenausschreibung), § 95 (Verlangen der Aufstellung von Auswahlrichtlinien für Einstellungen, Versetzungen, Umgruppierungen und Kündigungen) und § 96 (Beratung über Fragen der Berufsbildung).
37. Überwachungsrechte des Betriebsrats sind z.B. enthalten in § 80 Abs. 1 Ziff. 1 (Durchführung der zugunsten der Arbeitnehmer geltenden Gesetze, Verordnungen, Unfallverhütungsvorschriften, Tarifverträge und Betriebsvereinbarungen) und § 84 Abs. 1 S. 2 (Unterstützung der Arbeitnehmer bei der Ausübung ihres Beschwerderechts).
38. Mitbestimmungsrechte des Betriebsrats sind z.B. enthalten in § 87 Abs. 1 Ziff. 1–12 (sog. soziale Angelegenheiten), § 94 (inhaltliche Gestaltung des Personalfragebogens), § 95 (Aufstellung von Auswahlrichtlinien für Einstellungen, Versetzungen, Umgruppierungen und Kündigungen), § 91 (Änderung der Arbeitsplätze, des Arbeitsablaufs oder der Arbeitsumgebung gegen die gesicherten arbeitswissenschaftlichen Erkenntnisse über die

menschengerechte Gestaltung der Arbeit) und § 102 Abs. 6 (Mitbestimmung bei Kündigungen aufgrund einer Betriebsvereinbarung).
39. Der Betriebsrat kann weder die Errichtung einer Sozialeinrichtung erzwingen noch deren Abschaffung verhindern; sein Mitbestimmungsrecht bezieht sich nach § 87 Abs. 1 Ziff. 8 lediglich auf Form, Ausgestaltung und Verwaltung von Sozialeinrichtungen.
40. Der Betriebsrat hat kein Einsichtsrecht in die Bruttogehaltslisten von leitenden Angestellten im Sinne des Betriebsverfassungsgesetzes.
41. Wenn zwischen Arbeitgeber und Betriebsrat keine Einigung erzielt werden kann, entscheidet die betriebliche Einigungsstelle verbindlich, z.B. in den Fällen von § 87 (soziale Angelegenheiten), § 94 (Personalfragebogen und Beurteilungsgrundsätze) und § 95 (Auswahlrichtlinien).
42. Das aktive Wahlrecht haben nach § 7 alle Arbeitnehmer, die das 18. Lebensjahr vollendet haben. Das passive Wahlrecht steht nach § 8 Abs. 1 allen Wahlberechtigten zu, die sechs Monate dem Betrieb angehören oder als in Heimarbeit Beschäftigte in der Hauptsache für den Betrieb gearbeitet haben.
43. Nach § 15 Abs. 1 KSchG ist die fristgemäße Kündigung eines Betriebsrats während seiner Amtszeit und bis zu einem Jahr danach unzulässig.
44. Einem Mitglied des Betriebsrats kann vom Arbeitgeber bei Vorliegen eines Grundes nach § 626 BGB nur dann fristlos gekündigt werden, wenn der Betriebsrat als Gremium der Kündigung nach § 103 Abs. 1 zustimmt.
45. Der Gesamtbetriebsrat ist nach § 50 zuständig für die Behandlung von Angelegenheiten, die das Gesamtunternehmen oder mehrere Betriebe betreffen und die nicht durch die einzelnen Betriebsräte innerhalb ihrer Betriebe geregelt werden können.
46. Ein Konzernbetriebsrat kann nach § 54 Abs. 1 S. 2 dann errichtet werden, wenn die Zustimmung der Gesamtbetriebsräte der Konzernunternehmen vorliegt, in denen insgesamt mindestens 75 vom Hundert der Arbeitnehmer der Konzernunternehmen beschäftigt sind.
47. Die regelmäßige Amtszeit des Betriebsrats beträgt nach § 21 S. 1 vier Jahre.
48. Die sog. „Allgemeinen Aufgaben" des Betriebsrats sind in § 80 Abs. 1 enthalten.
49. Die Jugendvertreter haben bei den Sitzungen des Betriebsrats nach § 67 Abs. 2 dann Stimmrecht, soweit die zu fassenden Beschlüsse des Betriebsrats überwiegend jugendliche Arbeitnehmer betreffen.
50. Ob der Betriebsrat bei der Einführung und Anwendung von technischen Einrichtungen im Sinne von § 87 Abs. 1 Ziff. 6 ein Mitbestimmungsrecht hat oder nicht, ist davon abhängig, ob die betr. technische Einrichtung überwiegend zur Kontrolle der Maschine oder des Verhaltens oder der Leistung der Arbeitnehmer bestimmt ist.

IX Literaturverzeichnis (Auswahl)

Bakopoulos, K.: Zuständigkeitsverteilung zwischen tarifvertraglicher und innerbetrieblicher Normsetzung, Berlin 1991, Verlag Duncker & Humblot

Bauer, Jobst-Hubertus: Sprecherausschußgesetz mit Wahlordnung, 2. Aufl. München 1990, Verlag Beck

Beck, Friedhelm: Die Mitbestimmung des Betriebsrats bei der Einführung und Anwendung der Personalinformationssysteme, Frankfurt 1987, Europäische Wirtschaftsschriften

Belling Detlev W.-. Die Haftung des Betriebsrats und seiner Mitglieder für Pflichtverletzungen, Tübingen 1990, Verlag Mohr

Bengelsdorf/Ebert: Einigungsstelle – Beteiligte, Verfahren und Kosten, Neuwied 2000, Luchterhand Verlag

Bensinger, Günther: Muster einer Arbeitsordnung und anderer Betriebsvereinbarungen über soziale Angelegenheiten, 3. Aufl. Stuttgart 1991, Boorberg Verlag

Berg/Bobke: Das Betriebsverfassungsgesetz, 2. Aufl. Stuttgart, Boorberg Verlag

Berg/Schneider: Formularmappe Betriebsratswahl, 3. Aufl. Frankfurt 1997, Bund-Verlag

Berkowsky, Wilfried: Die Beteiligung des Betriebsrats bei Kündigungen, München 1996, Verlag Beck

Besgen/Bleistein/Jüngst: Betriebsverfassungsrecht, Bonn 1991, Stollfuss Verlag

Biebl, Josef: Das Restmandat des Betriebsrats nach Betriebsstilllegung, Berlin 1991, Verlag Duncker & Humblot

Bierbach/Nagel: Leitfaden zum Betriebsverfassungsgesetz, München 1975, Verlag Franz Rehm

Birk, Ulrich-Arthur: Die Mitbestimmung des Betriebsrats bei der betrieblichen Altersversorgung, Köln 1983, Bund-Verlag

Blank/Geissler/Jaeger: Euro-Betriebsräte, Frankfurt 1996, Bund-Verlag

Blanke/Berg u.a.: Betriebsratswahl, 3. Aufl. Frankfurt 1997, Bund-Verlag

Blanke, Thomas: Europäisches Betriebsräte-Gesetz, Baden-Baden 1998, Nomos Verlagsgesellschaft

Bleistein, Franzjosef: Betriebsverfassung in der Praxis, 3. Aufl. Bonn 1977, Verlag Stollfuss

Bösche, Burchard: Die Rechte des Betriebsrats bei Kündigungen, Köln 1979, Bund-Verlag

Böttcher, Inge: Rechte des Betriebsrats bei personellen Einzelmaßnahmen, 2. Aufl. Frankfurt 1997, Bund-Verlag

dies.: Geschäftsführung des Betriebsrats, Köln 1994, Bund-Verlag

Böttcher/Krüger, Ungeschützte Beschäftigungsverhältnisse, Köln 1995, Bund-Verlag

Boewer, Dietrich: Die Betriebsratswahl, 3. Aufl. Köln 1994, Datakontext-Verlag

Bopp, Peter: Beteiligung des Betriebsrats bei Kündigungen, 3. Aufl. Stuttgart 1991, Boorberg Verlag

ders.: Beteiligung des Betriebsrats bei Einstellung und Versetzung, 3. Aufl. Stuttgart 1991, Boorberg Verlag
Bopp/Frey u.a.: Betriebsratswahlen leicht gemacht, Freiburg 1990, Haufe-Verlag
Bosch/Engelhardt u.a.: Arbeitszeitverkürzung im Betrieb, Köln 1988, Bund-Verlag
Bosch/Kohl/Schneider: Handbuch Personalplanung, Köln 1995, Bund-Verlag
Bracker, Ulrich: Betriebsübergang und Betriebsverfassung, Berlin 1979, Verlag Duncker & Humblot
Breisig, Thomas: Personalentwicklung und Qualifizierung als Handlungsfeld des Betriebsrats, Baden-Baden, 1997 Nomos Verlagsgesellschaft
ders.: Gruppenarbeit und ihre Regelung durch Betriebsvereinbarung, Frankfurt 1997, Bund-Verlag
Brill, Werner: Der Arbeitgeber in der Betriebsversammlung, BB 1983, 1869
Buchner, Herbert: Fälle zum Wahlfach Mitbestimmungs-, Betriebsverfassungs-, Personalvertretungsrecht, 2. Aufl. München 1994, Verlag Beck
Burghardt, Heinz: Die Handlungsmöglichkeiten des Betriebsrats, Köln 1979, Bund-Verlag
Dachrodt, Heinz-G.: Unternehmensführung und Betriebsrat, Köln 1988, Bund-Verlag
Dachrodt/Eberhard/Meier: Der erfolgreiche Betriebsrat, 10. Auflage, Frankfurt 1999, Bund-Verlag
dies.: Wie führt man eine Betriebsversammlung durch? Köln 1990, Bund-Verlag
Dachrodt/Engelbert//Schweda: Erfolgreiche Betriebsratsausschlüsse, 3. Aufl. Köln 1997, Bund-Verlag
Däubler, Peter: Schulung und Fortbildung von betrieblichen Interessenvertretern, 4. Aufl. Köln 1995, Bund-Verlag
Däubler, Wolfgang: Gewerkschaftsrechte im Betrieb, 9. Aufl. Neuwied 1998, Luchterhand Verlag
Däubler/Kittner/Klebe: Kommentar zum Betriebsverfassungsgesetz, 6. Aufl. Frankfurt 1998, Bund-Verlag
Dietz/Richardi: Kommentar zum Betriebsverfassungsgesetz, 6. Aufl. München 1981/82, Verlag Beck
Dudenbostel, Karl: Hausrecht, Leistungsmacht und Teilnahmebefugnis in der Betriebsversammlung, Berlin 1978, Verlag Duncker & Humblot
Düttman/Zachmann: Betriebsverfassung in Frage und Antwort, Bd. 1, 11, V, München 1972 und 1973, Verlag Beck
Ehmann, H.: Arbeitsschutz und Mitbestimmung bei neuen Technologien, Berlin 1981, Verlag Duncker & Humblot
Eichhorn/Hickler/Steinmann: Handbuch Betriebsvereinbarung, 2. Aufl. Frankfurt 1998, Bund-Verlag
Ellenbeck, Frank: Die Grundrechtsfähigkeit des Betriebsrats, Berlin 1996, Verlag Duncker & Humblot
Engels, Gerd: Die Wahl von Sprecherausschüssen der leitenden Angestellten, Heidelberg 1990, Verlag Recht und Wirtschaft
Erdmann/Jürging/Kammann: Betriebsverfassungsgesetz, Kommentar für die Praxis, Neuwied 1972, Luchterhand Verlag

Esser, Axel: Effektive Interessenvertretung, Frankfurt 1998, Bund-Verlag
Etzel, Gerhard: Betriebsverfassungsrecht, 6. Aufl. Neuwied 1998, Luchterhand Verlag
Fabricius, Fritz: Kommentar zu § 118 BVG, Neuwied 1985, Luchterhand Verlag
Fabricius/Kraft u.a.: Gemeinschaftskommentar zum Mitbestimmungsgesetz, 6. Aufl. Neuwied 1998, Luchterhand Verlag
Felser/Growe/Roos: Rechte des Betriebsrats und ihre Durchsetzung, Frankfurt 1999, Bund-Verlag
Fiebig, Andreas: Der Ermessensspielraum der Einigungsstelle, Berlin 1992, Verlag Duncker & Humblot
Fischer, Christian: Die tarifwidrigen Betriebsvereinbarungen, München 1998, Verlag Beck
Fitting/Auffarth/Kaiser: Betriebsänderung, Sozialplan und Konkurs, München 1986, Verlag Vahlen
Fitting/Engels/Kaiser/Heither/: Betriebsverfassungsgesetz, 19. Aufl. München 1998, Verlag Vahlen
Fluck/Honnen/Zender: Betriebsverfassungsgesetz, Regensburg 1993, Wahlhalla-Verlag
Förster/Geisier u.a.: Ergonomie, Köln 1981, Bund-Verlag
Franz, Astrid: Personalinformationssysteme und Betriebsverfassung, Köln 1983, Bund-Verlag
Frauenkron, Karl-Peter: Betriebsverfassungsgesetz, Baden-Baden 1980, Nomos Verlag
Freigang, Margit: Gesundheitsschutz im Betrieb, Köln 1993, Bund-Verlag
Frey/Pulte: Betriebsvereinbarungen in der Praxis, 2. Aufl. München 1997, Verlag Beck
Fricke/Peter/Pöhler: Beteiligen, Mitgestalten, Mitbestimmen, Köln 1982, Bund-Verlag
Fricke/Grimberg/Wolter: Die Betriebsratswahl – perfekt vorbereitet und erfolgreich durchgeführt, 3. Aufl. Köln 1991, Bund-Verlag
Fuchs, Karl-Detlef: Die gesicherten arbeitswissenschaftlichen Erkenntnisse, Frankfurt, Campus-Verlag
Fuchs/Kühner: Geschäftsführung des Betriebsrats, Köln 1994, BundVerlag
Galperin/Löwisch/Marienhagen: Kommentar zum Betriebsverfassungsgesetz, 6. Aufl. Heidelberg 1982, Verlag Recht und Wirtschaft
Gamillscheg, Franz: Kollektives Arbeitsrecht, 7. Aufl. München 1997, Verlag Beck
Gaul, Dieter: Die betriebliche Einigungsstelle, 2. Aufl. Freiburg 1980, Haufe Verlag
ders.: Betriebsvereinbarungen über Akkordlohn, 4. Aufl. Heidelberg 1983, Verlag Recht und Wirtschaft
Gaul/Gajewski: Die Betriebsänderung, Ehningen 1993, expert verlag
Glaubrecht/Halberstadt/Zander: Betriebsverfassung in Recht und Praxis, Freiburg, Haufe Verlag
Gnade/Kehrmann/Schneider/Blanke/Klebe: Kommentar zum Betriebsverfassungsgesetz, 7. Aufl. Frankfurt 1997, Bund-Verlag
Goldschmidt, Ulrich: Sprecherausschuss, Neuwied 2000, Luchterhand Verlag
Grauvogel/Hase/Röhricht: Wirtschaftsausschuss und Betriebsrat, Neuwied 1996, Luchterhand Verlag
Growe, Dietrich: Ordnungswidrigkeitenverfahren nach dem Betriebsverfassungsrecht, Köln 1990, Bund-Verlag

Gussen, Heinz: Die Fortgeltung von Betriebsvereinbarungen und Tarifverträgen beim Betriebsübergang, Bielefeld, Erich Schmidt Verlag
Haberkorn, Kurt: Mitbestimmungsfibel, Grafenau 1976, Lexika-Verlag
ders.: Mitbestimmungsrechte des Betriebsrats in personellen und sozialen Angelegenheiten, Gernsbach 1978, Deutscher Betriebswirte-Verlag GmbH
ders.: Arbeitsrecht, 10. Aufl. Renningen 2000, expert verlag
ders.: Mitbestimmung des Betriebsrats bei der Lohnregelung, Jahrbuch für Praktiker des Rechnungswesens, 1982, S. 325
ders.: Mitwirkung des Betriebsrats im personellen Bereich, Krankenhaus + Altenheim Beschaffung 1985, Heft 2, S. 8
ders.: Die Betriebsversammlung, Renningen 1994, expert verlag
ders.: 600 Fragen und Antworten aus dem Arbeitsrecht, 3. Aufl. Renningen 1995, expert verlag
Hässler, Manfred: Die Geschäftsführung des Betriebsrats, 5. Aufl. Heidelberg 1984, Verlag Recht und Wirtschaft, Heidelberg
Halberstadt, Gerhard: Kurzkommentar Betriebsverfassung, 2. Aufl. Freiburg 1992, Haufe Verlag
ders.: Das Recht der Betriebsräte, 2. Aufl. Freiburg 1991, Haufe Verlag
Halser, Ulrich: Die Betriebsvereinbarung, 2. Aufl. Berlin 1995, Erich Schmidt Verlag
Hamm, Ingo: Sozialplan und Interessenausgleich. 2. Aufl. Frankfurt 1997, Bund-Verlag
Hamm/Rupp: Betriebsänderungen − Interessenausgleich Sozialplan, Neuwied 1997, Luchterhand Verlag
Hammer, Ulrich: Berufsbildung und Betriebsverfassung, Baden-Baden 1990, Nomos Verlagsgesellschaft
Hanel, Erich: Die innerbetriebliche Stellenausschreibung, Personal 1995,S.211
Hase/v. Neumann-Cosel/Rupp: Handbuch Interessenausgleich und Sozialplan, 3. Aufl. Frankfurt 1999, Bund-Verlag
Hase/v. Neumann-Cosel u.a.: Handbuch für die Einigungsstelle, 3. Aufl. Frankfurt 1998, Bund-Verlag
Heilmann, Joachim: Rauchen am Arbeitsplatz, Köln 1995, Bund-Verlag
Heimann/Kuda: Handbuch berufliche Bildung, Köln 1989, Bund-Verlag
Helms/Rehbock: Tips für neu- und wiedergewählte Betriebsratsmitglieder, Frankfurt 1998, Bund-Verlag
Hellmann, Johanna: Betriebsauflösung und Betriebsrat, Baden-Baden 1994, Nomos Verlagsgesellschaft
Hennecke, Rudolf: Bemessung von Arbeitsentgelt und allgemeine Zuwendungen für freigestellte Betriebsräte, BB 1986, 936
Hess/Schlochauer/Glaubitz: Komm. zum Betriebsverfassungsgesetz, 5. Aufl. Neuwied 1997, Luchterhand Verlag
Hinrichs, Werner: Anhörung des Betriebsrats bei Kündigungen, 3. Aufl. Frankfurt 1999, Bund-Verlag
v. Hoyningen-Huene, Gerrick: Betriebsverfassungsrecht, 4. Aufl. München 1998, Verlag Beck
v. Hoyningen-Huene/Boemke: Die Versetzung, Heidelberg 1991, Verlag Recht und Wirtschaft

Hromadka, Wolfgang: Die Betriebsverfassung, 2. Aufl. München 1994, Verlag Beck
ders.: Sprecherausschußgesetz, Neuwied 1991, Luchterhand Verlag
Huber/Ochs: Die Vertretung der Schwerbehinderten im Betrieb, Köln 1994, Bund-Verlag
Hüffner/Kerschner: Die Beteiligungsrechte des Betriebsrats im wirtschaftlichen Bereich, Berlin 1981, Erich Schmidt Verlag
Hunold, Wolf: 50 bewährte Muster-Betriebsvereinbarungen zwischen Arbeitgeber und Betriebsrat, Kissing 1981, WEKA-Verlag
ders.: Zweifelsfragen zum gesetzlichen Mitbestimmungsrecht des Betriebsrats, Kissing 1980, WEKA-Verlag
Jäcker, Hans: Die Einigungsstelle nach dem BetrVG 1972. Köln 1974. Bund-Verlag
Jahn, Lothar: Die Beteiligung des Betriebsrats bei arbeitskampfbedingten Maßnahmen des Arbeitgebers, Baden-Baden 1993, Nomos Verlagsgesellschaft
Jahnke, Volker: Tarifautonomie und Mitbestimmung, München 1984, Verlag Beck
Joachim/Etzel: Betriebsverfassungsgesetz von A - Z, 2. Aufl. Neuwied 1981, Luchterhand Verlag
Johannson, Kurt: Der Betriebsrat, 2. Aufl. Köln 1978, Bund-Verlag
Judith/Ratayczak: Die Praxis der Jugend- und Auszubildendenvertretung von A–Z, Frankfurt 1998, Bund-Verlag
Kaiser, Dagmar: Sprecherausschüsse für leitende Angestellte, Heidelberg 1995, Verlag Recht und Wirtschaft
Kalmund, Egon: Die Betriebsratswahl, 2. Aufl. München 1984, Verlag Franz Rehm
Kerschner/Zimmermann: Die Betriebsvereinbarung, Berlin 1981, Erich Schmidt Verlag
Kiefer/Schönland: Mitbestimmung bei der Gestaltung von Arbeitsplätzen, Köln 1988, Bund-Verlag
Kittner/Fuchs/Zachert: Arbeitnehmervertreter im Aufsichtsrat, 2. Aufl. Köln 1982, Bund-Verlag
Klebe/Trittin: Betriebsaufspaltung und Unternehmensteilung, Köln 1995, Bund-Verlag
Klinkhammer/Welslau: Europäische Betriebsräte in der Praxis, Neuwied 1996, Luchterhand Verlag
Knipper, Claudia: Das Arbeitsverhältnis des freigestellten Betriebsratsmitglieds, Baden-Baden 1992, Nomos Verlagsgesellschaft
Köchling, Annegret: Bildschirmarbeit, Köln 1984, Bund-Verlag
Konzen, Horst: Unternehmensaufspaltungen und Organisationsänderungen im Betriebsverfassungsrecht, Heidelberg 1986, Verlag Recht und Wirtschaft
Künzl, Reinhard: Arbeitsrecht II, München 1995, Verlag Vahlen
Lang/Meine/Ohl: Arbeit - Entgelt - Leistung, 2. Aufl. Köln 1996, Bund-Verlag
Langanke/Heuse: Tarifvertragsgesetz und Betriebsverfassungsgesetz, München 1991, Verlag Beck
Langner, G.: Das neue Betriebsverfassungsrecht, München 1990, Verlagsgruppe Jehle - Rehm
Leinemann, Wolfgang: Änderung von Arbeitsbedingungen durch Betriebsvereinbarungen, BB 1989, 1905
Leiss/Wurl: Rationelle Betriebsratsarbeit, 3. Aufl. Neuwied 1990, Luchterhand Verlag
Linnenkohl, Karl: Informationstechnologie und Mitbestimmung, Frankfurt 1989, Kommentator Verlag

Löwisch, Manfred: Komm. zum Sprecherausschußgesetz, 2. Aufl. Heidelberg 1994, Verlag Recht und Wirtschaft
ders.: Taschenkommentar zum Betriebsverfassungsgesetz, 4. Aufl. Heidelberg 1996, Verlag Recht und Wirtschaft
Magula-Lösche, A.: Der Umfang betrieblicher Mitbestimmung nach § 87 Abs. 1 Nr. 10 BetrVG bei der Vergabe freiwilliger betrieblicher Sozialleistungen, Berlin 1991, Verlag Duncker & Humblot
Martin, Renate: Interessenausgleich und Sozialplan, Berlin 1995, Erich Schmidt Verlag
Meier, Heinz-Otto: Interessenausgleich und Sozialplan, Köln 1983, Bund-Verlag
Meisel/Lipperheide: Die Mitwirkung und Mitbestimmung des Betriebsrats in personellen Angelegenheiten, 6. Aufl. Heidelberg 2000, Verlag Recht und Wirtschaft
Meyer, Wolfgang: Arbeitgeber und Betriebsrat, Stuttgart 1976, Boorberg Verlag
Moll, Wilhelm: Der Tarifvorrang im Betriebsverfassungsgesetz, Bielefeld 1980, Erich Schmidt Verlag
ders.: Die Mitbestimmung des Betriebsrats beim Entgelt, Berlin 1977, Verlag Duncker & Humblot
Mühlstädt, Eike: Die Betriebsversammlung, Köln 1996, Bund-Verlag
Müller-Franken, Sebastian: Die Befugnis zu Eingriffen in die Rechtsstellung der einzelnen durch Betriebsvereinbarungen, Berlin 1997, Verlag Duncker & Humblot
Muff/Steininger/Steinmann: Insolvenz des Arbeitgebers, Frankfurt 1997, Bund-Verlag
Neef/Tschöpe: Betriebsverfassungsrecht, München 1988, Verlag Beck
Neft/Ocker: Die Einigungsstelle im Betriebsverfassungsrecht, 2. Aufl. Berlin 1995, Erich Schmidt Verlag
Nielebock, Helga: Kurzarbeit, Köln 1994, Bund-Verlag
v. Neumann-Cosel/Rupp u.a.: Handbuch für den Wirtschaftsausschuß, 3. Aufl. Köln 1996, Bund-Verlag
Nick, Thomas: Konzernbetriebsrat und Sozialplan im Konzern, Berlin 1992, Verlag Duncker & Humblot
Niedenhoff, Horst-Udo: Handbuch für Betriebsversammlungen, 4. Aufl. Köln 1991, Deutscher Instituts-Verlag
Nielebock, Helga: Kurzarbeit, Frankfurt 1995, Bund-Verlag
Oechsler/Schönfeld: Die Einigungsstelle als Konfliktlösungsmechanismus, Frankfurt 1989, Kommentator Verlag
Oetker, Hartmut: Die Anhörung des Betriebsrates vor Kündigungen, Kiel 1987, Walter G. Mühlau-Verlag
ders.: Die Mitbestimmung der Betriebs- und Personalräte bei der Durchführung von Berufsbildungsmaßnahmen, Neuwied 1986, Luchterhand Verlag
Pahlen, Ronald: Der Grundsatz der Verhältnismäßigkeit und die Erstattung von Schulungskosten nach dem Betriebsverfassungsgesetz, Berlin 1979, Verlag Duncker & Humblot
Peltzer/Boer/Stewart: Betriebsverfassungsgesetz, Frankfurt 1983, Fritz Knapp Verlag
Pohle, Eckhard: Das Betriebsverfassungsgesetz in der Praxis, Wiesbaden 1979, Verlag Dr. Gabler
ders.: Taschenbuch zum Betriebsverfassungsrecht, Heidelberg 1999, Sauer-Verlag

Pornschlegel/Birkwald: Mitbestimmen im Betrieb bei Lohn und Leistung, Köln 1994/ 1995, Bund-Verlag
Pornschlegel/Rumpff/Gerhard: Die Betriebsvereinbarung, 2. Aufl. Köln 1975, Bund-Verlag
Pünnel/Kinold: Die Einigungsstelle des BetrVG 1972, 4. Aufl. Neuwied 1997, Luchterhand Verlag
Pulte, Peter: Interessenausgleich und Sozialplan, Heidelberg 1983, Verlag Recht und Wirtschaft
ders.: Beteiligungsrechte ausserhalb der Betriebsverfassung, Frankfurt 1997, Bund-Verlag
ders.: Personelle Mitbestimmung, 2. Aufl. Stuttgart 1991, Boorberg Verlag
ders.: Allgemeinverbindliche Tarifverträge, München 1998, Verlag Beck
ders.: Die Wahl des Betriebsrats, München 1991, Verlag Beck
ders.: Die Wahl der Jugend- und Auszubildendenvertretung, München 1992, Verlag Beck
Pulte/Westphal: Teilzeitarbeit und betriebliche Mitbestimmung, Neuwied 1997, Luchterhand Verlag
Rademacher, Ulf: Der Europäische Betriebsrat, Baden-Baden 1996, Nomos Verlagsgesellschaft
Rau, Henrike: Die Systematik der übertariflichen Zulagen, Berlin 1995, Verlag Duncker & Humblot
Reichold, Hermann: Betriebsverfassung als Sozialprivatrecht, München 1995, Verlag Beck
Richardi, Reinhard: Betriebsverfassungsgesetz, 7. Aufl. Müchen 1998, Verlag Beck
Rieble, Volker, Die Kontrolle des Ermessens der betriebsverfassungsrechtlichen Einigungsstelle, Heidelberg 1990, Verlag Recht und Wirtschaft
Rischar, Klaus: Erfolgreiches Verhandeln mit Betriebs- und Personalräten, Heidelberg 1985, Sauer-Verlag
Röder/Baeck: Interessenausgleich und Sozialplan, 2. Aufl. München 1997, Verlag Beck
Roos, Bernd: Rechte und Pflichten der Betriebsratsmitglieder, Frankfurt 1998, Bund-Verlag
Rosenfelder, Ulrich: Was darf der Betriebsrat? München 1984, Verlag Franz Rehm
ders.: Lexikon des Betriebsverfassungsrechts, Berlin 1992, Erich Schmidt Verlag
Rosset, Christoph: Rechtssubjektivität des Betriebsrats und Haftung seiner Mitglieder, Heidelberg 1985, Verlag Recht und Wirtschaft
Rüthers/Hacker: Das Betriebsverfassungsgesetz auf dem Prüfstand, Stuttgart 1983, Schäffer Verlag
Rumpft/Boewer: Mitbestimmung in wirtschaftlichen Angelegenheiten, 3. Aufl. Heidelberg 1990, Verlag Recht und Wirtschaft
Säcker, Jürgen: Das Betriebsverfassungsgesetz 1972 im Spiegel höchstrichterlicher Rechtsprechung, Köln 1983, Kommunikationsforum Recht Wirtschaft Steuern
Sahmer/Kriependorf: Betriebsverfassungsgesetz, Frankfurt, Kommentator-Verlag
Schaub, Günther: Der Betriebsrat, 7. Aufl. München 1999, Deutscher Taschenbuch-Verlag

Schaub/Kreft: Der Betriebsrat, 7. Aufl. München 2000, Verlag Beck
Schaub/Schindele: Kurzarbeit – Massenentlassung – Sozialplan, München 1993, Verlag Beck
Schmitz, Karl: Computernetze und Mitbestimmung, Köln 1997, Bund-Verlag
Schneider, Wolfgang: Betriebsratswahl, Köln 1978, Bund-Verlag
Schönfeld, Thorleif: Gewerkschaftliche Betätigung im Betrieb, BB 1989,1818
Schoof/Schmidt: Rechtsprechung für die Betriebsratspraxis von A bis Z, 2. Aufl. Frankfurt 1998, Bund-Verlag
Schwanecke, Roland: „Die grundlegende Änderung des Betriebszwecks" im Sinne des § 111 S. 2 Nr. 4 BetrVG 1972, Berlin 1990, Verlag Duncker & Humblot
Schwarz, Mathias: Arbeitnehmerüberwachung und Mitbestimmung, Berlin 1982, Verlag Duncker & Humblot
Schwarze, R.: Der Betriebsrat im Dienst der Tarifvertragsparteien, Berlin 1991, Verlag Duncker & Humblot
Sommer, Marcus: Die Kündigung von Betriebsvereinbarungen über betriebliche Sozialleistungen, Berlin 1997, Verlag Duncker & Humblot
Spie/Meissner: Interessenausgleich und Sozialplan, Heidelberg 2000, Sauer-Verlag
Spie/Piesker: Beteiligungsrechte von Betriebsrat und Arbeitnehmern im Rahmen des Betriebsverfassungsrechts, BB 1981, 796
Spilger, Andreas Michael: Tarifvertragliches Betriebsverfassungsrecht, Berlin 1988, Verlag Duncker & Humblot
Stege/Weinspach: Betriebsverfassungsgesetz, Komm. 6. Aufl. Köln 1990, Deutscher Instituts-Verlag
Teichmüller, Frank: Die Betriebsänderung, Köln 1983, Bund-Verlag
Urban/Sari: Roboter und Arbeitsbedingungen, Köln 1983, Bund-Verlag
Veit, Barbara: Die funktionelle Zuständigkeit des Betriebsrats, München 1998, Verlag Beck
Vogt, Aloys: Personal-Auswahlrichtlinien, Berlin 1987, Erich Schmidt Verlag
Wagner, Ulrike: Mitbestimmung bei Bildschirmtechnologien, Frankfurt 1985, Verlag Peter Lang
Wauschkuhn, Peter Chr.: Kosten des Betriebsrats, Heidelberg 1985, Sauer-Verlag
Weber/Ehrich: Einigungsstelle, München 1999, Verlag Beck
Wedde, Peter: Telearbeit, Köln 1994, Bund-Verlag
Weinreich/Worzalla/Mager: Betriebsverfassungsgesetz, Bergisch Gladbach 1990, Heider Verlag
Weiss/Weyand: Betriebsverfassungsgesetz, 3. Aufl. Baden-Baden 1994, Nomos Verlagsgesellschaft
Wienke, Dieter: Die Aufsichtsratswahlen nach dem Betriebsverfassungsgesetz, Bergisch Gladbach 1988, Heider Verlag
Willemsen/Brune: Einstellung und Versetzung von Arbeitnehmern, Köln 1987, Verlag Kommunikationsforum Recht, Wirtschaft
Willikonsky, Birgit: Beteiligungsrechte des Betriebsrats bei personellen Maßnahmen, Berlin 1996, Erich Schmidt Verlag
Witt, Carsten: Die betriebsverfassungsrechtliche Kooperationsmaxime und der Grundsatz von Treu und Glauben, Berlin 1987, Verlag Duncker & Humblot

Wittke, Manfred: Die Beteiligungsrechte des Betriebsrats im sozialen Bereich, Berlin 1980, Erich Schmidt Verlag

Wlotzke, Otfried: Betriebsverfassungsgesetz mit Wahlordnung, 2. Aufl. München 1992, Verlag Beck

Wolf/Bajohr/Alius: Handlexikon zum Eingruppierungsrecht, 3. Aufl. Frankfurt 1998, Bund-Verlag

Wolmerath, Martin: Der Betriebsrat im Kleinbetrieb, Frankfurt 1999, Bund-Verlag

XI Sachregister

Abhängigkeit 12
Abhängigkeitsverhältnis 6
Abhilfe 36
Abordnung 89
Absatzlage 72, 157
Absatzschwierigkeiten 116
Abschlagszahlungen 141
Abschlußprovisionen 146
Abschlußverbot 4
Absichtserklärung 38
Abstammung 44, 110
Abstimmungsergebnis 24
Abwicklungsarbeiten 159
Akklamation 15
Akkord 145
Akkordarbeiten 86
Akkordlohn 123, 141
Akkordneufestsetzung 42
Akkordrichtsatz 145
Akkordsätze 123, 139, 145
Akteneinsichtsrecht 121
Aktenschränke 54
Aktiengesellschaft 5
Aktienreederei 5
Aktives Wahlrecht 12, 21, 27
Aktivität 81
Allgemeinheit 39
Allgemeinverbindlichkeitserklärung 97
Alter 111
Altersstufen 44, 85, 110
Amtsablauf 30
Amtsperiode 28, 53
Amtszeit 18, 27, 28, 29, 30
Änderungskündigung 98, 101, 113, 118, 138
Anerkennungsprämie 149
Anfahrt 99
Anfechtbarkeit 15
Anfechtung 14

Anfechtungsfrist 15, 30
Anfechtungsgrund 22
Anforderungsfestlegung 82
Anforderungsprofil 78
Angestellte 8, 10
Angriffsaussperrungen 41
Anhörung 112
Anhörungsrecht 91, 113
Anhörungsverfahren 40, 59, 112, 115
Anordnungen 35
Anpassungszwänge 134
Anrechnungsvorbehalt 140
Anschauungsmaterial 107
Antragsrecht 33, 34, 85
Antrittsgebühr 146
Anwesenheitsprämien 146
Apotheken 8
Arbeiter 8, 10
Arbeitgeber 4, 18
Arbeitgeberfunktion 6, 87
Arbeitnehmer 6
Arbeitnehmerähnliche Personen 9
Arbeitnehmererfindergesetz 148
Arbeitnehmererfindungen 148
Arbeitnehmerüberlassungsgesetz 87, 89
Arbeitsmethoden 19
Arbeitsablauf 90, 100
Arbeitsaufgabe 101
Arbeitsbedarf 128
Arbeitsbefreiung 49
Arbeitsbereich 99, 100
Arbeitsbewertungsmethoden 144
Arbeitseinkommen 1
Arbeitsentgelt 49, 71, 122, 129, 139
Arbeitserlaubnis 4
Arbeitserleichterung 148, 150
Arbeitserschwernisse 34
Arbeitsförderungsgesetz 105
Arbeitskampf 43, 43, 60

Arbeitskleidung 125
Arbeitsmarktgesichtspunkte 139
Arbeitsmethoden 34, 72, 157, 159, 161
Arbeitsmoral 148
Arbeitsorganisation 87
Arbeitsplatz 40, 99, 101
Arbeitsschutz 72, 151
Arbeitsschutzausschüsse 143
Arbeitssicherheit 143, 148
Arbeitssicherheitsgesetz 143, 155
Arbeitsunfall 72, 122, 134, 136, 154
Arbeitsvertrag 4, 12
Arbeitswertgruppen 146
Arbeitszeit 71, 101, 122, 126
Arbeitszeitverlegungen 129
Argumentationstechniken 52
Aufgabenbereich 96, 100
Aufgabenübertragung 20
Aufgabenverteilung 49
Aufgeschlossenheit 81
Aufklärungspflichten 91
Auflösende Aussperrung 114
Auflösung 23, 41
Auflösungsbeschluss 18, 29, 30
Auftragsbestand 157
Auftreten 81
Aufwandscharakter 2
Augenuntersuchungen 152, 155
Ausbildungsbetrieb 9
Ausbildungsplanung 76
Ausbildungszweck 108
Ausfüllunskompetenz 154
Ausgleichsansprüche 49, 50
Aushilfen 89
Aushilfsbeschäftigte 94
Auskunftsbedürfnis 80
Auskunftspflichten 91
Auskunftsrechte 155
Auslandsmonteure 99
Auslösungen 2, 49, 129
Ausschluß 41, 60
Ausschreibung 78
Ausschreibungsgrundsätze 79
Ausschüsse 26
Ausschußhäufigkeit 81
Aussetzung 24
Aussetzungsantrag 24

Aussperrung 44
Auswahlgesichtspunkte 115
Auswahlrichtlinie 71, 82, 83, 79, 116
Auszahlung 129
Auszubildende 9
Auszubildendenvertretung 21, 53, 59
Automation 85, 111, 116, 157, 161

Badeeinrichtungen 124
Bargeldlose Lohnzahlung 130
Baubehörden 151
Beamte 6
Bedarfsdeckung 76
Bedarfsermittlung 76
Bedarfsplanung 76
Bedaux-System 144
Beförderung 51, 100
Beiträge 55
Belastbarkeit 81
Belästigung 60
Beleidigungen 110
Benachteiligungsverbot 42, 45, 46
Beratungsrecht 91, 105
Bergaufsichtsbehörden 151
Bergrechtliche Gewerkschaft 5
Berichtshefte 107
Berufsausbildung 9, 105, 108, 116
Berufsbildung 40, 71, 85, 105
Berufsbildungseinrichtungen 106
Berufsbildungsgesetz 105
Berufsbildungsmaßnahme 105, 106
Berufsgenossenschaften 135, 151
Berufskrankheit 72, 122, 134, 136, 151, 154
Berufsschule 105
Berufswechsel 111
Berufung 120
Beschaffungsplanung 76
Beschaffungsverfahren 76
Beschäftigtenzahl 50
Beschäftigungspflicht 119
Beschäftigunsverbot 4
Beschluß 120
Beschlußverfahren 14, 16, 20, 21, 22, 23, 25, 30, 50, 55, 58, 68, 70, 79
Beschwerde 34, 120
Beschwerdeführer 35

Beschwerdegegenstand 35
Beschwerdeinstanz 37
Beschwerdemöglichkeiten 149
Beschwerden 35, 38, 40
Beschwerdeordnung 36
Beschwerderecht 34
Beschwerdestelle 36, 37, 59
Beschwerdeverfahren 35, 36
Bestechung 80
Besuchsregelungen 124
Betrieb 2, 3, 18
Betriebsgeheimnisse 59, 156, 158, 162
Betriebsabteilung 99
Betriebsänderung 83, 88, 155, 158, 159
Betriebsanlagen 159
Betriebsärzte 143
Betriebsaufgaben 54
Betriebsausschuß 95, 98
Betriebsbindung 140
Betriebsbußen 71, 125
Betriebsbußordnungen 124
Betriebseinschränkung 159
Betriebsferien 25, 122, 131
Betriebsfrieden 41, 42, 60, 110
Betriebsgebundenheit 47
Betriebsgemeinschaft 2
Betriebsgepflogenheiten 35
Betriebsinhaber 6
Betriebsjugendvertretung 84
Betriebsklima 148
Betriebsnachfolge 159
Betriebsorganisation 157, 159, 160
Betriebsrat 109
Betriebsratskandidat 59
Betriebsratssitze 16
Betriebsratssitzungen 1
Betriebsratsvorsitzende 10, 114
Betriebsratswahl 28, 47
Betriebsstillegung 159
Betriebsteile 3, 4, 18
Betriebsübergang 159
Betriebsübergreifende Gesichtspunkte 39
Betriebsübliche Arbeitszeit 126, 129
Betriebsüblichkeit 127
Betriebsvertretung 5
Betriebszugehörigkeit 13, 82, 111, 119
Betriebszweck 18, 157, 159

Betrügereien 110
Beurteilungsgrundsätze 71, 81
Beurteilungsverfahren 81
Beurteilungswesen 121
Beweis des ersten Anscheins 116
Beweisaufnahme 112
Beweislast 45, 47, 112
Bewerbungsunterlagen 86, 87, 88, 92
Bewertungsstufe 93
Bibliotheken 136
Bildschirmarbeitsplatz 152, 154, 161
Bildschirmfunktion 152
Bildschirmgerät 152
Bildungsmaßnahmen 71, 78, 85, 106
Bildungsurlaub 130
Bildungsveranstaltungen 51
Billigkeit 144
Binnenschiffe 8
Bordpersonal 8
Bordvertretung 16, 28, 56, 59
Bruttolohnlisten 71
Bücherei 124
Bühnenmitglieder 8
Bummelstreik 43
Bundesanstalt für Arbeit 85, 151
Büroangestellte 8
Büromaterial 54
Büropersonal 53
Bußgeld 126
Bußgeldordnung 125
Bußordnung 125

CAD 161
Centralographen 133
Chancengleichheit 46

Darlegungslast 11, 112
Datensichtgeräte 152, 155, 161
Dauer der Betriebszugehörigkeit 116
Deputate 129
Detektive 124
Dezentralisierung 160
Diakonissen 7
Diebstähle 110
Dienst-Mietwohnungen 137
Dienstvertrag 6, 12, 87
Diffamierung 60, 110

Differenzierung 45
Direktionsrecht 42, 46, 70, 96, 98, 99, 101, 125, 129, 131, 132
Diskriminierungen 47
Dispositionsfreiheit 36
Doppelmitgliedschaft 22
Doppelte Haushaltsführung 160
Drucker 54
Druckmesser 133
Duschanlagen 124

Ehegatten 7
Ehrenamt 1, 80
Ehrenerklärungen 126
Eigentumsrechte 6
Einblicksrecht 98
Einfirmenvertreter 9
Eingliederung 86, 87, 92
Eingliederungszuschüsse 85
Eingruppierung 71, 92, 94
Eingruppierunssystem 93
Einigungsstelle 35, 42, 50, 59, 80, 83, 84, 109, 118, 131, 132, 150, 154, 162
Einigungsverfahren 35, 163
Einigunsstellenverfahren 163
Einkommen 116
Einkommenseinbußen 49
Einlassungszwang 35
Einsatzfähigkeit 81
Einsatzplanung 76
Einsichtsrecht 121
Einstellung 10, 34, 71, 83, 86, 88, 91
Einstellungsrichtlinien 19
Einstellungsstop 78
Einstweilige Verfügung 119, 120
Einzelbetriebe 18
Einzelmaßnahme 83, 108
Energieversorgung 157
Enkel 7
Entgeltdifferenzierungen 139
Entgelteinbuße 49
Entgeltfindung 141
Entgeltgewährungen 1
Entgeltschema 92, 93
Entlassung 10, 91, 109
Entleiherbetrieb 89

Entlohnungsgrundsätze 123, 138, 141, 144
Entlohnungsmethode 19, 123, 139, 141, 144
Entlohnungssystem 92
Entscheidungsfreudigkeit 81
Entscheidungsrecht 82
Erfindungen 148
Erfolgsbeteiligung 123
Ergebnisbeteiligung 141
Erholungsheime 136
Erholungsurlaub 130
Erholzeiten 145
Erklärungsfristen 115
Erlöschungsgründe 30
Ermessensentscheidung 82
Ermessensmißbrauch 82
Ersatzmänner 16
Ersatzmitglieder 16, 22, 29, 51, 58, 59
Erschwerniszulagen 147
Erweiterungsbau 40
Erwerbsabsicht 2
Erzwingungsstreik 43
Existenzsicherung 116

Fabrikationsmethoden 72, 157
Fahrtenschreiber 134
Fahrtkosten 54
Faktisches Arbeitsverhältnis 5
Familienanngehörige 116
Familienstand 82, 111, 116
Fehlbedarf 76
Fernsehgeräte 133
Fertigungsmethoden 157
Fertigungsverfahren 159, 161
Feststellungsantrag 105
Feststellungsklagen 70
Filmverbote 124
Finanzielle Situation 111
Finanzierungsmöglichkeiten 156
Finanzpolitik 156
Firmendarlehen 1
Fließbandarbeiten 86
Flugblätter 42
Flugschriften 60
Förderungspflicht 83
Formmängel 4

Fortbildungsmaßnahmen 115, 117
Fotografierverbote 124
Freie Mitarbeiter 9, 12
Freistellung 47, 48, 51, 55
Freistellungsanspruch 48
Freizeitausgleich 49
Freizeiteinrichtungen 136
Freizeitgestaltungseinrichtungen 124
Freizeittage 128
Freizeitvorteile 1
Fremdfirmen 86
Fremdpersonal 87
Frieden des Betriebs 40
Friedenspflicht 41, 42, 43, 44
Fristen 34
Fristlose Kündigung 41
Führungsverhalten 81
Funkoffiziere 8
Fürsorgezöglinge 7
Fusionen 158

Gebietskörperschaften 5
Gefährdung 41
Gefahrenzulage 49
Gehalt 129
Gehaltsdaten 59
Gehaltsgruppeneinteilung 96
Gehaltsgruppenkatalog 97
Gehaltsgruppenmerkmale 96
Gehaltsgruppenordnung 93
Gehaltslisten 60, 71
Gehaltssteigerung 49
Gehaltszahlungsräume 129
Geheimhaltung 59
Geheimhaltungspflicht 59
Geheimnisverrat 80
Geldakkord 123, 145
Geldbußen 125
Geldfaktor 123, 139, 145
Geldspenden 42
Geldstrafe 61
Gemeindeunfallversicherungsverbände 135, 151
Gemeinwohl 39
Generalbevollmächtigte 6
Generalklausel 38, 39
Generalstreik 43

Generalvollmacht 10
Genossenschaft 5
Gesamtbetrachtung 48
Gesamtbetriebsrat 16, 18, 20, 28, 30, 53, 59, 78, 91, 101
Gesamtjugendvertretung 16, 24, 56, 59
Gesamtsprecherausschuß 27
Gesamtunternehmen 3, 4, 19
Gesamtvertretung 53
Geschäftsführer 5
Geschäftsgeheimnisse 59, 156, 158, 162
Geschlecht 44, 110
Gesellschaft nach bürgerlichem Recht 5
Gesundheit 81
Gesundheitsbehörden 151
Gesundheitsgefahren 40, 151
Gesundheitsschutz 122, 134, 143, 154
Gewerbeaufsichtsbehörden 151
Gewerbebetrieb 2
Gewerbeordnung 2
Gewerkschaften 80
Gewinnbeteiligung 123
Gleichbehandlung 45
Gleichbehandlungsgrundsatz 34, 45, 46, 82, 86, 116
Gleichberechtigungsgrundsatz 86
Gleichmacherei 45
Gleitende Arbeitszeit 126
GmbH 5
Gratifikationen 34, 129
Großraumbüros 160
Grundaustattung. 55
Grundgesetz 80
Gründlichkeit 81
Gruppenakkord 134
Gruppenangehörige 17
Gruppeneinteilung 94
Gruppenvertreter 16, 17
Gruppenzugehörigkeit 31

Haft 61
Handarbeit 8
Handelsvertreter 9, 12
Handlungsgehilfen 8
Hauptbetrieb 4
Häusliche Gemeinschaft 7
Hausordnung 138

Hausrecht 55
Heimarbeit 7, 8
Herkunft 44, 110
Herstellungstechnik 116
Hilfsarbeitern 99
Humanisierung der Arbeit 34

Illegaler Streik 44
Impfungen 124
Individualinteressen 132
Informationsblätter 54
Informationspflichten 39
Informationsrecht 39, 112, 118
Informationsveranstaltungen 108
Informationsverpflichtungen 39
Informationswesen 148
Initiative 81
Initiativrecht 25, 33, 134
Inlandsmonteure 99
Innenverhältnis 10
Integrierung 86
Interessenabwägung 132
Interessengegensätze 39
Interessenkollissionen 132
Interessenvertretung 85
Intimsphäre 80, 98
Investitionsentscheidung 107
Investitionsprogramm 72, 157

Jahresabschluß 156
Jahresabschlußprämien 146
Jahresabschlußvergütungen 147
Jahresarbeitsentgelt 11
Jugendvertretung 16, 21, 53, 56, 59, 84, 108
Juristische Person 5

Kampfmaßnahmen 60
Kampfparität der Waffen 43
Kantine 124, 136
Kaufgelegenheiten 47
Kindergärten 136
Klagefrist 115
Klagerecht 34
Kleiderordnungen 124
Kleinstzeitverfahren 144
Kollegialität 81

Kollektives Entgeltschema 92
Kollektivordnung 98
Kollision 117
Kommanditgesellschaft 5
Kommentare 54
Kommunikationsmittel 55
Kompensationsformen 142
Kompetenzbereich 96
Kompetenzbeschneidung 126
Komplementäre 5, 7
Konjunkturfragen 157
Konkurrenzbetriebe 82
Kontaktfähigkeit 81
Kontaktstelle 38
Kontrollbestimmungen 126
Kontrolleinrichtungen 133
Kontrollfunktion 94
Kontrollorgan 32, 33
Kontrollrecht 94, 155
Konzentrationsvorgänge 158
Konzern 13, 20, 117
Konzernbetriebsrat 16, 20, 28, 30, 56, 59, 91
Konzernsprecherausschuß 27
Konzernunternehmen 20
Kostenerstattungspflicht 53
Kostenpauschalierung 53
Kostensenkungsmaßnahmen 148
Kostensituation 157
Kostenverantwortlichkeit 81
Kranken- und Wohlfahrtspflege 8
Krankenschwester 7
Krankheiten 80
Krankheitsvertretung 100
Kreditschwierigkeiten 156
Kündigung 57, 111
Kündigungsangelegenheiten 47
Kündigungserklärung 111
Kündigungsfristen 105
Kündigungsgründe 111
Kündigungsrechtsstreit 115
Kündigungsschutz 58
Kündigungsschutzklage 113, 116
Kündigungstermin 111
Kündigungswille 111
Kur 131
Kurzarbeit 78, 127, 128, 129

Lebensalter 116
Legaldefinition 103
Lehrecken 107
Lehrmaterial 107
Lehrmethode 108
Lehrplan 108
Lehrstoff 108
Lehrwerkstätte 107
Leibesvisitationen 124
Leiharbeitnehmer 89, 114
Leistungsgruppensysteme 144
Leistungslohnberechnungen 144
Leistungslöhne 144
Leistungsverhalten 81
Leistungsvolumen 141
Leistungszulagen 141, 146
Leitende Angestellte 10, 26, 34
Leitungsaufgaben 11
Linienfunktion 11
Liquidatoren 6
Lohn 129
Lohnausfall 162
Lohnausfallprinzip 1, 50
Lohndaten 59
Lohnerhöhungen 34
Lohngerechtigkeit 92, 93, 95, 141
Lohngestaltung 52, 72, 123, 138
Lohngleichheit 46
Lohngleichheitsgesetz 50
Lohngruppenkatalog 97
Lohnnebenkosten 157
Lohnordnung 94
Lohnprinzip 50
Lohnzahlungsräume 129
Lohnzuschläge 143
Loyalität 81

Maschinen 107
Maschinenkontrollgeräte 133
Massenänderungskündigungen 41
Masseneinstellungen 83
Massenentlassung 83, 111
Massenneueinstufungen 96
Maßregelungsverbot 46
Mehrarbeit 129
Mehrarbeitsvergütung 49
Mehrheitsbeschluß 19, 24

Meinungsverschiedenheiten 39
Methods-Time-Measurement 144
Mietpreise 138
Mietvertrag 137
Mietzinsbildung 138
Mikrofonen 133
Mikroprozessoren 161
Minderheitsgruppe 10, 16, 17
Mindestarbeitszeit 127
Mindestqualifikation 82
Mindestzahl 17, 58
Mitbeurteilungsrecht 92, 93
Mitgestaltungsrecht 92, 93, 95
Mitreeder 7
Mönche 7
Montan-Mitbestimmung 26
Musiker 8
Mußvorschrift 15
Mustermietvertrag 138

Nachschieben 111
Nachtarbeit 142
Nachtschicht 101
Nachwahl 16
Nationalität 44, 110
Nebenbetrieb 3, 4
Nebenbezüge 1, 49
Nettolöhne 98
Nettopauschalkräfte 94
Neubau 40
Neueinstellungen 87
Neutralität 43
Neuwahl 22, 29
Nichtigkeit 15
Nichtwählbarkeit 30
Normalaustattung 55
Normalleistung 133, 145
Normative Regelungen 163
Normierung 157
Nutzungsbedingungen 123, 138
Nutzungsschreiber 133

Offensichtlichkeit 105
Offiziere 8
Ordensschwestern 7
Ordnung des Betriebes 122
Ordnungsgeld 42

Ordnungsgeld 41, 68, 109
Ordnungsvorschriften 15
Organisation 2

Parkerlaubnis 126
Parteien 80
Parteipolitische Betätigung 42
Passives Wahlrecht 13, 22, 27, 30
Pausen 71, 122, 126
PC 54, 55
Pensionierung 78
Pensionskassen 136
Personalakten 27, 121
Personalanwerbungsmaßnahmen 79
Personalbedarf 76, 153
Personalberater 86
Personalberatungsunternehmen 88
Personalbeurteilungssystem 81
Personalfragebogen 71, 79, 80
Personalplanung 40, 71, 76, 77, 156
Personalüberhang 78
Personengesellschaften 5
Pfändungen 80
Pflichtplätze 83
Pflichtverletzung 41
Planungsstadium 77
Polizeibehörden 151
Popularbeschwerde 34
Porto 54
Präklusionswirkung 58
Praktikanten 7, 9
Prämien 98, 144
Prämienfunktionslinien 146
Prämienkurven 146
Prämienlohn 123, 141, 146
Prämienlohnsystem 49, 141
Prämiensätze 123, 139
Preissituation 157
Probearbeitsverhältnis 87
Probezeit 87
Produktbereinigung 116
Produktionsgemeinschaft 159
Produktionslage 72, 157
Produktionsmethoden 116
Produktionsprogramm 72, 157
Produktionsschwierigkeiten 157
Produktivitätszuwachs 144

Produktographen 133
Progressionsstufen 141
Prokura 10
Prokuristen 6, 11
Provisionen 123, 129, 141
Prozeßkosten 54
Prüfungspflicht 38
Prüfungsrecht 38
Pünktlichkeitsprämien 146

Qualität 81

Rahmenvorschriften 135
Rationalisierung 34, 111, 161
Rationalisierungsmaßnahmen 116
Rationalisierungsvorhaben 72, 157
Rauchverbot 124
Reaktionsfähigkeit 81
Rebellion 60
Rechner 155
Recht und Billigkeit 44, 110
Rechtsanspruch 35
Rechtsanwaltskosten 54
Rechtsform 5
Rechtsmißbrauch 98
Rechtspersönlichkeit 18
Rechtsstaatsgebot 163
Rechtsunwirksamkeit 115
Rechtsweg 36
Reedereien 7
Refa-System 144
Regelungsfrage 128, 139
Reihenuntersuchungen 124
Reisekosten 54
Religion 44, 110
Religionsgemeinschaften 80
Resozialisierungsgedanken 80
Rollierende Freizeitsysteme 128
Rückgruppierungen 126
Rücktritt 28
Rügen 34, 126
Rundschreiben 54

Sachleistungen 129
Sachverständigenkosten 54
Sammlungen 56
Sanitätsstation 124

Sauna 124
Schaden 41
Schadenersatzverpflichtung 103
Schadensersatzanspruch 44, 47
Schadensersatzforderungen 111
Schicht 128
Schichtarbeit 126, 129
Schiffsärzte 8
Schiffsführer 8
Schlägereien 110
Schlichtungen 162
Schlichtungsstelle 37, 59
Schmutzzulage 49
Schonzeit 131
Schränke 54
Schreibmaschinen 54
Schreibmaterial 54
Schreibtische 54
Schuldfrage 57
Schulferien 25
Schulungskenntnisse 53
Schulungskosten 106
Schulungskurse 47
Schulungsmaßnahmen 1
Schulungsräume 107
Schulungsteilnahme 52, 53
Schulungsveranstaltung 49, 51, 52
Schulungszentren 107
Schutzbedürftige Personen 83
Schutzgesetze 110
Schwangerschaft 80
Schwarzes Brett 54
Schweigepflicht 59, 60
Schwerarbeiterzulagen 49
Schwerbehinderte 26, 83
Schwerbehinderteneigenschaft 80
Schwerbehindertenvertretung 26
Schwerpunktstreik 43
Schwiegereltern 7
Schwiegerkinder 7
Seebetriebsrat 16, 28, 56, 59
Seeschiffe 8
Selbständigkeit 81
Selbsteinschätzung 141
Sicherheitsausschuß 151
Sicherheitsbeauftragte 135, 151
Sitzstreik 43

Software 54
Soldaten 6
Soll-Produktion 157
Sollvorschriften 15
Sommerarbeitszeit 126
Sonderurlaub 130
Sonderzahlungen 140
Soziale Angelegenheiten 122, 124
Soziale Auswahl 111
Sozialeinrichtungen 20, 72, 123, 136
Sozialleistungen 157
Sozialplan 88
Sozialversicherungsrechtliche Beratung 47
Sparsamkeit 81
Sportanlagen 124
Sporteinrichtungen 136
Sprecherausschuss 11, 26, 27
Sprecherausschußmitglieder 27
Sprechstunden 50, 54
Sprechtechniken 52
Springern 99
Staatsangehörigkeit 13
Stabsfunktion 10
Stammbelegschaft 89
Stechuhren 124
Stellenanzeigen 79
Stellenausschreibung 77, 78
Stellenbeschreibung 78
Stellvertretung 51
Stempel 54
Stiftungen 7
Stiftungsstatut 7
Stillegung 116, 159
Stimmengewichtung 20
Stimmenmehrheit 24
Stimmrecht 23, 24
Strafandrohung 61, 109
Strafgefangene 7
Strahlen 155
Streik 43, 60, 88
Streikfolgen 89
Streikleitung 43
Suspendierende Aussperrung 88
Sympathiestreik 43
Tagschicht 101
Tatbestandsmerkmale 93

Tätigkeitsbereich 100
Tätigkeitsberichte 54
Tätigkeitskatalog 9
Tätigkeitsmerkmale 94, 100
Tätlichkeiten 110
Teamarbeit 81
Technikerkurse 107
Technische Angestellte 8
Technische Anlagen 40
Technischer Überwachungsverein 151
Teilkündigung 113
Teilnahmebeschränkungen 50
Teilnahmerecht 23, 37
Teilzeitbeschäftigte 50, 94, 127
Teilzeitbeschäftigte Betriebsratsmitglieder 49
Teilzeitkräfte 127
Telefon 54
Telefoneinrichtungen 124
Tendenzbetrieb 80
Tod 30
Tonbandgeräte 133
Torkontrollen 124
Transparenz 92
Treu und Glauben 58
Treueprämien 146
Typenbereinigung 157
Typisierung 157

Überstunden 42, 51, 127, 128
Überstundenabgeltung 1
Überstundenvergütungen 147
Überwachungsaufgaben 32
Überwachungsdruck 134
Überwachungspflicht 32, 152
Überwachungsrecht 32, 33, 152
Überzeitarbeit 157
Überzeugungsfähigkeit 81
Umbau 40
Umgruppierung 34, 71, 83, 91, 92, 93, 96, 157
Umlageverbot 55
Umsatzprämien 146
Umschulung 105, 117, 157
Umschulungsmaßnahmen 108, 117
Umschulungswerkstätten 107
Umsetzungen 99

Umstrukturierung 85
Unabhängigkeit 1
Unbestimmter Rechtsbegriff 39
Unfallanzeige 151
Unfallgefahren 40, 151
Unfalluntersuchungen 135, 151
Unfallverhütung 135, 148
Unfallverhütungsvorschriften 122, 134, 154
Unfallversicherungsschutz 130
Unselbständigkeit 9
Unsittliche Handlungen 110
Unterhaltspflichten 116
Unterlassung 41
Unternehmen 2, 3, 18, 117
Unternehmensbegriff 18
Unternehmensberater 86
Unternehmenssprecherausschuß 27
Unternehmer 2
Unterrichtungsanspruch 91
Unterrichtungspflicht 88
Unterrichtungsrecht 77
Unterstützungsfonds 124
Unterstützungskassen 136
Unwirksamkeit 14
Unwirksamkeitsgrund 59
Urabstimmung 43
Urlaub 42, 122
Urlaubsfragen 71
Urlaubsgeld 2, 129
Urlaubsgrundsätze 122, 130
Urlaubsliste 131
Urlaubsplan 122, 130
Urlaubsplanung 25
Urlaubsvertretung 100, 131
Urlaubswünsche 132
Urteil 120
Urteilsverfahren 58, 121, 132, 133

Veräußerung 159
Verbesserungsvorschlag 147
Verdachtskündigung 58
Verdienstmöglichkeit 50
Vereine 5
Verfahrensgrundsätze 163
Verfahrensregelungen 36
Verfahrenstechnik 116

Verflechtung 18
Vergütung 1
Vergütungsanspruch 52
Vergütungsgruppen 92, 93, 94
Vergütungsgruppensystem 93
Vergütungsordnung 93
Vergütungspraxis 92
Vergütungsschema 92, 94
Vergütungssystem 46, 92
Verhaltens der Arbeitnehmer 122
Verhältnismäßigkeit 54, 110
Verhandlungsgeschick 81
Verkaufsräume 124
Verlegung 159
Verleiherbetrieb 89
Verleumdungen 110
Vermögensverhältnisse 80, 116
Vermögenswirksame Leistungen 2
Verpachtung 159
Verpflichtungsgründe 47
Verschulden bei Vertragsschluß 103
Verschwägerte 7
Versetzung 34, 71, 83, 91, 99, 126, 154
Versicherungsverein auf Gegenseitigkeit 5
Verteilungsgerechtigkeit 95
Verteilungsgrundsätze 140
Verteilungsrelationen 140
Verteilzeiten 145
Vertragsfreiheit 46
Vertrauensfrau 83
Vertrauensleute 59
Vertrauensmann 26, 83
Vertrauensstellung 80
Vertrauensvolle Zusammenarbeit 39, 40
Vertretungen 34
Vertretungsbefugnis 10, 21
Vertretungsmacht 10
Verwandte 7
Verwarnungen 126
Verweise 126
Vetorecht 10
Volksbefragungen 60
Vollzeitschulung 49
Vollzugspolizei 151
Volontäre 9
Vorbehalt 113
Vorgabezeit 146

Vorschlagsrecht 105
Vorschlagswesen 72, 123, 147
Vorschuss 54
Vorsorgliche Kündigung 113
Vorstandsmitglieder 5
Vorstrafen 80

Wahl 84
Wahlanfechtung 22
Wahlausschreiben 13, 16, 17, 22
Wählbarkeit 30, 31
Wahlberechtigung 17
Wahlbewerber 58, 59
Wahlergebnis 27, 28, 29, 58
Wahlnichtigkeit 15
Wahlordnung 13
Wahlperiode 22
Wahlregeln 15
Wahltag 14
Wahlverfahren 10
Wahlvorbereitungen 37, 84
Wahlvorschlag 58
Wahlvorstand 10, 13, 16, 18, 21, 28, 37, 47, 84
Warnlampen 133
Warnstreik 43, 88
Wechselschicht 48
Wegegelder 2, 49
Wegeunfälle 136
Wehrdienst 80, 88
Weihnachtsgeld 34
Weihnachtsgratifikation 2, 141
Weisungen 87
Weisungsrecht 89
Weiterbeschäftigung 88, 113, 115, 120
Weiterbeschäftigungsanspruch 119
Weiterbeschäftigungsklausel 88
Weiterbeschäftigungsmöglichkeit 117
Weiterbildung 148
Weiterbildungsmaßnahmen 108
Werbematerial 42
Werkmeister 8, 100
Werks-Mietwohnungen 137
Werksarzt 124
Werksausweiswesen 124
Werksdienstwohnungen 137
Werksküchen 136

Werkstattschreiber 8
Werkswohnung 1
Werkvertrag 6, 87
Werkzeuge 107
Werturteile 114
Widerspruchsbegründung 117
Widerspruchsgründe 116
Widerspruchsmöglichkeit 118
Widerspruchstatbestand 117
Wiedereinstellungsklausel 88
Wiederholungskrankheiten 80
Wiederwahl 29
Willkür 45
Winterarbeitszeit 126
Wirksamkeitsvoraussetzung 57, 112
Wirtschaftliche Abhängigkeit 9
Wirtschaftliche Angelegenheiten 72
Wirtschaftliche Lage 116
Wirtschaftsausschuss 30, 59, 158, 72, 156
Wirtschaftspolitik 157
Wochenarbeitszeit 101
Wohlfahrtseinrichtungen 19
Wohlfahrtspflege 8
Wohnräume 72, 137
Wohnrecht 137
Wohnungsangelegenheiten 47
Work-Factor 144
Wortprotokoll 40

Zahlmeister 8
Zeitakkord 123, 145
Zeitfaktor 145
Zeitlohn 123, 141, 145
Zeitmengenschreiber 133
Zeitstudien 146
Zentralisierung 160
Zivilluftfahrt 8
Zulage 93, 140
Zusammenarbeit 39
Zusammenschluß 160
Zusatzleistung 92, 94
Zusatzurlaub 131
Zuschläge für Nacht-, Sonn- und Feiertagsarbeit 49
Zuständigkeitsabgrenzung 20
Zustimmungsverweigerungsrecht 154
Zuverlässigkeit 81
Zuwendungen 56
Zuwiderhandlung 41
Zwangsgeld 41, 42, 68, 109
Zwangsmittel 42
Zwangsverfahren 61
Zwangsvollstreckungsverfahren 61
Zweckmäßigkeitserwägungen 19
Zwischenbescheid 38
Zwischengruppen 93, 94
Zwischenprüfungen 108
Zwischenstadium 29

Prof. Dr. Kurt Haberkorn

Die Kündigung von Arbeitsverhältnissen

Arten - Gründe - Termine - Mitbestimmung - Klagemöglichkeiten

1997, 116 Seiten, DM 38,--
Praxiswissen Wirtschaft, Band 36
ISBN 3-8169-1477-2

Rechtsfragen im Zusammenhang mit Kündigungen sind heute leider das häufigste und wichtigste Problem im Arbeitsrecht.
Außer der Darstellung verschiedener Kündigungsarten werden zahlreiche Beispiele für fristgemässe und fristlose Kündigungen aufgeführt. Weiter wird der Sonderkündigungsschutz für bestimmte Personengruppen, wie z. B. Auszubildende, Schwerbehinderte, werdende und junge Mütter sowie Betriebsräte, behandelt.
Ausführlich dargestellt werden die Mitwirkung des Betriebsrats bei Kündigungen sowie die Voraussetzungen und Durchführung für eine Kündigungsschutzklage.

Inhalt: Rechtsgrundlagen für Kündigungen - Kündigungsarten - Kündigungsgründe - Kündigungszeiten - Sonderkündigungsschutz - Mitwirkung des Betriebsrats - Kündigungsschutzgesetz - Kündigungsschutzklage

Fordern Sie unsere Fachverzeichnisse an!
Tel. 07159/9265-0, FAX 07159/9265-20
e-mail: expert @ expertverlag.de
Internet: http://www.expertverlag.de

expert verlag GmbH · Postfach 2020 · D-71268 Renningen

Prof. Dr. Kurt Haberkorn

Effizient führen

Informieren - Delegieren - Motivieren

95 Seiten, DM 34,--
Kontakt & Studium, Band 506
ISBN 3-8169-1399-7

Ziel des Buches ist es, qualifizierten Führungskräften das notwendige Rüstzeug für eine erfolgreiche Menschenführung und einen optimalen Mitarbeitereinsatz zu vermitteln und sie dadurch in die Lage zu versetzen, Führungsprobleme aus der Praxis zugunsten des Betriebes und aller Mitarbeiter zu lösen.

Wesentlich ist es, den Vorgesetzten aufzuzeigen, daß es kein »Patentrezept« zur Führung aller Mitarbeiter gibt; jeder ist z.B. in seiner Motivationsstruktur anders gelagert und will und muß deshalb auch anders behandelt und geführt werden.

Das gilt neben der Motivation auch für die Information und die Anwendung kooperativer Führungsstile.

Inhalt:
Führung - Information als Führungsaufgabe - Leistungsmotivation - Führungsstile

Die Interessenten:
Technische und kaufmännische Führungskräfte in Industrie und Verwaltung, Betriebs- und Werksleiter, Obermei-ster, Meister in leitenden Funktionen und selbständige Unternehmer, Studenten aller Fachrichtungen, Teilnehmer an Fort- und Weiterbildungsveranstaltungen mit Schwerpunkt Personal.

Fordern Sie unsere Fachverzeichnisse an!
Tel. 07159/9265-0, FAX 07159/9265-20
e-mail: expert @ expertverlag.de
Internet: http://www.expertverlag.de

expert verlag GmbH · Postfach 2020 · D-71268 Renningen